子どもの知性と大人の誤解

子どもが本当に知っていること

マイケル・シーガル
Michael Siegal

外山紀子
訳

新曜社

Michael Siegal
MARVELOUS MINDS
The Discovery of What Children Know

"Marvelous Minds : The Discovery of What Children Know,
First Edition" was originally published in English in 2008.
This translation is published by arrangement with Oxford University Press.

はじめに

子どもの知識は、どのような性質をもつのだろうか。この本の目的は、可能な限り広範囲な証拠を、必要な詳細を犠牲にすることなく読者に要約して示すことである。本書で紹介する研究成果は、他者の思考や信念についての子どもの理解、そしてそれらが自分自身の思考や信念、現実とどのように異なるのかについての理解、さらには、地球の形や宇宙におけるその動き、食べ物や健康、および衛生の重要性、生と死の過程、数と計算などについての子どもの理解にかかわっている。その他の問題として、標準的には発達していない子ども、特に自閉症と診断された子どもの知識が、標準的に発達している同年齢の子どもと比べてどのように異なるのかについても取り上げる。

これらのどの問題について研究する際にも、私たちは次のような根本的な問いを考慮する必要がある。それはすなわち、子どもが本当に理解していることを示すことは、なぜこれほどまでに難しいのかという問いである。子どもにかかわる仕事をしている人であれば誰でもそう証言するだろう。たとえば、子どもは発達の初期段階では、根本にある現実ではなく見かけによって考えが左右されてしまうため、他者の心や事物の目に見えない性質に気づくことができないからだろうか。それとも子どもは、大人からの質問の目的や関連性を理解できず、自分がどこまで理解しているか反映しない答えを言ってしまうのだろうか。

この論争の中心には、それぞれの知識領域において、子どもは初期の理解においてどれほどの制限あるいは欠損を抱えているのかという問題がある。子どもには最初何らかの認識上の欠損があり、それが事実としての情報に抵抗するため、学習の機会があってもその欠損が克服されず、発達のために根本的な概念変化を経る必要があるという説をめぐる論争があるのである。

この論争を解決し、子どもが真に理解できること、また実際に理解していることを明らかにするためには、二つの誤りの間でうまく舵をとらねばならない。子どもが知識をもっていないのにもっていると結論づける誤り——「偽陽性」——と、子どもが実際には知識をもっているのにもっていないと結論づける誤り——「偽陰性」——である。もちろん、子どもの理解に関する判断だけが、偽陽性や偽陰性に基づく結論の被害を受けやすいというわけではない。たとえば、大人も日常関係のなかで、しょっちゅうこういう間違いをおかしている。パートナーを選ぶ際、実際にはふさわしくないのに選んでしまうという偽陽性の誤りをおかすし、逆に、実際にはふさわしいパートナーなのに、その人を受け容れるのを拒んでしまうという偽陰性の誤りをおかすことだってある。

おそらく大人なら、そういう誤りに対処できるだけ強いこともあろう。しかし、子どもが何を理解でき、実際に何を理解しているかについて、偽陽性あるいは偽陰性の結論を下すなら、子どもの未来の幸福に消すことのできない影響を与えてしまう可能性がある。とうてい理解できないようなストレスの多い学習環境を用意してしまうかもしれないし、逆に、最も有効な潜在能力を伸ばすことのできるあらゆる可能性を閉ざしてしまうかもしれない。前者については、次に続く章でみていくように、子どもには会話経験が少ないのだから、質問がどういう意図をもち、どういう関連があるのかを理解しやすいよう明示的に質問するなど、「会話的に豊かな」技術への配慮が必要である。

発達初期に、子どもに最大のサポートを与える文化についても考慮しなければならない。文化によるサポートがあるからこそ、特定の領域における子どもの知識は明白になっていく。さらに、このサポートが崩壊し、子どもの理解ひいては大人の理解さえも損なわれてしまう状況にも留意する必要がある。また一方で、私たちが必要としているのは、もっと一般的にどのような知識を子どもが理解できるのかに示唆を与える、いろいろな文化におけるいろいろな子ども集団に関する知識である。こうした研究成果から、他文化においては子どもの知識の限界を指摘するようにみえる否定的な結果があっても、偽陰性だとわかる場合のあることが示されている。たとえば、会話のなかで質問を理解する経験の不足や、初期の学習機会が制限されていたためであることもあろう。他方で、文化的サポートがほとんどない、あるいはまったくなかったならば、子どもの理解は覚束ないだろう。このような場合には、子どもと大人の相違は小さいように思われる。各章の最後では逸話を紹介するが、そこでは日常的知識における文化的文脈の重要性について説明しようと思う。

アメリカ、オーストラリア、イギリス、その他の地で私の仕事を支援し、刺激を与えてくださった方々に感謝したい。マーク・ブレイド、ピーター・カルザース、ディック・アイザー、ティム・ジャーマン、エルランド・ヘルムクイスト、パオラ・イアンネッロ、スティーブン・ローレンス、アントネラ・マルケッティ、アユミ・マツオ、リズ・ミルン、ピーター・ニューカム、ギャビン・ノービス、ジョージア・パナジオアッキ、クレア・ポンド、アニカ・ダルグレン・サンドバーグ、ヴァージニア・スローター、スティーヴ・スティッチ、ティロン・ウォルフ、アミール・アミン・ヤスディ、とりわけしばしば共著者になってくれているキャンディダ・ピーターソン、ルカ・スリアン、ローズマリー・ヴァリー。草稿の段階で助言していただいたオックスフォード大学出版部のマーティン・バウムにも感謝したい。私がテッサロニキにあるシェフィールド大学シティ・カレッジの心理学コース長としてギリシアに滞在していた間、アンゲロス・ロダフィノスとそのスタッフの方々に親切にしていただいた。私を快くイタリアに迎えてくださったシルビア・バリビエーリ、ニコラ・ブルーノ、ウォルター・ゲルビーノ、リカルド・ルチーノ、キアラ・パッソルンギ、カルロ・セメンツァ、マリア・タランディーニにも感謝したい。また、トリエステの大学院セミナーに出席したブルーノ・ビアンキ、ラドスベータ・ディミトロワ、コリーナ・ミシュラン、トマゾ・ペッキア、サンドラ・ペリゾーニ、ローラ・イオッチ、アリス・ゲルツィル、デニス・ラゼム、エレーナ・サリーリャスにも感謝したい。本書に述べる私の研究の多くは、ナフィールド・ファウンデーション、レヴェンヘルム・トラスト、欧州連合（EU）マリー・キュリー研究補助金、ベンフィカ・キャスリーン・フォアマン・カサーリ財団のご支援をいただいた。シェフィールド大学ハン・セン認知研究センター後援のワークショップ、とりわけ「AHRC文化と知性プロジェクト」での議論から恩恵を受けた。

私の母ソニアは、本書の初稿が完成したあとで亡くなった。本書を彼女の思い出に捧げたい。

MS

2007年8月

日本語版への序文

本書を日本の読者にお届けすることができ、たいへん、光栄に思う。私と日本とのつながりは、初めて東京と日光を訪れた1974年にさかのぼる。以来、日本を訪れるたび、その変化と、現代日本の特徴である巧妙さに驚きを感じてきた。今や日本は、世界第二の経済大国であり、車や電化製品、娯楽ゲームの発明の発祥地だ。私は二十年以上にわたり、日本車に乗り、日本製のテレビを見て、日本製のカメラで写真を撮っている。さらに、日本にはどこよりもすばらしい料理のひとつがある。大人になってからずっと、私は和食を楽しんでいる。この点については、私の同僚であり現在メルボルン大学の文化心理学者である嘉志摩佳久と、シェフィールド大学の言語学者、松尾歩に感謝したい。長年にわたって、すばらしい料理に関する私の知識源である。

現在、日本には15歳以下の子どもが1700万人いる。子どもは文明の将来を担っている。多くの子どもが日本で大きくなるという明白な事実は、次のことを意味している。すなわち、子どもが何を達成できるのかに配慮することは、それが何であれ、日本文化および家族を重視する日本の伝統、および子どもがその潜在能力を完全に発揮できる最善の状況を提供することの重要性に配慮するということでなければならない。子どもの学習環境に関する理解の進歩の多くが、まさに日本において生み出されてきた。故波多野諠余夫、稲垣佳世子、板倉昭二、内藤美加、外山紀子といった日本の心理学者は、生物学や数学、他者の心の理解において子どもが何を理解でき、また実際に何を理解しているかに関する発達研究の最前線にいる。私は西欧の心理学者、認知科学者という立場からこの本を書いているが、西欧の子どもに関する研究のみならず、他の地域の子ども、とりわけ日本の子どもに関する研究にも基づいて、「子どもの理解はどのような性質をもつのか?」という中心的な問題を検討することを目的としている。この本を日本の読者に届けることに尽力してくださった鈴木宏昭氏と外山紀子氏には、特に感謝申し上げたい。

MS

2009年10月

目次

装幀＝難波園子

第1章　子ども、見かけ、現実

ひとりは善良さだけを持ち合わせ、
もうひとりはその見せかけだけを持ち合わせている。
ジェーン・オースティン『プライドと偏見』

あらゆる動物種のなかで、人間は特別な知性を有している。しかし、自分が何を理解できるかを示すことのできる動物は、人間に限られるわけではない。たとえば、イヌは事物の多くの名称に反応することができる。実際、リコという名前のボーダーコリーは、多くのことばに反応できるそうだ。リコは要求に応じておもちゃやボールをとってくることができる。リコはさらに、新奇な事物をとってくるのに、初めて聞く馴染みのない名称を、これまでに聞いたことのある事物の名称と対照させて利用することすらできるという。リコのようなイヌはまた、遊びや「くすぐったい感じ」を楽しむ[1]。このことは、確かに近所のボーダーコリーのシャニーにもあてはまる。写真は、シャニーが休んでいるときと、遊んでいるときの様子である。

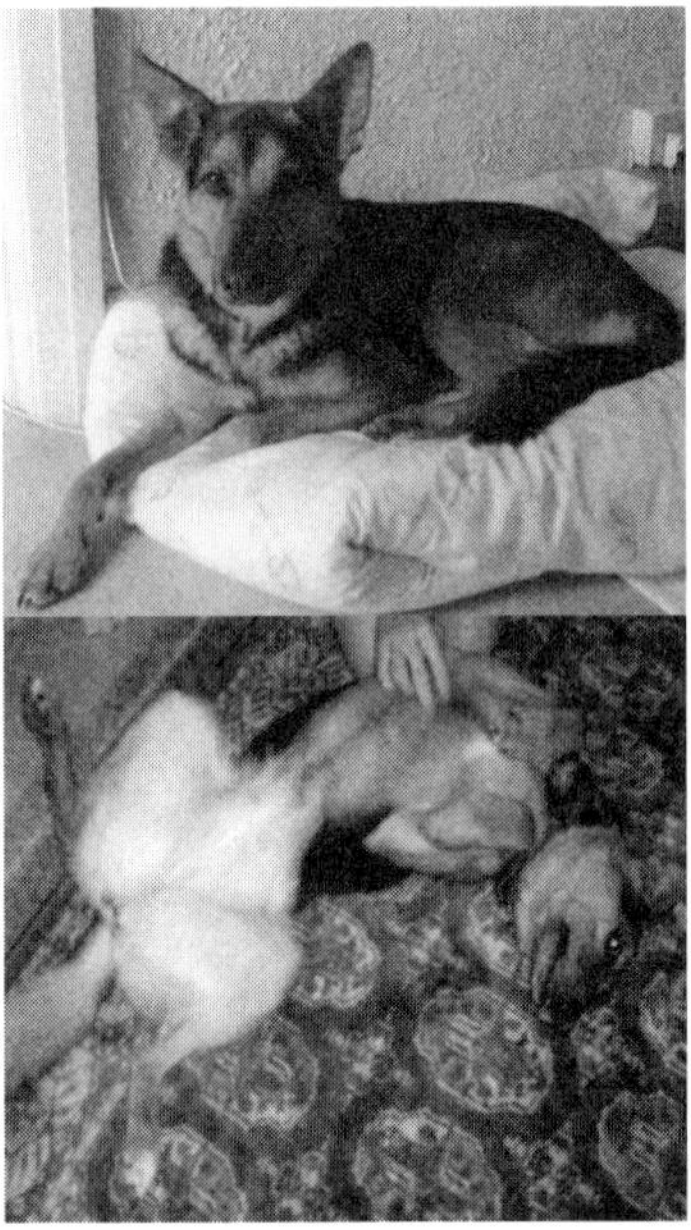

イヌと同様に、人間の子どもは、名称と事物を関連づける能力をもっている。また遊びやくすぐったい感じを楽しむ。しかし人間の子どもは、たいへん幼い頃から、さらに多くの能力を示す。子どもは、話し手や聞き手として他者との会話に参加する。実にさまざまなやり方で、周囲にある事物について実験することもできる。「鳥は飛ぶもの」というような自発的な一般化も行うし[2]、事物の見かけが、そのものの目に見えない本当の特性とは必ずしも一致しないことも理解している。そしてしばしば、世界がなぜ現実にそうあるように動くのかを解き明かそうともする。実際、人間の脳、身体の組織と機能、生命の遺伝的基礎、地球や太陽、宇宙のしくみ、時間や空間の特性といったことがらに対する子どもの興味は、人類の繁栄にとってたいへん根本的なものであり、その重要性には疑問の余地がない。ただ単に職業科学者だけが、ものごとの原因を知ることにとりつかれているわけではないのだ。それは誰もが関心を払うことなのである。では、大人である私たちは、こうした理解にどのようにしてたどり着いたのだろうか[3]。驚くべき知性の発達の何によって、このような洗練された推論――イヌのような動物には欠けている推論――をもたらす洞察が可能となるのだろうか。

発達にともなう子どもの思考や行動の変化を研究する発達心理学者のなかでは、このきわめて重要な問いについて意見が分かれている。たとえば、スイスの研究者ジャン・ピアジェ（1896－1980）の主張した立場にたつ研究者もいる。60年以上にも及ぶ研究のなかで、ピアジェは、子どもは最初、原因と結果の関係を特定する能力をもたないと主張した。[4] 彼は子どもの初期の理解の特徴を表すのに「前概念的」という用語を用いた。彼の分析によれば、子どもは7歳頃までは、「自己中心的」にあるいは「一面的」に、知覚された世界のひとつの側面にだけ関心を払うのだという。子どもたちは、一列に並んだ事物の数や、コップに入れられた液体の量について判断したり推論したりする際に、その根本にある現実よりも、見かけに頼ることが多いという。幼児にとって、事物の数は、決定的に、それがどのように見えるのかによるのだというのである。キャンディを二列に並べることにしよう。その際、一方の列のキャンディがもう一方の列のキャンディと一対一に対応するようにしたとする。

この場合、通常3歳児でも、二つの列のどちらにも同じ数だけキャンディがあると答える。次に、二つの列のうちどちらか一方を長くしたとする。そして再び、二つの列のキャンディは同じだけあるのか、それともどちらかのほうが多いのかと訊いたとする。すると7歳前の子どもは、長くなった列のほうがキャンディの数が多いと答えやすいのだ。

○○○○○○
○○○○○○

ピアジェの考え方にしたがえば、子どもは一面的に列が長くなったことだけに関心を払い、密度が小さくなったことを無視してしまうのである。これと同じように、もし背が低くて太いコップから、背が高くて細いコップへとジュースを移した場合、幼児はそれによって飲めるジュースの量が多くなったと考えるのだという。というのは、幼児は一面的にコップの高さにだけ関心を払い、太さが細くなったことを無視してしまうからである。ピアジェの分析によれば、世界に対する見かけに支配された一面的な見方は、広い範囲に認められるという。たとえば、地球や太陽、星の形と位置を特徴づける際に、背後の現実よりも見かけに頼ることに、あるいはまた、あるものが食べられるか食べられないかを判断する際に、目に見えない不潔なものと実際に接触したかしないかにはかかわりなく判断することにも認められるというのである。

子どもを研究するにあたって、ピアジェが緻密な方法を考案したことは間違いない。子どもの理解に関する彼のアイデアは、20世紀の発達心理学に大きな影響を与えた。その影響力は、今日でも、子どもの発達や教育に関する教科書に載っているほどだ。「ピアジェが発達心理学にどれほどの影響を与えたかを見積もることは、シェイクスピアがイギリス文学に、アリストテレスが哲学にどれくらいの影響を与えたかを見積もることと同様、不可能だ」とさえ述べる者もいる。しかしながら、これは誤解を招くたとえである。シェイクスピアやアリストテレスは、文学や哲学の領域における卓越した人物だが、だからといって、知的議論における彼らの影響を正しく分析することを思いとどまらせられはしない。実際、ピアジェ理論にも異議が申し立てられてきた。

第一に、幼児は単に見かけに支配されているのではなく、素朴ではあるとしても、世界について一貫した理論をもっていると考える研究者がいる。この立場によれば、子どもは「概念的に貧弱である」、あるいは「概念的な欠陥」をもっている。しかし、子どもは、その後に出会う、より洗練された理論を支持し、初期の素朴な理論を廃棄していくというのである。この過程で、子どもは世界に関する知識についてある種の「概念変化」を経験する。[5] これは、科学者の信念に生じることとよく似ている。以前は変則的なものとされていた証拠がもはや無視できないほど増大してくると、有力なパラダイム——一般に認められている、科学上の問題への体系的な見方——が転覆させられ、科学革命に達する。概念変化は、子どもたちにとっても科学者と同じように苦痛をともなうものであり、新しい考え方を受け容れるよりも、それ以前の矛盾や前提にしがみつきがちだ。

第二に、生得論者とでも呼べる研究者もいる。子どもは、原因と結果の関係にかかわる中核的な、あるいは骨組み的な科学的アイデア——知識獲得のための中核的な準備をになう、適応的特殊化——を生得的に有しているとする。[6] 理解の発達は、この中核の上につくられるというのである。このアプローチは、プラトンによるソクラテスとメノンの奴隷の少年との対話にまでさかのぼることができる。そこでは、学習は、既知のことを思い出すことにかかわるものとされている。この現代のよい例が、デイビッド・プレマックとアン・プレマックによる『心の発生と進化』という啓発的な本で、この過程は、人間の知識にとって根本的な領域における学習を導くモジュール、あるいは生得的な装置によってガイドされているという。

子どものモジュール式の直感は、成長とともに発達し、特定の課題解決にあわせて調整される。物理的世界の事物の性質について、あるいは心的世界の他者の信念について、子どもが間違った仮説をたてることを防ぐのである。この意味において、モジュール式の学習に基づく発達は、子どもの知識を「より豊かにする」ものであり、成熟した理解と互換性をもたず共役不可能な素朴な理論的信念を捨て去るというような、根本的概念変化ではない。

概念変化の性質は、領域によってさまざまである。ある領域については根本的な（「非保守的」な）変化が生じるかもしれない。たとえば、数の推論という鍵となる領域では、分数を理解する際に、子どもの思考は非保守的な概念変化を経るようである[7]。子どもは、分数を整数と整数の合間を埋める無限の数の集合としてみるために、数の領域を計数に使用される整数にのみ限定する彼らの理論を放棄しなければならない。それだけでなく、他の知識領域でもさまざまな概念変化が認められる。その変化は、理論の単なる修正という形をとることもあるだろうし、鍵となる概念例をつけ加えたり削除するといった分化の形をとることもあるだろう。さらにまた、「局所的」な非互換性、あるいは共役不可能性という形をとることもあるだろう。つまり、ある知識領域におけるそれ以前の理論を再概念化するのではなく、まったく捨ててしまう必要がある場合もあるかもしれない。

本書では、アメリカ、オーストラリア、ブラジル、イギリス、カナダ、エクアドル、フランス、ドイツ、インド、イラン、イタリア、日本、その他多くの国々で行われた研究から得られた証拠に基づいて、重要な知識領域における子どもの理解が、ピアジェに代わる二つの可能な説明――とりわけ第二の説明――によってとらえられることを示したい。少なくとも、子どもが話せるようになる時期以降、また、ことばをもたない赤ん坊についてさえもおそらく同様に、子どもは世界の本質について中核的、あるいは骨組み的な観念をもっている。彼らの理解の変化は、多くの場合、世界に関する知識が徐々に豊かになっていくものとみることができる。特定の重要な領域では、初期の素朴な理解が根本的な概念変化を経ることはない。なぜならば、（1）子どもの知識はある心理学者や教育学者たちが仮定したほど素朴なものではないからであり、あるいは、（2）知識の特定の領域については、最初の時点では、子どもは何のモデルも理論も——何らの先有原理も——もっていないからである。そのため、理解に関する子どもの可能性は、親や教師、心理学者がこれまでしばしば見積もってきたよりも大きいのである。

しかし、こういうことがあり得るだろうか。このような考え方自体、素朴な見方なのだろうか。子どもはしばしば、彼らを取り巻く世界について浅はかで無知な質問をする。背後の現実よりもむしろ、表面的な見かけに基づいて判断しがちだ。地球の形をその平坦さから、食べ物をその表面の色や甘そうな外見から、植物や動物の特徴を身体的な類似性から、そして生命や死を神秘的な内なる力、あるいは超自然に由来する力によってコントロールされるものと判断している。子どもは３も５も10も数えられないというのに、どうやって世界を理解できるというのだろうか！

もちろん、子どもはピアジェが行った「伝統的な」分析に沿うようなことを述べたり、したりする。また、彼の伝統的な分析は、多くの親や教師の直感と合致している。しかしながら、子どもの発達や教育のコースでは広く受け容れられ始めていることだが、子どもが何を理解しているかに関するこの単純な推定はまったく間違っており、そのことを今や私たちは知っている。また、子どもの知識を調べるために使われてきた質問技術の多くが、子どもが何を理解しているかを正確に調べるにはほど遠いものであったこともわかっている。本書で私が示そうとしていることは、さまざまな領域におけるテストで間違えるとみえるかなりの部分は、子どもの質問を解釈する能力の限界を反映しているということである。赤ん坊とは違って話すことのできる3～7歳の幼児については、多くの場合――すべてではないが――彼らの限界は、会話が意味していることを、子どもの発達過程を調べようともくろむ研究者が意図しているようには理解できない点にあるとみることができる。子どもは質問者による質問の意図やそれがどういう関連をもつのかがわからず、困惑しているのである。そのため、子どもの答えは、必ずしもある知識領域における概念の欠如を反映しているわけではない。むしろ子どもは、会話の環境を理解する必要があるのである。質問に対して子どもが話したことや反応したことが、世界に関する彼らの実際の、あるいは潜在的な知識の深さを反映していないのだとすれば、まずなすべきことは、子どもの理解を調べるためにつくられたテストにどのくらい間違えたのかをみるのではなく、いかに質問するかの新しい方法を発見することである。実際、子どもたちは早い時期から、現実や見かけの現象世界について多くのことを知っている。そして理解する能力を示しもするのだが、それは見落とされがちなのである。

現実と見かけの世界の区別について、子どもが理解していること

ピアジェの著書のなかで私が好きなもののひとつに『遊び、夢、模倣』がある。そこには、子どもが見かけと現実をどのように混同するかに関する多くの事例が紹介されている。ある事例に、彼の娘ジャクリーヌが2歳7ヵ月のときのことが報告されている。まだ赤ん坊だった妹リュシエンヌがひさしのついた新

しい水着を着たとき、ジャクリーヌはその赤ん坊がリュシエンヌだとわからなかった。「ジャクリーヌが訊いた。『この赤ちゃんの名前は何ていうの？』彼女の母親が、それは水着なのよと説明した。しかしジャクリーヌはリュシエンヌを指さして、こう言った。『だけど、この子の名前は何て言うの？』（リュシエンヌの顔を指しながら）そして、この質問を何回か繰り返したのである。しかし、リュシエンヌがいつもの洋服を着るやいなや、ジャクリーヌはまじめな顔をし、あたかも洋服を変えることで妹のアイデンティティが変化したかのように、『またリュシエンヌに戻った！』と大きな声で言ったのである。」ジャクリーヌと母親との間で交わされたこの会話に関するピアジェの解釈によれば、子どもは、たとえ見かけが変化しても人々や事物の本当のアイデンティティは変化しないことを理解していないのだという。

ピアジェが最初にこうした種類の観察を報告したのは1951年のことであるが、その後、彼の祖国スイス以外で多くの研究が繰り返された。たとえば、見かけと現実を区別する能力に関する研究のひとつでは、アメリカ人の3歳児が、ネコがいとも簡単にイヌに変わると信じていると報告されている。この研究では、3～6歳児にメイナードという名前のネコと遊ばせた[8]。質問された際、子どものすべてがメイナードをネコだと答えた。次に、実験者がメイナードの顔にどう猛な顔をしたイヌのマスクをかぶせる場面を見せた。その際、実験者は、「ほら、見てね。この顔はイヌみたいだね！　この動物は、今は何かな？」と訊いた。6歳児とは違って、3歳児の多くが、メイナードがイヌに変わったと考えたという。彼らは、イヌのマスクをしたネコと遊びたいとは思わず、その皮膚の下にはネコの骨や胃があるとは認識しなかったというのである。

もし子どもが、見かけの変化が単に動物のアイデンティティを隠すのではなく、実際に変化させると考えているのならば、子どもたちは彼ら自身のアイデンティティも、見かけの変化によって変えることができると考えるのではないだろうか。たとえば、子どもは自分とは異なる性の人が着る洋服を着ると、男の子は女の子に、女の子は男の子になることができると思うのではないだろうか。

ピアジェに触発されて、これまで多くの研究者が、ジェンダーの永続性に関する子どもの理解を判断するために、こうしたやり方によるインタビューを実施してきた。このようなインタビューのひとつに、時が経過してもジェンダーは一貫していること、自分とは異なる性の人たちが行うゲームをやったりその洋服を着たりしても、男の子や女の子であることが変わらないことを理解しているかどうかを調べるために、3~5歳児に対して14もの質問と「対抗質問」を行った研究がある。(9) 質問のなかには、たとえば、「あなたは男の子かな、女の子かな?」など、ジェンダーアイデンティティの知識を問う九つの質問、たとえば、「あなたがまだ小さい赤ん坊だった頃、あなたは男の子だった、それとも女の子だった? あなたが大きくなったら、あなたはお父さんになるの、それともお母さんになるの?」など、ジェンダーの安定性をみる二つの質問、そして、たとえば、「もしあなたが(子どもが男の子なら「女の子の」、女の子なら「男の子の」)洋服を着たら、あなたは男の子かな、それとも女の子なのかな? もしあなたが(子どもが男の子なら「女の子の」女の子なら「男の子の」)ゲームをしたら、あなたは男の子かな、それとも女の子かな?」など、ジェンダーの一貫性に関する三つの質問があった。対抗質問は、子どものもともとの反応の確実性をみるためのものである(たとえば、「もしあなたが(子どもが男の子なら「女の子の」女の子なら「男の子の」)ゲームで遊んだら、あなたは(子どもが男の子なら「女の子」、女の子なら「男の子」)になるかな?」といったもの)。子どもたちは、アイデンティティに関する質問(最初にあげた質問)については、安定性に関する質問（二番目にあげた質問）よりも容易であるようだった。一貫性に関する質問（最後にあげた質問）は最も難しく、3歳児の多くが、また5歳児でも何人かは、正しく答えることができなかった。

こうした反応には、大きな理論的重要性があると考えられてきた。[10] 幼児は変化しない特性よりも知覚的な見かけの変化に注意を集中しがちであり、そのためにゲームや洋服が変化したことに基づいてジェンダーを判断するのだと考えられてきたのである。しかし、ひとたびジェンダーについて安定的な概念を獲得すれば、男の子はたとえ女の子の洋服を着たり、女の子のゲームをしたりしても、男の子のままであることに気づくというわけだ。男の子あるいは女の子という自己定義に沿って行動するなかで、子どもは性にふさわしい活動を追求するようになるというのである。

これまでは、子どもは問われた質問にこのように答えるものと考えられてきた。しかしなぜだろうか。彼らの答えは、本当に概念的理解の欠如を反映しているのだろうか。それとも、彼らの答えは、彼らの理解を調べるためにつくられた質問の目的や適切さに関する子どもの理解の問題を反映しているのだろうか。子どもの発達や教育に関する過去30年ほどの研究の進歩のペースは、それほど速かったとはいえない。それでも今や、非常に大きな進歩が起きていると私は信じている。

前概念的なのか、それとも真に概念的なのか
――子どもの会話スキルと、見かけと現実の区別に関する研究

見かけと現実の区別に関する3、4歳児の能力を独自に検討したのが、『ピアジェ心理学入門』の著者

である、スタンフォード大学（カリフォルニア州）のジョン・フラベルである。1983年から1999年にわたる一連のすばらしい研究のなかで、フラベルと共同研究者たちは、4歳以下では、ピアジェが最初に指摘した混同が認められることもあるとはいえ、この年齢までに、子どもは見かけと現実の区別について確固とした理解を有するようになると結論づけた[11]。

フラベルの研究チームは、子どもが事物の本当の性質とその見かけ、たとえば着色されたフィルターやマスクや衣装といったものとを区別しているかどうかをみるテストを作成した。たとえばある課題では、女性の質問者が牛乳の入ったコップを見せるのだが、そのコップの周りには赤いフィルターが貼られている。質問者は子どもに対して、「この牛乳は、本当に、確かに（really and truly）何色かな？　これは本当に、確かに赤色かな？　それとも、本当に、確かに白い色かな？　二番目の質問をするわね。今、あなたはこの牛乳を見てるわよね。じゃあ、この牛乳は白い色に見える？　それとも赤色に見えるかしら？」と訊くのである。こうして調べられた3歳児のうち、牛乳は**赤色に見える**が、本当に、確かに**白色**だと正しく答えた者は半数に満たなかった。しかし、4歳児になると、ほとんどが正しく答えるようになった。

フラベルによる他の研究では、3歳児がエリーという名前の大人と会うのだが、エリーはクマの衣装を着ている。質問者は次のように子どもに質問する。「今、彼女（エリー）を見ているわよね。じゃあ、彼女はエリーに見える？　それともクマに見えるかしら？　違うふうに訊くわね。向こうにいるのは、本当に、確かに誰かしら？　彼女は本当に、確かにエリーなの？　それとも、彼女は本当に、確かにクマなのかしら？」3歳児の正答数はチャンスレベル（訳注：偶然によって生じる確率）よりも多くなかった。3歳児の誤答には二つのタイプがあり、それらは同程度の比率だった。エリーが本当にも見かけの上でもクマだという答え――フラベルが「現象主義」のエラーと呼ぶもの――と、本当にも見かけの上でもエリーだという答え――「現実主義」のエラー――である。4歳児は3歳児とは異なり、ほぼどちらのタイプの誤答も示さなかった。4歳児の多くは、見かけについて「どんなふうに見える？」と質問された場合は見かけを、現実について「本当に、確かにはどうなの？」と質問された場合は現実を答えたのである。

4歳児の答えは、ピアジェがこの年齢の子どもに認めたよりも、はるかに子どもの理解に多くの支持を与えるものだ。しかし3歳児についてとなると、フラベルと彼の共同研究者たちは、研究結果がまさしくピアジェの主張を支持するものだと解釈しているのである。すなわち幼児は、「もし状況がそういうものならば、それはそうなのだろう。なぜなら、それは他のものではあり得ないのだから」と考えがちだという主張である。フラベルらはさらに、次のようにも推測している。子どもは発達に限界があるため、たとえ彼ら自身が両親に愛されていないと感じたとしても両親がなお彼らを愛しているかもしれないことを理解できず、ベッドルームで見るマスクや影が危険ではないと告げられていようとも、それらが怖くてたまらないというのだ。

しかしながら、大人の質問の意味や意図を解釈するために幼児が用いる素朴な方略に精通すると、3歳児はただ単にその課題の真意を理解していないという可能性が示唆される。彼らの現実主義的エラーは、その状況におけるだましに対する子どもの評価を反映したものかもしれない。たとえば、エリーはクマに見えるほど上手には変装できていないという信念を反映している可能性がある。一方、現象主義のエラーは、エリーが本当にクマのように変装したという、ちゃめっ気のある評価を反映しているのかもしれない。エリーはクマのように見えるだけでなく、本当に、確かにクマになったのだという評価である。もしそうならば、エリーがエリーのように見えるし、本当にもエリーだという答えは、真の現実主義的エラーではない。また、エリーがクマのように見えるし、本当にもクマだという答えは、真に現象主義のエラーではない。子どもたちの答えに反映されているものは、見かけと現実の区別がわからないという概念的失敗ではなく、単に、質問者の質問が科学的な目的をもっている、すなわち質問者が見かけと本当の区別について、子どもが何を理解しているかを調べるという目的をもっているという意図を共有することの失敗なのかもしれない。

確かに、子どもが空想や想像の達人であることは、世界が本当にそうであるものとは異なるやり方で世界を概念化できることを示している。もし7歳より小さい子どもに「事実と正反対の問題」を与えたとする。たとえば「すべてのネコは吠えます。レックスはネコです。」と伝え、その後で「レックスは吠えますか?」と訊いたとする。子どもの多くは「もちろん吠えないよ!」と答えるだろう。子どもたちの反応は、「すべてのサカナは木に住んでいます。トットはサカナです」と伝え、「トットは水の中に住んでいますか?」と訊いた場合も同じだろう。しかしながら、ネコが吠えサカナが木に住んでいる劇の世界を見せたなら、多くの子どもは、たとえ2歳児でも、その多くが正しく答えるだろう(12)。

これらの観察に一致して、フラベルの先駆的研究との関連において、2歳児ですら自慢の持ち物をみんなに説明するゲーム(show-and-tell ゲーム)の文脈では、事物の見かけとその本当の機能を説明できることが示されている(13)。さらに3歳児は、自然な会話のなかで質問者の要求に応えるよう問われた場合には、見かけと現実の区別に関する理解を示すことができる。これらの研究では、たとえば、本当はろうそくだがクレヨンのように見える、青いクレヨンの包み紙で包まれた誕生日ケーキ用の青いろうそくや、岩のように見える、灰色で形がいびつなスポンジなどといった、人を欺くような事物を子どもに示す。子どもにはまた、人を欺かない事物も示す。たとえば、赤いクレヨンや誕生日ケーキ用の白いろうそく、花こう岩の岩、黄色いスポンジなどである。実験者から見かけについて質問された場合（「あのね、テディがクレヨンのように見えるものと一緒に写っている写真を撮りたいの。手伝ってくれる？」）、あるいは現実について質問された場合（「あのね、水がこぼれちゃったから、掃除するスポンジが欲しいの。手伝ってくれる？」）、子どもはほとんど完璧といえる割合で正しい事物を選ぶことができたのである。実際、実験者の要求に応じて反応を変えることにより、2歳児がかなり柔軟に事物を命名することができ、12～18ヵ月児もその多くが、事物を柔軟にカテゴリー化できる(14)。それとは対照的に、フラベルの手続きにしたがって質問した場合には、3歳児の多くが誤った反応をしてしまうのである。ここにはひとつの可能性がある。子どもは見かけと現実に関する質問の意図を、見かけと現実を子どもが区別できるかどうか判断するための要求としてでなく、だましの有効性を評価する要求として解釈したのかもしれない。

いずれにせよ、子どもが質問者や友だちに語ることは、ピアジェの理論と一致していない。4歳にもなれば、ある場合には2歳程度の子どもでも、見かけと現実の区別について何らかの知識をもつことが示されている。もちろん、子どもが見かけと現実を絶対にまぜこぜにすることなどないという軽はずみな主張をしているわけではない。親なら誰もが証言するだろうように、子どもはふり遊びをするときには、毎日そのようなこと（見かけと現実の融合）をするものだ。遊びに夢中になって空想のなかに入り込み、見かけと現実の区別に関する彼らの知識が覆われてしまうことがある。私ごとだが、子育てしていた当時の出来事を告白しよう。上の娘のスザンナが3歳のときのことで（現在は27歳で弁護士である）、私は彼女の相手をしていた。スザンナは、新しい安全ばさみで遊ぶのが好きだった。彼女のお気に入りの人形だったティリーは額に長い前髪をたらしていたが、スザンナはティリーには整髪が必要だと考えた。とはいえ、私は、スザンナがティリーの髪がいつかまた長くなって元に戻るだろうと考えていたどうか、確信がもてない。ティリーの髪を切った後、スザンナは遊び友だちだった小さな男の子の前髪も切ろうと決めた。たった10分ほどの間、スザンナとその友だちから目を離した後、部屋に戻ってみると、ティリーの髪が、その少年の髪と一緒に落ちているのを発見したのである。スザンナは、恐怖におそわれた父に対して、静かにこう言ったのである。「あのね、わたしね、ティリーの髪と男の子の髪を切ってあげたのよ。」そして私は、その少年の両親が迎えに来たときにどのように説明したものかと四苦八苦することになったのである。

子どもの日常的な行為においては、たとえ非常に幼くても明らかに見かけと現実を区別している。しかし他方では、ティリーの散髪のエピソードのような出来事もある。これらと、見かけと現実に関する子どもの知識についての組織的な検討とから、多くの研究者は、3歳児には見かけと現実の区別に関して、根本的な概念的欠損があると結論づけた。この矛盾はどのような理由によるのだろうか。日常的な行為においては見かけと現実に関する知識を上手に使える3歳児が、フラベルと共同研究者たちが作成したような課題においては、なぜ大きな困難を示すのだろうか。それは記憶の問題なのだろうか。つまり、子どもは見かけと現実を単に同時に記憶にとどめることができないのだろうか。事物の見かけが鮮明すぎて、その現実の性質を推論する際に、邪魔をしてしまうのだろうか。あるいはまた、私が示唆したように、会話に関する幼児の理解のしかたに問題があるために、あたかも見かけと現実の区別をほとんどあるいはまったく理解していないかのように、反応してしまうのだろうか。

2003~2006年に、カリフォルニア大学（サンディエゴ）のギデオン・デアクによって、重要な研究結果が報告された[15]。そのうちのひとつの実験で、デアクと彼の研究チームは、3歳児に対して、フラベルが用いた課題に沿った見かけと現実に関する課題を行った。たとえば、岩のように見える箱を示し、「これはどんなふうに見える？（そうだね。本当に）これは岩に見えるね。だけど、本当は、確かに、岩じゃないよね。……これはね、隠し場所なのよ。見える？　ここを開けて、この中にペニーを入れることができるのよ。じゃあね、これは本当に、確かには、何かな？（そうだね。本当に）これは隠し場所なのよね。だけど、岩に見えるのよね。」と訊いた。

この課題で調べたい質問は次のようなものである。「じゃあね、これは本当に、確かには、何かな？これは本当に、確かに岩かな、それとも、これは本当に、確かに箱かな？　これを今、あなたが見ているけど、それは箱に見えるかしら、それとも岩に見えるかしら？」

フラベルの研究と同じように、子どもたちはこれらの質問に対して、現象主義の答えや現実主義の答えをすることが多かった。岩のように見える箱は、実際にも見かけの上でも箱であると答えるか、実際にも見かけの上でも岩であると答えることが多かったのである。しかしながら、デアクと共同研究者たちは、質問それ自体の性質がきわめてあいまいだと考えた。そこで、見かけについての質問と現実についての質問の正確さが「重複する」課題を用意した。子どもたちが課題で問われた質問が異なる答えを要求していることに気づいていないために、単純に答えを復唱した（「岩－岩」あるいは「箱－箱」と答える）のかどうかをみるためである。たとえば、子どもたちに鍵をもっているクマを提示し、見かけと現実についてだけ質問するのではなく、事物間の関係についても質問したのである。「これは何に見える？　これは鍵のように見えるかな、それともクマのように見えるかな？　これは何を持っているの？　これは鍵を持っているのかな、それともクマを持っているのかな？」そのため、質問はひとつの事物の見かけと現実についてではなく、同時に存在している二つの事物についてのものになる。３歳児を対象とした調査では、見かけと現実の質問に対する答えと、統制課題である重複課題への答えとの間に強い関連性が認められた。つまり、答えを繰り返した子ども、すなわち一方の課題において現実主義的あるいは現象主義的な答えをした子どもは、もう一方の課題においても同じように答えを繰り返すことが多かったのである。そしてこのことは、まだ多くの語彙を獲得していない子どもにとりわけ顕著であった。

次にフォローアップ研究において、デアクと共同研究者たちは、見かけと現実の課題での子どもの誤答と関係すると思われる多くの要因について、組織的な検討を行った。たとえば記憶や、事物の優勢な名称を述べることを抑える、あるいは「抑制する」能力もそれらの要因である。だが記憶課題や抑制課題の結果と、見かけと現実課題の誤答との間には何の関連性も認められなかった。その代わりに、質問に対してどのように答えたらよいかに関する語用論的知識との間に関連性が認められた。見かけと現実の課題に正答することが困難な子どもたちは、見かけと現実とは何の関連もない質問についても、答えを反復したのである。たとえば、子どもたちに木と花の絵を示し、次のような二つの質問をした。「背が高く成長するものは木かな、それとも花かな？」「よい香りがするものは木かな、それとも花かな？」こうした質問には異なる答えをすべきだという強い含意があるにもかかわらず、３歳児のなかには、どちらの質問に対しても「木だよ」、あるいは「花だよ」と同じ答えを反復する子どもがおり、そういう子どもたちは見かけと現実課題でも同様の間違いをしたのである。こうした子どもたちは、あいまいで不確定な答えを求める質問には、ひとつの答えがあると考えがちであった。たとえば、こういう子どもたちは、箱にさまざまな色のレゴブロックが入っている場合でも、取り出されるレゴブロックの色を知っていると答えたのである。

これらの結果は、見かけと現実の課題における3歳児の失敗が、質問者から出された質問のポイントについての経験不足を反映していることを示唆している。見かけと現実について、そのどちらか一方を選ぶという質問を2回された場合、子どもはその質問が新しいこと、異なることを問う質問なのか、それぞれの質問に対して、新たに考えた答えをすべきなのか —— 一方の質問とは関係ない別の質問なのか —— に、確信がもてないのかもしれない。もっといえば、子どもは、単に質問には一つ以上の答えがあるとは考えていないのかもしれない。もしそうだとすれば、子どもはフィードバックが得られるまで、あるいはまったく新しい質問がなされるまで、最初の答えに固執するだろう。

さらに、フィードバックの質がたいへん重要である。たとえば、ジェンダーの一貫性に関する質問を考えてみよう。「あなたは女の子？　それとも男の子？」と質問されたら、3歳の男の子でさえ「男の子だよ」と答えるだろう。「あなたがとても小さかったとき、あなたは男の子だった？　それとも女の子だった？　あなたが大きくなったとき、あなたはお母さんになるの？　それともお父さんになるの？」と訊かれたら、男の子は、自分は赤ん坊のとき男の子で、大きくなったらお父さんになると答えるだろう。そして最後に、その男の子は「もしあなたが女の子の洋服を着たら、あなたは男の子？　それとも女の子？もしあなたが女の子のゲームをしたら、あなたは女の子？　それとも男の子？」と訊かれる。この頃までにこの男の子は、これらの質問の目的はいったい何なのだろうと考え始めるかもしれない。彼は、これらの質問をばかばかしいと考え、質問者を楽しませるために、ばかばかしい答えやかわいらしい答えに変更しようと思うかもしれない。実際、最も単純にみえる調査を用いても、幼児の理解を検討することはまったく容易ではなく、予想もしなかった答えを引き出すことがある。おそらく3歳、あるいはそれよりも少し早い頃までに、子どもはふりをすることと現実とを区別できるようになるのだが、彼らは質問に答えるときに、ふりをすることの目的や関連性を簡単には理解できないのかもしれない[16]。

たとえば、間違えることと比べて、嘘をつくことがどのような意味をもつのかに関する理解を調べるために、私は見かけと現実の区別に関する3歳児の知識を用いることができないかを検討してきた。子どもにどのような質問をしたらよいのかを「試験的に」試していたときのことだ。私の研究室の学生がソフィーに、カビの生えたパン一切れと2匹のテディベアを渡した。2匹のテディベアのうち一匹は「見物人」で、だましの場面を見ることができるのだが、もう一匹は背中を向けている。そのパンに対するソフィーの態度を調べるために、学生が3歳のソフィーに次のような質問を行った。「ここにカビの生えたパンがあるの。このパン食べても大丈夫かしら？　それとも大丈夫じゃないかしら？」ソフィーは当然、「大丈夫じゃないわ」と答えた。

次に、質問者は、「それじゃあ、このパンにジャムを塗ってみましょう。そうすれば、このパンに生えているカビは見えなくなるわ」と言い、ソフィーに質問した。「このテディベアはパンにカビが生えているのが見えないの。このテディベアは、友だち（このとき、ぬいぐるみを置く）に『このパン、食べても大丈夫だよ』と話したの。このテディベアが話したことは間違いかしら？　それともこのテディベアは嘘をついたのかしら？　もう一匹のテディベアはパンにカビが生えていることを確かに見たわ。こっちのテディベアは友だちに、『このパン、食べても大丈夫だよ』と話したの。こっちのテディベアが話したこと

は間違いかしら？　それとも、嘘をついたのかしら？」ソフィーはこれらの質問に答えるのではなく、「ねえ、それ返して！私のテディベアなのよ」と答えたのである。

実際のところ、3歳児の大半は食べ物に関するこうした話を聞かされると、嘘と間違いを正確に区別する。[17]同時に、ソフィーのように、質問の意味を「読んで」、彼らが何を訊かれているのかという会話の文脈を理解する能力をどの程度もっているかについては、かなりの幅がある。すべての子どもが、話し始める頃には会話に関する素朴な理論をある程度もっているだろう。この理論は、話し手が子どもの理解を調べるために意図的にだましを演じる可能性を前提にしたものではない。子どもは関心の対象を変更することや、彼らがいつも述べていることと反対の回答を思いつくことに慣れていないということもあるだろう。また、年長の子どもや大人に比べて、反対の答えを思いつくのにより多くの時間が必要だということもあるだろう。だましやユーモア、嫌み、皮肉などを駆使する会話に参加する経験を積むにつれて、子どもは話し手のメッセージの異なる解釈を考慮に入れるよう、当初の理論を手放していくのかもしれなオリンピック選手たちは、オーストラリアのかわいらしい動物が大好きだ。アメリカの射撃選手シンディ・ゲントリーは、昨年、カンガルーの皮を購入した。しかし、「それをスーツケースから出して広げていたときなの。私の飼ってるラブラドールがね、ちょうどそのカンガルーの皮と同じ色なんだけど、私を見つめてこう言っているように見えたのよ。『なんてこと！ 次は僕なの？』って。」

い。二ヵ国語あるいは三ヵ国語が話せるような、言語に特別長けた子どもたちは、質問（事物の見かけと現実に関する質問も含めて）に答える際、彼らの注意を変更することが特に得意であるようだ。一方、たとえば遅くに手話を始めた聴覚障害者のように、言語へのアクセスが遅かった子どもたちは不利のようである。いずれの場合も、この進歩は、少なくともその一部は、質問を意図されたように解釈し、自分の理解を表現し、世界に関する知識を得ることを可能にさせる会話理解の発達を通して生じるのである。

　見かけと現実の区別は、子どもや動物にとってはもちろんのこと、大人にとってもしばしば難問である。たとえば、多くの文化において、大人でも死への対処はとりわけ難しい。愛する人や動物が死んでしまったとき、彼らが死んだように見えるだけでなく本当に死んでしまったのだ、もう再び生き返ることはないのだと受け容れるのは簡単なことではない。死という事実は、自分たち自身の死すべき運命という真実を思い起こさせるが、西欧の産業社会では、そのことがあまりにも看過されており、語られることが少ない。一方で、私たちは死すべき運命について考える能力が、ペットにもあるとみなすことがある。２０００年に開催されたシドニーオリンピックに関する上のニュース記事は、そのちょっと変わった例である。

　死が、しばしば説明を求める過程であるように、見かけと現実の区別も通常はっきりとしていない。その意味において、子どもに見かけと現実の区別を期待するのなら、大人がどの程度区別できるのかという基準との関連で考えるべきだろう。

子どもの理解の何が発達するのか？――作業モデル

というわけで、これまでのところ、私たちが子どもについて知っていることで、現象的世界の現実と見かけの区別に関する初期の理解――この区別があってはじめて、原因と結果を見抜くことができる――をもたないとする知見は何もない。それどころか、この区別に関する子どもの理解は、彼らの初期の中核的知識の一部なのである。

ここで、私が以前の著書で検討した発達の作業モデルについて再び述べて確認しておこう。幼児は、しっかりとした中核的な**暗黙**の知識、あるいは真に概念的なコンピテンスをもっている[18]。一定の重要な領域では、知識はモジュールによってガイドされており、特定の課題を解決するために調整されて、物理的世界における事物の性質や、心的世界における他者の信念について誤った仮説をたてることを防ぐ。あるいはまた、最初は世界に関する素朴理論をまったく保持しておらず、先有原理や先行モデル、理論など何もない領域もある。この場合子どもの知識は素朴なのではなく、存在しないか断片的なものでしかないため、親や教師、あるいはメディアの教えに開かれている。しかしいずれの場合も、研究者との会話によって子どもの理解能力が解明されないことがあり得る。なぜなら、子どもの理解を調べるためにつくられた測定方法が、子どもの理解や経験を上回る言語解釈の技能を必要とするからである。あるいは、子どもは、答えるように言われる質問の状況に不慣れだからである。子どもが何を理解でき実際に理解しているかをテストする多くの場合、子どもは自分が知っていることを、少なくとも子どもがもっている暗黙的で骨組み的な知識と一致するその問題の正しい答えに翻訳しようとする企図をもっていないし、そうするしかたもわからないのかもしれない。また、たとえしかたを知っていたとしても、子どもは質問者が意図するやり方で質問の意味や目的を解釈して、それを共有しなければならないのである。

もし子どもの発達が、必ずしもピアジェの主張したような概念的限界、あるいは一面的な理解によって限定されていないのだとしたら、そして、子どもが確かに見かけと現実の区別を理解しているのだとしたら、どうやって子どもの理解を明らかにするかという難題が待っている。子どもの理解を調べる質問者の質問に、幼児はなぜ正しく答えられないのか、別の説明が求められている。ここで提案するモデルは次のようなものである。すなわち、もしこれらのテストが、正しい答えを促すような経験とサポートを与える文脈のなかで、「子どもにとってわかりやすい」言語で作成されたならば、子どもはもっと正答できるだろう。

次章からは、さまざまな知識領域における中核的な理解に関する、近年の新しい証拠について述べていく。また、発達の過程で、子どもの理解に生じると思われる概念変化の性質についても述べる。この証拠は、非常に幼い子どもですら、確かに、本当に、驚くべき知性を有していることをはっきりと示すものだ。

第2章では、他者の心がどのように働くかについて、子どもがどの程度理解しているかをみていく。イギリスとイランというまったく異なる国に住む3、4歳児は、他の子どもの行動を彼ら自身のものとは異なる信念や情動に基づいて予測するという理解において、「心の理論」を示すだろうか。この理論は言語能力とは独立して、子どもの推論のなかに出現してくるのだろうか。

第3章では、子どもにとってまさに最初の科学、すなわち天文学に関する知識を取り上げる。検討する問題は次のようなものである。子どもは最初、地球の形は平らであり、太陽は地球の周囲を廻っていると信じているのだろうか。それとも地球は丸く、太陽の周囲を廻っていると理解できるのだろうか。この章では、アメリカやオーストラリア、イギリス、スウェーデンといったさまざまな国で行われた、天文学や地理学に関する子どもの理解に関する研究を検討する。

生物学は人類の知識にとって根本的な領域である。そこには、私たちの見かけや行動を決定づけるものに関する理解、呼吸や睡眠といった生物学的プロセス、さらには食べられそうに見えるものが実際にはそうではないことについての知識も含まれる。第4章で検討する問いは、次のようなものである。子どもは目の色といった身体的特性が生物学的に由来するもので、一方たとえば食べ物の好みといったものは文化的に決定されることに気づいているだろうか。子どもは汚染に関する顕微鏡でしか見えないような微細な基礎や、病気の感染を理解できるだろうか。子どもはどうしたら食べ物を浄化できるか、その過程がわかるだろうか。アメリカやインド、その他の国々の子どもたちがこれらの問いに答える。

生と死は、とても幼い子どもにとっても関心のあることだ。愛する人やペットの死は、心をかき乱す。ある時点で、子どもたちは生命の必要条件や死の原因という問題に直面せざるを得なくなる。第5章では、アメリカやエクアドル、ドイツといったさまざまな国の幼児が、生命の創造と死の永続性についてどの程度理解しているかをみていく。

事物の世界を特徴づけそれに働きかけるために、すべての文化の子どもが数を数える。数を数えること（計数）は、歩くことや話をすることと同じくらい自然なことであり、数の問題解決に対して適応的に特殊化されている。しかし、子どもの数能力は、計数のために私たちが用いることばの意味の理解と関連するだろうか。数に関する子どもの初期の理論は、計数で使われる不連続な整数に限定されているのだろうか。それとも、子どもたちは、分数や小数、割合など、整数と整数の合間を埋める数の関係を考慮に入れるために、彼らの理論を調整しようとするだろうか。ブラジルやオーストラリアにみられる計数のことばを数語しかもたない先住民族の子どもたちについては、どうなのだろうか。これらの文化に住む人々は、数の推論能力が限定されているのだろうか。第6章では、これらの問いを取り上げる。

すべての子どもが同じではない。これは当然であり、繰り返し指摘される。なかには、実際に大きく異なる子どももいる。第7章では、自閉症児の理解能力を検討する。

最後の第8章では、初期発達における普遍性についてみていきたい。さまざまな文化における子どもの研究によって見いだされた、子どもが初期からもっている知識に関する研究を検討し、子どもの理解を発見するために子どもにどう質問したらよいかに焦点をあてようと思う。心理学や心の理論、宇宙論、生物学、健康と衛生、生命と死の過程、数と計算といった実に多くの分野における子どもの知識において、早期から言語や会話に触れ、そこに加わることが重要な働きをしていることを強調したい。そして、子どもに質問するという方法論との関連において、子どもの学習の質や速度についての異なる解釈を検討したいと思う。

コラム：どう見たってテロリストだ！

大人でも（ただし大人といっても、冷静さの程度についてはずいぶん幅がある）、通常の日常生活で、見かけと現実の区別に苦労する逸話的証拠は珍しくない。たとえば、アイルランドには――どこでも起こり得ることだが――次のようなジョークがある。あるバーに二人の男が座っていた。[19] 一人がもう一人に、どこの出身かと尋ねた。すると「コークだよ」と答えた。「へえ！　まさか！　俺もコーク出身だよ。それで君はどこの学校だったの？」「セント・コロンバスだよ。」「信じられるかい？　俺もそうだよ！　君はいつ卒業したのさ？」「1971年だよ……」などなど。そこに別の客がやってきて、バーテンダーにどうしたんだい、と尋ねた。バーテンダーが答えた。「別に何も特別なことじゃないよ。オーライリーの双子がまた飲んでるのさ！」

これもアイルランドがらみだが、私もまた、見かけと現実の混同に巻き込まれたことがある。私は論文を書いていて、子どもが問題解決のためのアドバイスをもらう相手として、大人と他の子どものどちらを信用するかについて質問するため、オックスフォードのいくつかの学校をまわっていた。子どもたちの答えは、アドバイザーが大人か子どもかといった地位ではなく、どれだけ知的である、また道徳的であると知覚されているかに関連することが示された。

ある意地の悪い人が、私のことを、オレンジ色のレインコートをまとい黒いスカーフをまいたハロウィン男に似ていると言った。実際私は、奇妙に見えたのかもしれない。ここでは「フォックス（狐）」と呼んでおく（本当の名前ではない）パブに入って行ったときのことだ。私はまる一日自転車を乗り回し調査をし、疲れて果てていた。店の外に自転車を停め、調査資料の入ったバッグを持って店に入った。リンゴ酒を半パイント注文したが、カウンターの向こうの女性の不安そうなまなざしには気づかなかった。そのパブ自体、奇妙にも船乗りたちのたまり場であるようだった。何が最も不思議かといって、オックスフォードは、イングランドで一番海から遠く離れているのである。

およそ10分後、二人の警察官が入ってきて、私に、一緒に外に出るよう告げた。そこで、私は自分の荷物をパブに置いていってもよいかと尋ねた。驚いたことに、彼らは荷物も一緒に持って行くよう言うのである。それから、パトロールカーの脇で私の身体検査をし、私のバッグを開けた。そこで彼らが見たもののすべては、子どもや大人を描いたマンガ絵だったのである。

彼らは頭を振り、申し訳ないと言った。それで私はパブに戻った。中にいた人は誰もが笑っていた。そして私は1パイントのリンゴ酒をおごられたのである。彼らは、私のことをアイルランドのテロリストだと考えたのだ。船乗りでいっぱいのパブを、バッグにしのばせた爆弾で爆発させようとしていたというわけだった。

しかしいったいいつから、イギリスなまりで話さない人であれば誰もが、アイルランドなまりに聞こえるようになってしまったのだろうか。スコットランドなまりとカナダなまり（私がそうだ）との間にはある種の類似性があるかもしれないが、アイルランドなまりは、決してそんなことはない。私は自分の当惑を隠そうと努めながら、その店を出た。そして、「フォックス」を訪れることは二度となかった。

第2章　言語、会話、心の理論

心とは独特の場所だ。心は自らのなかに／
地獄から天国を、天国から地獄をつくりだす。
ジョン・ミルトン『失楽園』第1書第254－行255行

見かけと現実の区別に関する知識と「心の理論」は、きわめて近い関係にある。ここには、基本的な心理学の理解が含まれる。すなわち、他者の信念や感情、意図は、自分自身の信念や感情、意図、そして現実とどのように異なるのかという理解である。心の理論は、私たちの欲求と合致しない、予想しなかった行為の結果に関する理解をもたらす。

赤ん坊として言語と出会ったその最初の瞬間から、子どもは信念や感情、その他の心的状態に関する議論にさらされており、それは心の理論に関連している。言語と同じように、心の理論に関する推論は、人間のすべての文化に普遍的に存在している。なぜなら、ほとんどすべての人が話すように、聴覚障害者の場合なら手話を使うように、誰もが他者の心に何があるかに関心をもつからである。私たちは、他者の知識が私たちの周囲にある世界の出来事の本当の状態を正確に表したものなのか、それともそれを歪めたものなのかを必死で知ろうとする。人間の文明における心の理論の重要性は、強調してもしすぎることはない。なぜなら、小説や劇、歌などで文化を理解し伝えていくうえで、もっと一般的には家族や社会生活を維持していくうえで、心の理論は欠くことのできないものだからである。

シェイクスピアは、心の理論の達人だった。芝居に示されたその技量は、明らかに個人生活においても輝いていた。シェイクスピアの欺きの欺きに関する次の逸話は、よく知られている。[1]『リチャード三世』など、シェイクスピアの多くの芝居が初演された際、主役を演じたリチャード・バーベッジがからんでいる。バーベッジは、実にカリスマ的だったので、ある一人の女性ファンが夫が出かけていないときに、彼に会いたいと持ちかけた。彼女はバーベッジが彼女の家の前についたら、合図を送ってほしいと頼んだ。そこでバーベッジは、ドアを三回叩き、「私だよ、リチャード三世だ」と言おうと答えた。ところがバーベッジにとっては不幸なことに、シェイクスピアがその企てを小耳に挟んでしまったのである。シェイクスピアは好奇心にかられ、その女性がどこに住んでいるかを探し出した。そして秘密の逢い引きの前に、バーベッジのパートを演じたのだ。シェイクスピアはその合図を使い、まんまと女性の家に入り込み、彼女の魅力の恩恵を享受したのである（何も驚くことはない、何しろ彼は『ロミオとジュリエット』の作者なのだから）。その後、バーベッジが彼女の家のドアに到着し合図を送ったのだが、シェイクスピアは窓から顔を出し、征服王ウィリアムがリチャード三世の前に失敬したから、立ち去るよう告げたのである。

私たちは、シェイクスピアほど、心の理論を使うことに洗練されてはいない。しかしながら、あとでみるように、他者が現実とは異なる信念をもち得ることを理解するという、心の理論の中核にある能力は、人間のあらゆる文化にある。このメカニズムは他者との会話に参加することに関係しているが、語彙や統語といった形の言語獲得とは独立している。この章では、言語と心の理論にかかわる推論との並行関係をみていきたい。その後で、他者との会話に加わることが、心の理論をいかにサポートするかを考えたい。

言語

言語は、学校教育を受けずとも、人間が自発的に獲得する特質である。驚くことに、脳イメージングの研究では、新生児は眠っているときでさえ言語音を学習しており、生後2ヵ月時点における言語への反応は、大人同様、脳の左半球で生じていることが明らかにされている。赤ん坊はまた2ヵ月時点で、非言語音よりも言語音を好む。発達の最初の数年間で、ほとんどすべての子どもが母語の文法を獲得する。実際、言語の文法は、それを獲得せずにはいられないという意味において、私たちにとって必須のものである。(2)

言語獲得に関して影響力をもつひとつの見方では、子どもの言語構造は、非常に限定された断片的な言語刺激にさらされただけで、その引き金が引かれるとする。文法に関する根本的な生得性を示唆する見方である。MIT（マサチューセッツ工科大学）のノーム・チョムスキーや、その他多くの研究者によって提唱された「刺激の貧困」という考え方によれば、文法獲得はモジュール式に、非言語的な知性とほぼ独立して自動的に進行するという。言語環境に大きな相違があるにもかかわらず、どの文化の子どもも、発達のほぼ同じ時期に、一定の順序で文法の諸側面を獲得していく。子どもの言語入力の理解のしかたは、彼ら自身の母語となる言語の文法だけでなく、他の言語の文法とも共通している。子どもがおかす間違いは、かなりの程度予測がつくものであり、他の言語では文法的にかなっているであろうことも多い。さらに、子どもが述べた内容が正しいか正しくないかという点については、（親などから）正しく訂正されることはあっても、その文法について正しく訂正されることはないということも、かなり前から確立されている知見である。子どもの文法が、文法が適格かどうかに関するフィードバックなしにたいてい展開していくということは、それが生得的、生物学的な基礎をもつことの更なる証拠となる。私たちは、これまでに聞いたことも、口にしたこともない文を数限りなく産出でき、かつそれらの文が文法的だと判断できるような形で、語やルールを獲得していくのである。チョムスキーのあげている例をひいてみよう。英語を母語とするすべての話者は、たとえ以前に聞いたことがなかったとしても、「Colorless green ideas sleep furiously（無色の緑色のアイデアは荒れ狂いながら眠る）」という文が、英語の文法ルールにかなっていることに同意するだろう。(3)

言語入力から遮断された聴覚障害の子どもの例は、この説明を補強するものだ。聴力をもたずに生まれた子どものおよそ10％は、聴覚障害の親をもっている。こうした親たちは、手話を使ってコミュニケーションをとることが多い。聴覚障害の親から生まれた聴覚障害の子どもは、アメリカ式手話言語のいくつかの音声単位を使って、手による喃語を話すが、それは聴覚障害のない子どもが母語の音声言語の音声を使って行う喃語とよく似ている。つまり、喃語は話しことばによる入力というよりも、言語の抽象的な構造と関連しているのである。(4)

聴覚障害者と聴覚障害のない人とのコミュニケーションは、言語の性質について更なることを明らかにしてくれる。聴覚障害者で手話を使う親をもつ聴覚障害のない赤ん坊は、手を動かすことはめったにない。

しかし、手を動かす際には、その動きは手話の動きと対応しているのだ。さらに、聴覚障害をもたない親の話す言語はさまざまであっても、聴覚障害児の身振りによるコミュニケーションの言語構造は、文化を超えて類似している。アメリカの聴覚障害児の自発的な身振りは、彼らの母親の身振りよりも、中国の聴覚障害児の身振りとより似ているのだ。そうした身振りには、文を語に分割したり、形態論的な対比のシステムを立ち上げたり、言語の文法や統語を支配する構造をつくりだすなどの技能が含まれており、言語モデルは必要ない[5]。

言語をつくりだすモデルがなくても言語が出現することの更なる証拠は、劣悪な言語環境におかれている、ニカラグアの聴覚障害児に関する最近の研究からも示されている。この研究は、聴覚障害をもつ子どもが、効率的にコミュニケーションをとるために、自発的に、そして大人のモデルとほぼ独立して、意味のある手話の機能的なやり方をつくりだすことを示した。ついには、最初のやり方で手話を使う人のそばで大きくなった聴覚障害児の新たな世代は、ニカラグア式手話は、過去25年の言語を使うようになった。ニカラグア式手話は、過去25年の間に出現してきた成熟した手話である[6]。

さらに、入力が剥奪された言語環境における聴覚障害児に関する研究から、言語獲得に最適な時期、あるいは臨界期があることが指摘されている。子ども時代に話しことばとしての英語を獲得したあとで聴覚障害になった人たちは、障害のない家族のなかに聴覚障害者として生まれたために、学校入学後に手話と触れる以前に、新生児のときも、乳児のときも、そして幼児のときも、ほとんど言語経験をもたなかった人々よりも、手話習得がより円滑に進むことが多いのである。さらに、子ども時代の初期に自然な手話と触れた聴覚障害者は、ある程度発達した後になるまで手話と触れる機会のなかった聴覚障害者よりも、一般的に話しことばとしての英語など、第二言語をよりよく習得することができる[7]。

非常にまれなケースではあるが、子どもがどのような言語環境ももたなかった場合、その後の言語学習は取り返しのつかないほど損なわれることがある。二つのケースを取り上げよう。ひとつは２００年前の、もうひとつは20年前のものだ。どちらのケースも、言語発達が標準的に進行していくために非常に重要な時期と考えられている幼年期に言語環境がなかった場合、言語習得が困難になる可能性を示している。

第一のケースは、「アヴェロンの野生児」として知られるヴィクトールのケースである。これはフランス革命の直後のことである。ヴィクトールは中央フランス南部にあるアヴェロンの森で１７９７年に発見され、１７９９年に保護、そしてその後パリに移され、聾唖者のための施設で養育された。その時点においてヴィクトールは12歳か13歳くらいではないかと考えられた。革命後の時代における高貴な目的（子どもの発達はその社会的環境を変えることで変化させられるという信念に基づいていた）に基づいて、若い医師だったジャン・マルク・イタールはヴィクトールの教育にとりかかった。５年以上もの間、イタールはヴィクトールの教育にたいへんな努力を払ったが、残念ながら、ヴィクトールはほんのわずかな語を理解するようになっただけで、他者との通常のコミュニケーションを習得することはなかった(8)。

もっと最近の「現代の野生児」とも呼ばれているジーニーのケースもある。ジーニーは子ども時代のほとんどを、言語と触れることのない極端に剥奪された状況のなかで過ごした。昼間はおまるに鎖でつながれ、夜は寝袋にくくりつけられていたのである。UCLA（カリフォルニア大学ロサンゼルス校）の心理言語学者スーザン・カーティスは、ジーニーの言語および非言語的な知性について精力的な研究を行い、ジーニーが明らかに標準的な言語をもたないことを発見した(9)。とりわけジーニーは、子どもが通常産出するようなやり方ではWH-質問を産出しなかったのである。「あの人は誰？　あれは何？　彼女はどこに行こうとしているの？」といった形の質問をすることはなかったのだ。ジーニーは「彼」「彼女」「彼ら」といった三人称を使うことができず、「あなた」と「私」を混同した。カーティスは次のように結論づけている。

> ジーニーは質問や命令、要求、呼び出しなどを理解できない。……彼女は会話の面では何もできないようにみえる。ジーニーとの言語的な相互交渉は、ジーニーが答えるまで何度でも誰かがジーニーに質問を続ける、あるいはジーニーのコメントに対して他の誰かがどうにかこうにかそれに答えるかのどちらかしかない。

ヴィクトールのケースでも、ジーニーのケースでも、言語の臨界期と考えられている幼年期の間の発達を研究することは不可能である。言語環境の欠如よりも、誕生時における脳損傷や初期の自閉症が彼らの言語的損傷を説明するかもしれない。だが、イタールが述べているように、ヴィクトールは森で生き残ることを可能とさせた知性を確かにもっていた。カーティスが見いだしたように、ジーニーは、絵を描くことや迷路のパターンを完成させるといった空間的知性を要する課題をうまくこなす特別の能力をもっていた。彼らの非言語的能力のレベルを考慮すると、発達初期において通常の言語環境におかれていたならば、ヴィクトールやジーニーはこれだけ深刻で不釣り合いな言語的損傷を受けずにすんだかもしれないと十分考えられるように思われる。

心の理論に関する推論

「刺激の貧困」説は、幼児における心の理論に関する推論過程にもあてはまるだろうか。この問いに答えるために、まず、心の理論に関する推論を検討した多くの研究をみていきたい。これらの研究では、誤信念をもった人物が事物の場所やその正体についてだまされ得ることを、子どもが理解できるかどうかを調べる課題が与えられる。それらの課題における子どもの反応をみてみよう。

ひとつ目の例として、事物が予想もしなかった場所に置かれる「サリーとアン課題」がある。図に示したように、子どもたちはサリーに関する話を聞かされる。サリーはボールの場所について誤信念をもっている。サリーはボールを箱の中に入れたのだが、サリーが席をはずしている間に、アンというもう一人の登場人物がボールを別の場所に移してしまうのである。この課題では、サリー、つまりだましの場面を見

ていないため誤信念をもっている人物が、ボールがどこにあると思っているかが質問される。

二つ目の例に、入れ物の中に入っているものについての誤解を引き起こす「スマーティー」課題がある。子どもはスマーティー（アメリカのM&Mチョコレート）の円形の入れ物を見せられる。その入れ物を開けてみると、その中には鉛筆が入っていることがわかる。この課題では、他の人

物、つまりだましの場面を見ていないため誤信念をもっている人物が、その入れ物の中には何が入っていると思うかが質問される。

中に入っているものについての誤解を引き起こす入れ物については、これまでにいくつものバージョンが考えられてきた。心の理論課題に正答するために高度な語彙や文法が必要とならないよう、そういう要件をできるだけ小さくするために考案された。「釣り」課題もその一例である。この課題では、子どもに絵を提示し、物語の登場人物である男の子の誤信念を示す正しい絵を四つのなかから選ばせる。図を見てほしい。上の左側の絵が示すように、海藻が描かれた覆い紙が、男の子の持っている釣り竿の先端部分を隠している。次に、この覆い紙をのけると、この状況の現実が示される。男の子が釣ったのは長靴だったのだ（上の右側の絵）。男の子の誤信念も、覆い紙をのけて示される（下の左側の絵)。男の子はサカナを釣ったと思っているのだ。もう一度子どもが覆い紙を持ち上げてのけると、男の子の別の絵が現れる(下の右側の絵)。その絵には、男の子の頭の部分から空欄の吹き出しが描かれている。そしてこの絵の横には、四つの小さな絵が示されている。このうち二つはまぎらわしくするための選択肢だが、あとの二つのうち一つは男の子の信念、もう一つは現実を示している。人が現実とは異なる信念をもち得ることについて子どもが理解しているかどうかを調べるために、子どもは、この四つの絵のうち、どれが登場人物の考えていることを示しているのか、そしてそのうちのどれが覆い紙で隠されていた現実の事物を示しているのかについて質問される。

3歳児のほとんどと4歳児の多くが、サリーとアン課題でも、スマーティー課題でも、釣り課題でも、正しく答えられなかった[10]。これらのことから、研究者のなかには、幼児には心の理論に関する推論をするのには概念的欠損があり、非保守的な、あるいは根本的な概念変化が必要だと結論づける者もいる(この考え方は、理論―理論(theory-theory)と呼ばれることが多い)。心的状態に関する洞察を得ることを可能とさせる会話の機会をもっていると、発達の予定表が加速されるようである。この課題を6~12ヵ月ほど早く正解するようになるのである。信念や感情、あるいは他の心的状態に関する話を聞くことの多い子どものほうが心の理論の課題により早期に正解することが、多くの研究で示されている[11]。

文化によっては、子どもが信念や他の心的状態に関する会話を聞くことがあまりないかもしれない。そうだとしても、これまでに研究されてきたすべての文化において、健常な4歳児、5歳児の大部分は、心の理論の課題に正答する[12]。文化によって会話経験が大きく異なることを考慮すると、これらの研究結果は「刺激の貧困」という分析に合致している。すなわち、他者が自分自身のものとも現実とも異なる信念を抱いているという、心的状態に関する知識に、早期に最小限のアクセスをしさえすれば、心の理論に関する推論の「引き金が引かれる」のである。ちょうど子どもが言語を自発的に獲得する過程で、名詞や動詞、文法的主語といった概念を教えられるわけではないように、子どもは信念といった概念を教えられるわけではない。その代わり、他者と話をするなかで、子どもは人々の欲求（たとえば、何かを見つけたい）と信念（それがどこにあるか）の対応が正しいのか誤りなのかに関する情報を受け取るのである。

しかしながら、このような心の理論に関する課題には限界もある。正しい反応をするためには、誤信念に関する理解が必要なだけでなく、使用されることばの理解や課題の質問の意図にしたがう能力も関連しているのである。[13]そのため、課題を単純化しようと多くの努力が払われてきた。課題に暗黙に必要とされる言語的・会話的要求という問題を打開するよう考えられた、明快な質問をした場合には、たとえ3歳児でもしばしば正答できるのである。たとえば、サリーとアン課題では、子どもは、質問の狙いが、他者の信念が最初は間違っているかもしれないと見抜けるかどうかを調べることにあると認識しなければならない。つまり、実験者によって意図された質問の意味にしたがうことが要求される。「この（誤信念を抱いている）人物は、その事物をどこに探そうとしますか?」という標準的な質問は、「その人物は、最初にどこを見るでしょうか?」を意味している。とはいえ、3歳児はまだ話し始めたばかりなので、他者との会話に慣れていない。そのため、誤信念の概念は理解していても、こうした質問の意味するところがわからないかもしれない。それどころか、子どもたちは、質問の狙いをもっと単純なものだと考えるかもしれない。たとえば、目的を達成しようとしている他者の行動を予測できるかどうかをテストされていると考えるかもしれない。もしそうであったなら、「サリーは、ビー玉をどこに探しますか?」という質問を、単純に

「サリーがビー玉を見つけるためには、どこを探さなければ（あるいは、どこに探しに行かなければ）いけませんか?」という質問として解釈してしまう可能性がある。

質問の意図や関連性を子どもが誤って解釈してしまう可能性を極力減らすよう課題を構成すれば、3歳までに、多くの子どもが心の理論の課題に正しく答えるようになる。アメリカ、イタリア、オーストラリア、そしてイランで行われた研究では、「サリーがビー玉を探すためにどこを最初に見るか」と質問することによって、質問が、ビー玉の位置に関するサリーの最初の誤信念と、サリーがいかにして誤解したのかを訊いているということが明確になることが示された。[14] この質問では、多くの（すべてではないが）3歳児が正しく回答した。これらの研究は、心の理論に関する推論が3歳から5歳の間に根本的な概念変化を経るとする主張に異議を唱えるものだ。「標準的な」課題質問に対する子どもの回答において、概念発達の証拠に見えたものは、実際には会話に関する理解の発達を意味していたのである。

標準的な誤信念課題における子どもの成績は、彼らの知識を低く見積もっているかもしれないということへの更なる証拠が、アメリカ、イギリス、イタリアの「赤ちゃんラボ」の研究から得られている。[15] これらの研究では、15ヵ月から2歳までの幼児にビデオを見せた。そのビデオでは、人、あるいはマンガのキャラクターが事物の場所について誤信念を抱いているにもかかわらず、その事物が実際にある場所を探している場面が描かれる。子どもたちは、ビデオのキャラクターが、自分がそこにあると思っている場所を探している場面（予測される出来事）を見ているときよりも、こうした場面（予測から外れた出来事）を、より長い間見たのである。このことから、言語を話し始める前からすでに、幼児には心がいかにして行動を媒介するかを理解する能力があると結論づけられるだろう。子どもは、この予測に反する筋書きにただならぬ注意を払うのである。

たとえば、ロンドンのバークベック大学の赤ちゃんラボで、ヴィクトリア・サウスゲイトとアッシ・センジュ、ガーガリー・シブラが行った研究では、2歳児にビデオ映像を見せた。視線がわからないようバイザーをつけた人の前に置かれた二つの入れ物のどちらかに、ぬいぐるみがボールを隠す。左ページの図に示されているように、まず（A）ぬいぐるみが左側の箱にボールを入れる、それから（B）右側の箱にボールを入れる（白い矢印線で示されている）という二つの出来事を子どもに見せ、場面に慣れさせる。毎回、ボールが隠されたあとには、扉が明るく照らされる。その後、人がほほえみながら、箱の場所と対応する窓から手を伸ばし、そのボールを回収するのである。テスト課題では、ぬいぐるみは最初、左側の箱にボールを入れる。「誤信念課題その1」の条件では（C）、ぬいぐるみがボールを右側の箱に移動させる。その後、人が後ろを向いている間に、ぬいぐるみはボールを場面から取り去る。「誤信念課題その2」の条件では（D）、人が後ろを向いている間に、ぬいぐるみがボールを右側の箱に移動させ、さらにそれを場面から取り去る。どちらのタイプのテスト課題でも、ぬいぐるみがボールを取り去った後、人は前を向き、扉が明るく照らされる。2歳児は、誤信念を抱いている人がボールを探すためにどこを見るのかを予期し、間違ったほうの窓や他の場所ではなく、正しいほうの窓に注意を向けたのである。彼らは、幼児期初期とはいえ、それまでに会話を経験していたことの恩恵を受けていたと思われる。母親が6ヵ月の赤ん坊に対して向ける、信念や他の心的状態に関する母親の推論は、後に子どもが心の理論の課題で正答するかどうかをよく予測するのである。

ニュージャージーのラトガース大学の心理学者であり認知科学者でもあるアラン・レズリーは、健常な

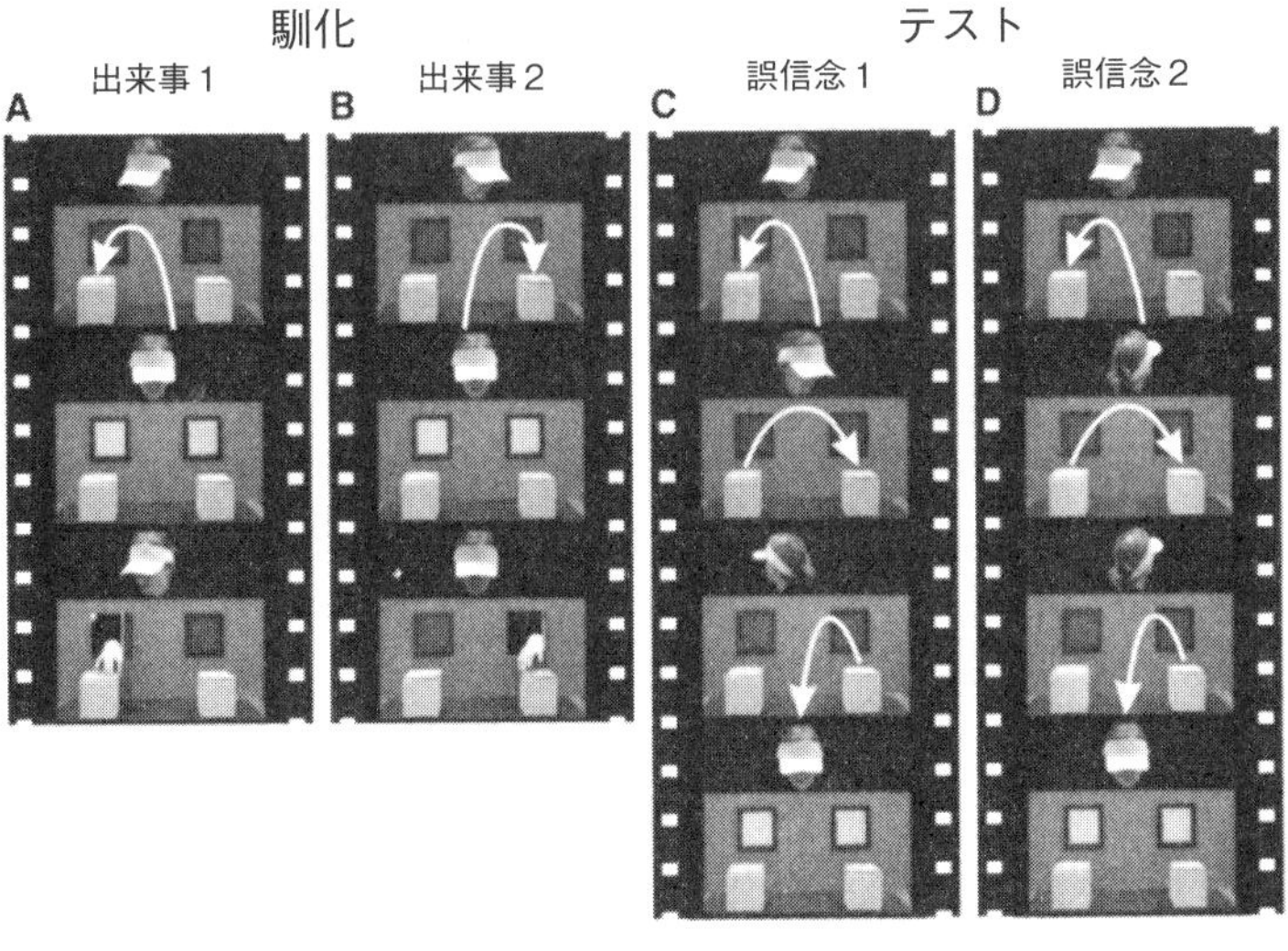
馴化
テスト
出来事1
出来事2
誤信念1
誤信念2
A
B
C
D

子どもには心の理論のメカニズムが生得的に備わっていると主張している。そのメカニズムは、人間の脳の中核構造の一部であり、心的状態に関する学習のための機能的に特殊化されたモジュールとして作用する。レズリーと彼の共同研究者は、信念が正しいかもしれないし間違っているかもしれないという心の理論の中核となる知識は、「色の概念が色覚メカニズムによって取り入れられるのと同じようなメカニズムによって、認知システムに取り入れられる」という。この説明によれば、「子どもは色とは何かという理論をつくることも、また特定の色に関する理論を発見することもない。ただ、色覚メカニズムが色の表象を取り込み、その表象と世界の中にあるその表象が指示するものとを組み合わせ、固定させるのである。」したがって、3歳から4歳の間に生じる、標準的なサリーとアンの課題における子どもたちの成績の変化は、心の理論の発達によるのではなく、正しい答えの選択に必要な選択肢の範囲に注意を集中させる能力の発達と関連する、選択処理のメカニズムの発達を反映している。最初、子どもは「非常に単純な心の理論」に基づいて考える。この「非常に単純な心の理論」は、他者の信念は現実と一致するという前提に基づいており、現実世界では、そうであることが多い。他者の心が誤ることがあり、現実と一致しないという彼らの知識を示すためには、子どもは、心の理論の課題の意図と関連性を共有することへと注意を移す必要がある。[16]

選択処理の発達には、誤信念と行動の関係に関心があるという会話の意味にしたがって、単純な心の理論を「抑制する」能力が含まれる。この過程には、実行機能が関係している。これは信念が現実と一致する（通常はそうである）という選択を抑制し、代わりに誤信念が望んでいない結果を引き起こすだろうという別の選択肢を選ぶことに注意を変更させる能力である。[17] この能力は、大人の日常生活ではさまざまな状況にわたって使われるが、時には私たちが望むほどには素早く呼び起こされないこともある。実行機能の不足が車の運転中に生じることがある。たとえば、新しい車を運転していて、その車の方向指示器がハンドルの右側についていたとする。それまで何年も乗っていた車の方向指示器はハンドルの左側についていた。こういうケースでは、左側の方向指示器を使うという馴染みのある反応が、何週間もあるいは何ヵ月にもわたって、晴れた日にワイパーを一瞬動かしてしまうという、ささいだが悩ましい結果を引き起こすかもしれない。一方、右側通行に慣れ親しんだあとで左側通行に切り替えることは、非常に素早い実行機能の反応を要求する。この場合、もし失敗したら、恐ろしい結果が待っていることになる。歩いているときですら、適当な方向を見つけるには実行機能を必要とする。ある科学者に関するこんな逸話がある。その科学者は実験についてあまりに深く考え込んでいたため、注意を新しい状況に切り替えることができず、現在の妻ではなく別れた妻のいる家に帰ってしまったのだという！

幼児の実行機能と心の理論については、脳の発達による変化が、信念が現実と実際に一致するという選択肢を抑制し、信念が誤る可能性について考慮する能力を引き起こす素地になると考えられている。こうした変化は、右前頭葉および右側頭－頭頂接合部といった他の右半球機構の急速な成長が関係するようだ。大人が右半球を損傷すると、会話しているときに話し手のメッセージの意味を理解することができず、サリーとアンの心の理論課題に正しく答えられなくなることが多い。したがって、子ども時代の初期に起こる右半球の脳の成熟が、実行機能の発達と心の理論の推論、そして会話の理解の発現——一般的には年齢とともに発現してくる——を支えるという仮説を検討することは魅力的であろう[18]。

心の理論の推論は、皮肉のようなコミュニケーションの重要な側面に関する理解とも関係していること

ブライアンとディナは、風船をふくらませています。

ブライアンは風船がとても大きくなるまでふくらませ続けています。そこでディナが言いました。「すごいわね！」

ブライアンはふくらませ続けましたが、風船ははじけてしまいました。そこでディナが言いました。「すごいわね！」

が指摘されている。メッセージが皮肉を意図したものであると気づくには、話し手が何を言っていようとも、予測された行為の結果が実際には実現しないという話し手の意図に気づく必要がある。最近になって、ティン・ワン率いるUCLA（カリフォルニア大学ロサンゼルス校）の研究チームが、機能的磁気共鳴画像法（fMRI）を用いた方法により、9～14歳児および大人を対象として、皮肉を含まない終わり方をするマンガと皮肉を含む終わり方をするマンガを見ている際の脳の活性化を検討した。子どもも大人も共に、これらのマンガが皮肉を含むか含まないかを容易に判断した[19]。子どもも大人も、「ディナ（二人の登場人物のうちの一人。右ページの図参照）が言っていることは、どういう意味ですか？」という質問に、下の図の左側は皮肉を含まず、右側は皮肉を含むと答えた。

大人も子どもも皮肉を見つけることは得意だったが、判断の際に生じる脳の活性化パターンには明らかな相違が認められた。皮肉を発見する際、全体として子どもは大人よりも前頭葉の脳領域（前頭葉前部の皮質と左下前頭回）および右半球の上前頭溝がより強く活性化したのである。一方、大人では子どもよりも後部後頭側領域（右紡錘状回、高次視覚処理領域、扁桃体）が強く活性化した。大人と比べて子どもは、皮肉を含む表現の字義的な意味と意図された意味の矛盾を調整するために、前頭領域をより多く使う必要があるのだろう。大人で特定の後部領域に強い活性化が認められたのは、皮肉な発言の素地にある心的状態に関する推論が「自動化している」ことを示すのかもしれない。ワンの研究では実行機能については検討されていないが、その結果はメッセージの意図された意味を効率的に処理することが、前部および右脳半球基質の成熟と関係するという仮説と一致している。今後の研究課題は、標準的に発達している子どもと語用論的能力に特別な損傷をもつ子どもについて、話し手のメッセージをその意図に沿って解釈する際の、実行機能の果たす役割を特定することである。

発達の道しるべ――聴覚障害児における心の理論

信念や、その他触れることのできない心的状態に関する会話から遮断された子どものような特異なケースについては、何が生じるのだろうか。心の理論に関する推論に、永続的な損傷を受けるのだろうか。この問いに対して、聴覚障害児を対象とした研究が始まっている。

先天的な聴覚障害児のおよそ90%は、聴覚障害をもたない家族のもとで育てられる。こうした子どもは、聴力のある家族や他の子どもとコミュニケーションをとることが容易ではない。とりわけ、心的状態のように具体的な指示物をもたない話題についてはそうである。もし心の理論の発達が心的状態に関する他者の話を聞くことに関連しているのだとすれば、聴覚障害児のなかでも限定された会話の世界しかもたない子どもは、他者の（目に見えない）考えを理解することにおいて固有の困難をもつことになるかもしれない。そうした子どもは、多くが主に家庭の外で手話を獲得し、「手話を遅くから始めた者」である。

一方、聴覚障害児のうち、およそ10%の子どもたちは手話を用いてコミュニケーションをする聴覚障害者のいる家庭に生まれる。そのため「生得的な手話者」とみることができる。家庭のなかに少なくとも一人は流暢な手話の使い手がいるので、彼らは学校に入る前からすでに言語を使用している。そのため、心の理論については聴覚のある子どもと同じような発達を遂げるはずだと考えられる。この予測は、聴力のある両親と聴力のある子どもが行うのと同じように、聴覚障害をもつ親と聴覚障害をもつ幼児が、目の前にない考えや事物、出来事について、いとも簡単に手話で会話するという観察とも一致している[20]。

聴覚障害児のサンプルに知能および社会的応答性について標準的な子どもしか含めないという配慮をした場合でも、聴力のある親をもつ聴覚障害児は、聴力のある親をもつ聴力のある子どもよりも、心の理論の課題において数年程度の遅れをみせることが、これまでの研究で示されている。しかしながら、これらの研究では子どもにサリーとアンやスマーティー課題のようなタイプのことばで質問している。また、子どもの言語指標は、手話をどの程度流暢に使っているかを教師がおおざっぱに評定するという方法によるものだ。そのため、聴覚障害者が心の理論課題において高い得点がとれなかったのは、他者の信念や信念がいかにして誤るかに関する会話への参加が遅かったからではなく、言語上の困難によるものだったのかもしれない。

この問題を検討するために、私は幸いにも、生得的な手話者である博士課程の学生のティロン・ウォルフと、オックスフォード大学で勉強したあと、博士後研究員（ポストドクター）となったスティーブン・ワンの協力を得ることができた。聴覚障害者とのコミュニケーションに関するこの研究では、三人の間でコミュニケーションをとる工夫を現場で編み出さなければならなかった。ティロンの母語はイギリス式手話だったが、彼は話し言語であるイギリス英語については唇を読むことができ、聴力のある人との一対一の会話では話しことばでイギリス英語を使うことができた。私はイギリス英語の話者でないため、ティロンが私の唇を読むのは簡単ではなかった。また、私の手話はそれほどうまくなかったため、私はまず私の英語でスティーブンに話をし、次に、スティーブンの唇を読めるティロンに対してイギリス式英語でスティーブンが話をし、そしてティロンが私たち二人に対して話しことばの英語で返事をした。ティロンの研究室は私の研究室のちょうど真向かいにあるというのに、三年間にわたる研究が終わるまでに、私たちが5000通ものeメールを交換したのも当然の成り行きだった[21]。

ティロンとスティーブンと私は、言語的理解の必要性を最小限にするために、先に述べた釣り課題のような、「思考についての絵」を用いた誤信念課題を用いて聴覚障害児を調べる計画をたてた。私たちはまた、その当時新しく作成されたばかりのイギリス式手話の統語と形態に関する理解能力をみるテストを用いて、聴覚障害児の言語スキルを直接的に測定した。生得的な手話者と遅くから手話を使い始めた子どもたちの間で、絵の課題でのパフォーマンスに相違が認められるか、そしてその相違は、イギリス式手話の能力および非言語的知能を統制した場合に消失するかを検討しようとしたのである。

私たちの研究では、生得的な手話者は遅くに手話を始めた子どもたちと比較して実年齢が低く、イギリス式手話の流暢さは同程度だったのに、心の理論課題の成績が良かった。したがって、生得的な手話者は手話を流暢に使えるため、心の理論課題で有利なのだという可能性は排除できる。心の理論課題における彼らの正答率はおよそ75％だったが、遅くに手話を始めた子どもたちは20％以下だった。遅くに手話を始めた子どもたちとは対照的に、聴力のある健常児と生得的な手話者である聴覚障害児は、心の理論に関する推論を発現させる、早い時期からの会話環境という恩恵に浴しているようだ。

私たちの研究で認められた聴覚障害児の二つのグループ間の相違を説明する可能性としては、事物のパターンを一致させる能力といった非言語的知能も考えられる。しかしながら、イギリス式手話の流暢さと同様、非言語的知能に関する得点にも有意な差は認められなかった。したがって、生得的な手話者が遅くから手話を始めた子どもよりも、心の理論の課題でよい結果を残すのは、早期から会話に加わっていることの強い影響を示しているとみることができる。遅くに手話を始めた子どもとは違って、手話が彼らの母語であった聴覚障害児は、早い時期から他者の信念について会話をしたり、それらの信念がいかにして誤るかに関する理解を作り上げる機会をもっており、そのことが心の理論課題における成績をよいものにしたのである。(22)

愛着の質や母子の相互交渉においては、聴覚障害児と聴力のある子どもとの間に有意な差があるようにはみえないのだが、聴力のある親をもつ聴覚障害児は聴覚障害者の親をもつ聴覚障害児と比べると、コミュニケーションがはるかに少ない。聴覚障害をもつ2、3歳児の聴力のある母親は、聴力のある子どもをもつ聴力のある母親と比べて、子どもとの視覚的なコミュニケーションが多い。それでも、そういう母親たちの主なコミュニケーションは、子どもが注意を向けることのできない話しことばなのである。一方、聴覚障害児をもつ聴覚障害者の母親は、視覚的なコミュニケーションによって、聴力のある子どもをもつ聴力のある母親に匹敵する応答性を示すのである。

早い時期から手話の獲得に懸命に努力する聴力のある家族は、聴覚障害児に心の理論を促進させられるだろうか。この点の検討は今後の課題である。多くの研究が示すように、聴力のある親の多くは、聴覚障害をもつ子どもとの社会的相互交渉を最適化できるほど、また他者の信念のような観察できない想像上の話題について自由に会話できるほど、十分には手話によるコミュニケーションができない。さらに、聴力のある他の家族と会話する際には、話しことばを用いることが多いだろう。そのことが、心の理論に関する推論や他の社会的理解の側面に対する気づきを後押しするであろう非公式の会話に聴覚障害児がアクセスする機会を、心ならずも限定してしまうのだ。私たちの研究では、遅くに手話を始めた聴覚障害児の聴力をもつ家族のイギリス式手話のレベルについては、大きな幅があった。心の理論課題に正答しなかった遅くに手話を始めた8歳の子どもの家族は、誰も積極的にイギリス式手話を学習しようとはしていなかった[23]。

同様に、遅くから手話を始めた子どもが通う学校は、観察できない他者の信念に関する会話に代わる機会を提供する場としては頼りにならない。聴覚障害者のための手話学校に通えば、手話で会話する機会が多くなるだろうが、学校の大人の手話の流暢さはさまざまであり、コミュニケーションの質は均一でない。普通学校に通う遅くに手話を始めた子どもについては、聴覚障害児のために情報を手話に翻訳する（また、代替的な視覚的コミュニケーション手段を用いる）責任をもつ大人は、通常、教育課程に必要なときにしかいないことが多い。翻訳してくれる大人は、心の理論の発達を刺激する非公式の会話場面にはいないのである。聴力のある子どもが手話を教えられることはほとんどないし、手話を用いることがあっても、通常とても限定的なものであり、手話は聴力のある仲間との間では使用されないコミュニケーションモードなのである。

私たちの研究結果は、課題で正答するためには会話に関する理解が重要だという点を指摘する、聴力のある子どもたちを対象とした心の理論研究と一致していた。この章の最初の部分で述べた研究では、心の理論課題での質問は、間違いがわかったあとで登場人物が抱く修正された正しい信念ではなく、誤信念を抱いている人物が**最初に**どう誤るかについて問うことを意図しており、聴力のある子どもたちにとっては正答しやすい。だが対照的に遅くに手話を始めた子どもは、課題の質問の意図をこのように「会話の上ではっきりさせる」ようにした場合でも、成績が向上しなかった。このことは、初期の臨界期において、心の状態に関する言語や会話に触れることが、心の理論に関する推論の発現を促すことを示唆している。[24]

これらの結果は、会話の能力を二タイプに分ける重要性を示している。第一は、質問の語用論的意図を理解する能力である（たとえば、質問が最後に探す場所ではなく、最初に探す場所を意味していることを理解する）。この意図にしたがえないと、聴力のある子どもであっても概念的理解が覆い隠されてしまうかもしれない。課題の目的や関連性が何か、会話の意図を特定しなければならない必要が除かれてはじめて、子どもの理解が明らかになるのである。第二は、会話のやりとりを支えている相互的な信念や知識、仮定など、一般的に共有されたコミュニケーションの基礎の理解にかかわる気づきである。遅くから手話を始めた聴覚障害児は、心的状態の類似性や相違性について親やきょうだいとやりとりする、早期の経験を遮断されやすい。こういう経験は聴力のある子どもや生得的な手話者にとっては馴染み深いものであるのに、遅くから手話を始めた聴覚障害児は、適切な会話構造という経験から隔離されているのである。ハーバード大学教育学研究科のポール・ハリスが主張するように、こういう経験が、聴力のある健常児の場合には3歳までに、話し手が世界に関する情報を蓄え、提供しようとしている知識をもった人間であると明確に気づかせるのである(25)。

実際に、子どもが6ヵ月の時点で母親が考える、信じる、感じるといった心的状態を表す動詞を用いることと、子どもが話し始めてからの心の理論課題での成績との間に、確かな関連性が認められている。スウェーデンで行われたある研究では、心の理論に関する推論の発現の土台が乳児期につくられることが強調されている。スウェーデンは聴覚障害児に対する進んだ社会政策を誇っている。スウェーデンの聴覚障害児は2歳以降スウェーデン式手話にアクセスできることが義務づけられ、聴力のある親、祖父母、きょうだいは、家庭において聴覚障害のある子どもとコミュニケーションをするために、スウェーデン式手話の講習を無料で受けることができる。しかし、聴力のある親をもつスウェーデンの聴覚障害児は、それでも遅い手話使用者なのである。彼らにはまた、心の理論の測定における成績に長期間にわたる遅れが認められる。これは、通常であればまだ言語を話さない生後2年の間に、心的状態に気づくための土台がつくられるためだろう。実際、スコットランドのアバディーンで、フィリップ・ラッセルによって行われた研究では、聴力のある親をもつ聴覚障害児は、心の理論の課題に答えることへの困難が13〜16歳にまで長引くことが認められている。ニカラグア式の手話を遅くになって使い始めたニカラグアの聴覚障害をもつ大人も、同様の問題を抱えている[26]。

残された検討すべき可能性は、おそらく心的状態に関する初期の入力を欠いていた聴力のある親をもつ聴覚障害児は、言語発達上非常に早い段階にいる赤ん坊や幼児のためにつくられた心の理論の注意課題でも、聴覚障害の親をもつ聴覚障害児と同様にはできないだろうということだ。15ヵ月から2歳でも、生後すぐから手話に触れてきた聴覚障害の親をもつ聴覚障害児は、心の理論の注意課題において劣ることはないだろう。一方、彼らは、発達初期に手話にも話しことばにも触れなかった、聴力のある親をもつ聴覚障害児に比べて、よい成績をあげるだろう。

したがって、心の理論は、単に語彙や文法的な発話の流暢さといった問題ではないのだ。初期の会話経験によって促される社会的理解の結果として生じるものなのである。この経験は、おそらく子ども自身が言語を獲得し、他者との会話に積極的に参加するようになる以前の段階から始まっている。遅くに手話を始めた聴覚障害の子どもの場合、コミュニケーションの土台にかかわる一般的に共有されている会話知識が限定されており、このことが、心の理論課題の質問に答える際に、正答するのを妨げているのだと思われる。

しかしながら遅くに手話を始めた子どもには、他者の信念に関する洞察がまったく欠けていると主張するのは行き過ぎだろう。たとえば、遅くに手話を始めた8〜13歳児が、他者との関係に関する仮説的な状況についての物語を述べる際に、考える、信じる、感じるといった心的状態を示す語の意味を適切にとらえていることが示されている[27]。このような点からみて、遅くに手話を始めた子どもや生得的な手話者の子どもの会話のなかで他者の信念が共有されるようになっていく過程について、さらに多くのことを知る必要がある。聴覚障害者と会話の相手とのコミュニケーションの実際の質が、彼らの自尊心や人生に対する満足感はもとより、心の理論に関する理解にどのような影響を与えるのか、検討する必要があるだろう。

しかしながら現在のところ、研究結果は、「刺激の貧困」説が健常な子どもの心の理論に関する推論の獲得を説明することを支持している。この獲得は発達初期の臨界期内に、環境から必要な刺激を受けることによっており、その過程は文法獲得と並行して起こる。ちょうど子どもが文法を獲得するために言語への最小限のアクセスを必要とするように、心の理論に関する通常の推論スキルが発現するためには、会話という機会に最小限のアクセスをする必要があるようなのである。したがって、言語においてそうであるように、心の理論の推論に関する発達の軌跡は、遅くから手話を始めた聴覚障害児のように、発達初期の臨界期の間に必要な入力を受け取ることができなかった場合、影響を受けるだろう。注意深く計画されたスウェーデンの研究が示しているように、心的状態にかかわる会話に参加するのが難しい、脳性麻痺で声をもたない子どもについても、同様のことが言えるかもしれない[28]。

このような意味で、たとえば「ハチ」のような具体的な事物を指示する場合と、「信念」のような心的状態を指示する場合のジェスチャーの容易さを対照させてみることは有益だ。子どもはメッセージを伝えるために、ハチを――一般的に、具体的な指示物については――指さすことができる。しかしながら、誤信念について指摘したり伝えたりする際には、こうした「直示的な」行為に頼れない。アラン・レズリーの分析にしたがえば、誤信念の意味を他者と共有するためには、子どもは、非常に単純な心の理論――信念と現実は、多くの場合そうであるように、実際に一致するという前提にたつ理論――から生まれる反応を抑制する能力を使えなければならない。この抑制過程は、心的状態という内的世界の性質について、他者と会話するなかで進行する。子どもは会話のなかでしょっちゅう、話し手が自分とは異なる信念や見方をもっているかもしれないという状況に直面する。実際、会話に適切に参加するためには、こうした相違を心にとどめておく必要がある。これらの相違を話のなかで完全に表現するためには、練習も大いに必要だろう。心の理論の推論課題で必要とされる抑制のスキルを試す機会を子どもに与えるのは、まさに日常的に会話に参加することなのだ。

文法を超える心――心の理論の推論と、文法の関連性

ここで、会話へのアクセスとは別に、心の理論に関する推論課題の成績と言語能力との関連の可能性を検討する必要がある。研究者のなかには、言語の文法が、子どもに、出来事の別の状態を同時に表象することに関連した事項の考慮を可能とさせると主張する者もいる。たとえば、正しい、あるいは誤った信念を抱く人物の行動の結果などである。もっと具体的に述べると、誤信念課題の解決方法を論理的に考え出すことを可能とさせるものは、言語の文法における補語構文の獲得だというのである。この説明によれば、心の理論の推論が可能となるのは、「補語構文」として知られている統語構造を獲得したからである。補語構文は、「メアリーは、チョコレートが食器棚に入っていると（誤って）思っていることを知っている」のように、正しい記述のなかに誤った主張を埋め込むことを可能とする。この意味で、文法は心の理

論の問題を論理的に考えるための「表象のテンプレート」を提供するというのである。私たちの研究で聴覚障害児に行ったイギリス式手話を受容する（理解する）スキルのテストは、直接補語構文の統語を測定するものではない。そのため、私たちが行った研究に基づいて、この可能性を排除することはできない。

心の理論の推論には統語と意味論のある程度のレベルが必要かもしれない。だが、多くの幼児は、統語と意味論に熟達していても、やはり心の理論課題がよくできないのである。統語、少なくとも補語構文のかたちにおけるそれが、心の理論に関する推論の基礎になるという主張はありそうにない。というのも、誤信念理解の測定における子どもの成績に、補語構文の理解が特定の役割を果たしているようにはみえないからである。心の理論課題に失敗する3歳児の多くは、発話のなかで、自発的に補語構文を使う。もし文が、［人が］－［xであるという］－［ふりをする］という構造をとれば（たとえば、「彼は、彼の子犬が外にいるかのようなふりをする」（He pretends that his puppy is outside））、子どもたちは補語構文を含む質問に正しく答えられるのである。これとは対照的に、示された文が［人が］－［xであると］－［考える］という形をとった場合には（たとえば、「彼は、彼の子犬が外にいると考える」（He thinks that his puppy is outside））、3歳児はなかなか理解できない。どちらの文も同じ補語構文だが、子どもは「ふりをする」ということばが使われた場合しか、正しく答えられないのである。補語構文を学習させると心の理論課題の成績が向上するが、実際にはこうした学習が会話に加わるよう促し、それが会話の理解を促進し、さらには誤信念課題での正しい反応をもたらすのかもしれない。こうした点からみて、補語構文の統語は、心の理論課題における成績を――少なくとも絵を用いた「釣り課題」については――、十分に説明するというにはほど遠い[29]。

脳損傷により失語症となり、文法も失いながらも、心の理論の推論能力は維持している大人を対象とした研究からも、この点を支持する証拠が得られている。[30] これらの患者は、言語でつくられた心をもっていて、そのため心の理論の発達をサポートしたとみることもできるかもしれないが、彼らの成績は、子どもに認められるような文法と心の理論の分離という結果と一致するのである。最後に、手話やオーストラリアの先住民族が用いる話しことばなどのように、補語構文をもたない例もまた、数多く存在する。「ジョンは、メアリーが車を洗ったと、みんなに話した（John told everyone that Mary washed the car）」のような補語節の代わりに、こうした言語を使っている人たちは、「メアリーが車を洗ったので、ジョンはみんなにそのことを話した」（Mary having washed the car, John told everyone（it））のような「形容詞節」の形を用いる。もし補語構文が心の理論の推論において必要だというのなら、補語構文をもたない言語を使う集団には心の理論がないことになる。

文法は心の理論に関する推論を表明するのを支える「支持」システムとみることができるかもしれない。しかし、文法をもつことが心の理論課題での正答を保障するわけではない。むしろ、幼児期における心の理論課題での推論は、話し手が何を欲し、何をよそおい、何を信じているのかといった心的状態の内容に関する会話に参加することで引き金がひかれ、調整され、促進されるのである。

心のモジュールと文化的多様性

以上、今日までの多くの研究が、文法と心の理論が、共に環境からの最小の刺激によって展開し、発達過程において独立している、かなりの程度モジュール化されたメカニズムの産物であることを示唆している。得られた証拠は、文法と心の理論の能力、およびその発現には共通性があるという見方を支持している。両者は共に、標準的に発達している子どもにおいては自動的にたやすく成し遂げられる、生得的な過程の精緻化としてみることができる。このような意味において、文法と心の理論は並行的に働くモジュールシステムであり、それらが協働して文化を伝達する基礎となる[31]。

文法の発現と心の理論の発現とが平行関係にあると認識することは、認知の普遍性との関係で文化の性質に洞察を与える。どのような文化であるかにかかわらず、人間は文法を獲得する。文化は獲得すべき母語の文法に関する特定の性質を決定する。これと同じように、どのような文化であるかにかかわらず、すべての人間が他者の心的状態に関する会話に触れ、ひとたび引き金がひかれれば、信念は正しい性質をもつことも誤った性質をもつこともあるという概念が獲得され、その過程で心の理論が出現する。文化は、人々が他者の心について抱く特定の信念に影響を及ぼし、心の理論の中核的でない側面を形作る。この意味において、心の理論と文法は、環境が大きく異なっても、一定の時期に出現する領域固有の自動的なシステムとして現れてくる。そしてこれらのシステムは、相互に関係しあいながら、語の学習や特定の信念の獲得をサポートする。

他者の意図を解釈する能力としての心の理論は、言語の文法からもたらされる手がかりと歩調を合わせつつ、子どもの語の意味の学習に大きく貢献する。たとえば、ミシガン大学のスーザン・ゲルマンとカレン・エバーリングによる研究では、2~3歳の子どもに命名することのできるさまざまな事物（たとえば、人）の絵を提示した。それぞれの絵が誰かによって意図的につくりだされたものか（たとえば、誰かが描いた）、それとも偶然につくりだされたものか（たとえば、絵の具をこぼしてしまった）を説明し、子どもに、それぞれの絵に命名するようにとだけ指示した。すると、提示された絵が意図的なものの場合には主にその形に基づいて、偶然による場合には主にその材質に基づいて命名したのである。このように、子どもは会話において話し手の視点を共有すること――それは効果的なコミュニケーションの核心にある――の証拠を示したのである。[32]

文法と心の理論のサポートを得て、子どもはまた、その社会の特定の語彙や信念を獲得していく。こうした語彙や信念は、文化を同じくする者であれば誰もがアクセスできるよう暗号化されている。そしてまた、文化を守る働きもする。ラトガースの言語学者マーク・ベイカーが述べているように、言語における、またより一般的には文化における変数（パラメータ）は、記号化や暗号化（秘密の鍵を用いて）を工夫して、メッセージを隠したり、一部分を配列し直したり、構造の異なるレベルにある符号を交換したりする機能をもたせるという特徴を多く共有している。もっと一般化すれば、ベイカーが指摘するように、言語が誰もが利用できる普遍文法とわずかの者しかアクセスできない暗号化された変数とに分かれていることは、言語の多様性が進化上の単なる偶然ではないことを示唆している。それどころか、意図された聞き手には容易に理解でき、聞き出そうとするかもしれない外部者には理解できないメッセージをつくりだすことを目的とした、コミュニケーションの本来的な設計仕様の一部なのである。心の理論と文法のモジュールシステムは協働しながら、子どもが語や文化の獲得に用いる問題解決手段の基礎をつくる。しかしそれぞれが自律していることは、大人になったあとの脳損傷により引き起こされる領域固有の機能の低下に反映されている。[33]

人間の文化の主要機能のひとつは、人々が何に価値をおくか、日常生活で何を重視するか、何のためにグループのなかに他者を入れたり排除したりするためにたたかうのかを明確化することにある[34]。文法と心の理論の能力に基づいて、文化化により、その文化のなかの人々にしか容易にアクセスできないよう暗号化された特殊な言語や信念を獲得する。人間の心は、文法や心の理論のような一連の自律的なモジュールシステムを配列する能力をもっている。これらは、あらゆる文化において普遍的に出現するシステムである。文法については、概念変化は生じない。ただ、語をいつどのように使うべきかに関する意識が増加していくだけである。それが子どもの知識が豊かになることの一部となっている。同じように、心の理論に関する推論の中核にあるものについても、発達初期に概念が欠けているということはない。したがって、根本的な概念変化は必要がないのである。

コラム：子羊は心の理論をもつか？

心の理論はどこまで及ぶのだろうか。それは人間にだけあてはまるものなのだろうか、それとも動物界の他の種にも及ぶものなのだろうか。動物が心の理論の能力をもつと仮定することに警告を発する逸話がある。

私はオーストラリアで最初の数週間を過ごしたあと、事態が少々異なっていることに気づいた。オーストラリアでは、レジャーがとても真剣なのである。到着してからちょうど2ヵ月が過ぎたとき、私たちは田舎でバーベキューをしようと奥地に向かった。未舗装の道路を進んでいたとき、前輪が溝にはまり込んで傾き、まだタイヤがスピンしている車と出くわした。やせ気味で髪がぼさぼさの、まだ20歳程度と思われる青年が、その傍らにもたれかかっていた。「大丈夫かい？」と私たちが訊くと、「ああ、心配いらないよ」と言葉少なに返事があった。私たちは何事もなく、通り過ぎたように思えた。

当時、妻が寂しがっていたので、私は、彼女の誕生日に何か特別なものを手に入れなければならないと思った。そうだ、子羊だ！　子羊よりかわいらしく、オーストラリアらしいものがあるだろうか！　そこで、私は1970年型のフォードのステーションワゴン、ファルコンに乗り、ブリスベンの家畜場へと向かった。オークションのあと、売り手をつかまえることができた。「こんちわ」と彼は言った。私が売ってくれる子羊はないかと尋ねると、彼は気軽に「これを20ドルで売ってもいいよ」と言ってくれたのである。「どうやって家にもって帰るのかい？」と私が意気地なく訊いたところ、彼の素っ気ない返事は次のようなものだった。「そこにロープがあるじゃないか！」

映画でウシを係留するカウボーイを見たことはあった。しかし、それに類することはしたことがなかった。それでも私は、4本の小さな脚にロープを巻こうと努力した。たいへんな苦労をして、ステーションワゴンの後部ドアから子羊を積み込んだ。そして、途中ずっとメエメエと鳴き声をあげる子羊と出発した。私は、ブリスベンの北側と南側をつなぐ主要な橋——シドニー湾にかかる橋に似せてつくられた、巨大な6車線の橋——を渡り始めた。橋の中央まできたところで、その子羊はロープから脱走し、車の中で暴れ始めたのである。私はすぐに、その子羊をひざの上に抑え込んだ。そして橋の一方の側に車を停め、子羊をしっかりとつかみ、今度は脚をきつくしばった。さらに30分ほどメエメエと鳴く声を聞いたあと、ようやく目的地に到着し、5エーカーの肥沃な牧草地にその子羊を下ろすことができたのである。

妻は、この思いもよらないプレゼントに夢中になり、その子羊をラムチョップと呼んだ。しかしながら、ラムチョップは自分の足下にある牧草以外のことについては、何につけ忘れっぽいことがすぐに判明した。私がどれだけ干し草を振って呼びかけようと、ラムチョップは遠くへ遠くへと行ってしまうのである。私が気づくより前に、ラムチョップは永久にどこかへ行ってしまったのだ。私の年老いた馬、スキャンプとはまったく似ていないのだ。スキャンプはいなくなっても、私が干し草をかざせば、すぐに戻ってくるのである。私は、ラムチョップには、他者の心的状態への洞察がなかったのだということを認めなければならなかった。ラムチョップは、私たちのそばにいれば、食べ物と安全が保証されるという信念を共有することができなかったのである。そばにいなければ、その辺にいる狐のマトンになってしまうというのに。

今日、「心の理論」を動物にも帰属できるか、多くの議論がある。イヌやネコは期待という感覚をもっており、飼い主の「誠実な」偽りのない行動を信頼することを好む。類人猿やチンパンジー、鳥すらも、食べ物をめぐって他個体を欺くと合理的にみなすことができる。ただし、それが彼らの側からの意図的な計画を含むかどうかについては明らかでない。子羊は少なくとも、他の子羊を認識できるようだ。[35] しかしながら、子羊が心の理論をもつと言えるだろうか？

第3章　天文学と地理学

私たちは、一緒に海と空を見ました
青いイタリアの空の屋根の下で
パーシー・ビッシュ・シェリー『マリア・ギズボーンへの手紙』

この章のテーマは、地中海的だ。古代ギリシア人やローマ人は、空や星に魅せられていた。ローマ人はカレンダーを考案し、彼らの生活の多くを天体の動きに基づいて営んでいた。初期の天文学者は、プトレマイオスをはじめ、ギリシア人だった。近年では（1992年以降）、ギリシア人の心理学者ステラ・ヴォスニアドウが（最初アメリカのイリノイ大学で、その後はアテネで仕事をしている）、天文学や地理学に関する子どもの理解を研究する重要性を大いにアピールしている。

ヴォスニアドウは、イリノイ大学で同僚だったビル・ブルーワーと共に、幼児が天文学に関する素朴な理論をもっているという説を打ち出した。[1] 彼らによれば、地球の形に関する子どもの考えは、二つの「先有原理」の上につくられているのだという。その原理とは、（1）地球は平らな平面である（「平面」の制約）と、（2）支えられていない事物は「下に」落ちる（「支え」の制約）である。これらの基本原理は、日常的経験によって絶え間なく確認されるため、変化しにくい。そして、子どもが天文学的知識に関する質問に答える際に使われる。子どもはこうした原理をもっているので、多くは最初、地球がある意味において平らだと信じているようだ。これは、地球が物理的に平らな平面だという子どもの日常的な観察と一致する。子どもはまた、地球には端があり、そこから人間が落ちる可能性もあるとも信じているようだ。これは支えのない事物は下に落ちるという日常的な観察と一致している。つまり、ヴォスニアドウの分析によれば、子どもは見かけと現実を混同するよう制約されていることになる。この意味で、子どもは平らな地球という見かけが、実際に本当の地球の形を反映していると信じており、現象主義のエラーをおかしているのである。

子どもが大きくなるにつれて、地球の形に関する彼らの素朴な理論は、文化的に認められた考え方に出会うようになる。西欧諸国では、もちろんこの考え方は、科学的に認められた、地球は球形であることに基づいたものだ。地球が球だと告げられると、子どもは地球の形に関する推論をガイドする「合成的な《シンセティック》」メンタルモデルを作り上げる。それは、先有原理に基づく素朴な理論と、文化的に認められた見方とを融合させたものである。これらのモデルは信念や仮定の一貫性を示しており、子どもが学校で教えられる、現在認められている科学的な情報からみると間違っているか、部分的にしか合致しない。あるいはまた、場合によっては、子どもは一貫しないモデルを作り上げるかもしれない。これは、受け取った情報との調整ができなかった先有原理を反映している。

天文学に関する子どもの理解についてのこの見方を検証するために、ヴォスニアドウは一連の研究を行

った。最初の研究では、アメリカの6～12歳の子ども60人を対象とした。子どもたちは、地球の形と、そのどこに人々が住んでいるのかを絵に描くように求められた。ヴォスニアドウは、子どもの絵が6つのメンタルモデルのいずれかに対応すると解釈した。

1　**球形の地球モデル**——このモデルは、アメリカや西欧諸国において、科学的に認められた支配的な見方を示している。子どもは、形、重力、果てのない宇宙空間に関する理解を示している。また、地球に端があり、そこから人間が落ちてしまうと答えることはありそうにない(このモデルは、彼らの研究対象者の38％に認められた)。

2　**平らな球形モデル**——このモデルは、地球は基本的には球形だが、上の部分と下の部分は平らで、その平らな部分に人々が住んでいるという信念によって特徴づけられる(6・66％)。

3　**二つの地球モデル**——このカテゴリーの子どもは、地球が二つあるという信念をもっている。一つは空にあるもので、もう一つに私たちが住んでいる。空にある地球は写真で見るように球形の地球である。一方、私たちは「本当の」地球で生活している。球の地球は多くの場合「地球」と呼ばれ、平らな地球は「地面」と呼ばれる（13・33%）。

4 くぼんだ、あるいは二重に丸いモデル ── このモデルに特徴的な信念は、下の絵に示されている。人々は地球の内部に住んでおり、空は球体の上部にあって地球を覆っているという考え方である（20%）。

5 ディスク形の地球モデル ── 中心概念は、平らな地球が水や地面に支えられ、その上に直接空があるというものだ。このモデルをもっている子どもたちは、地球には端があり、そこから落ちるかもしれないと答えることが多い。しかしながら、ヴォスニアドウの研究によれば、「純粋な」、平らな地球という初期モデルをもつ子どもの比率は非常に小さいことに注目すべきである（1・66%）。

6 長方形の地球モデル ── これは、地球が円形ではなく長方形をしているという点を除けば、ディスク形のモデルと本質的に同じである。この長方形モデルをもつ子どもは、やはりとても少ない（1・66%）。

それ以外の18・33%の子どもたちは、上記のカテゴリーの分類において一貫性の基準に合致しなかったため、矛盾、あるいは混合とみなされた。

ヴォスニアドウは、地球の形のメンタルモデルは次ページにある図のように表現できると提案している。この分析に基づいて、ヴォスニアドウとブルーワーは、幼児は典型的に、文化的規範に部分的に適合させた、丸さと平坦さを組み合わせた合成メンタルモデルに頼りながら、文化的に認められた情報を「同化」すると主張した。「支え」の原理は、地球が平らであろうと球形であろうと、その底辺に人々が住めるという考え方を子どもたちに否定させるように導くのである。

その後の研究で、ヴォスニアドウとブルーワーは、昼と夜のサイクルについて子どもたちに質問した。[2] ここでも再び、子どもたちの答えは、先有原理という点から解釈された。「支え」の原理が、事物の消失と出現に関するメカニズムという点から、太陽の消失と月の出現を説明するよう子どもたちを導くのだという。子どもは70ページの図にあるように、地球と太陽と月に関する四タイプの、地球を中心とした合成モデルのどれかをもっている。多くの子どもは、昼と夜のサイクルを、太陽と月は空に固定されているが地球が動いているため（タイプ1）、太陽と月が地球の周囲を廻っているため（タイプ2）、夕暮れには地平線の下に沈み、夜明けには地平線から昇るため（タイプ3）、月か太陽が雲や山、あるいは暗闇にふさがれてしまうため（タイプ4）に、生じるのだと考えている。

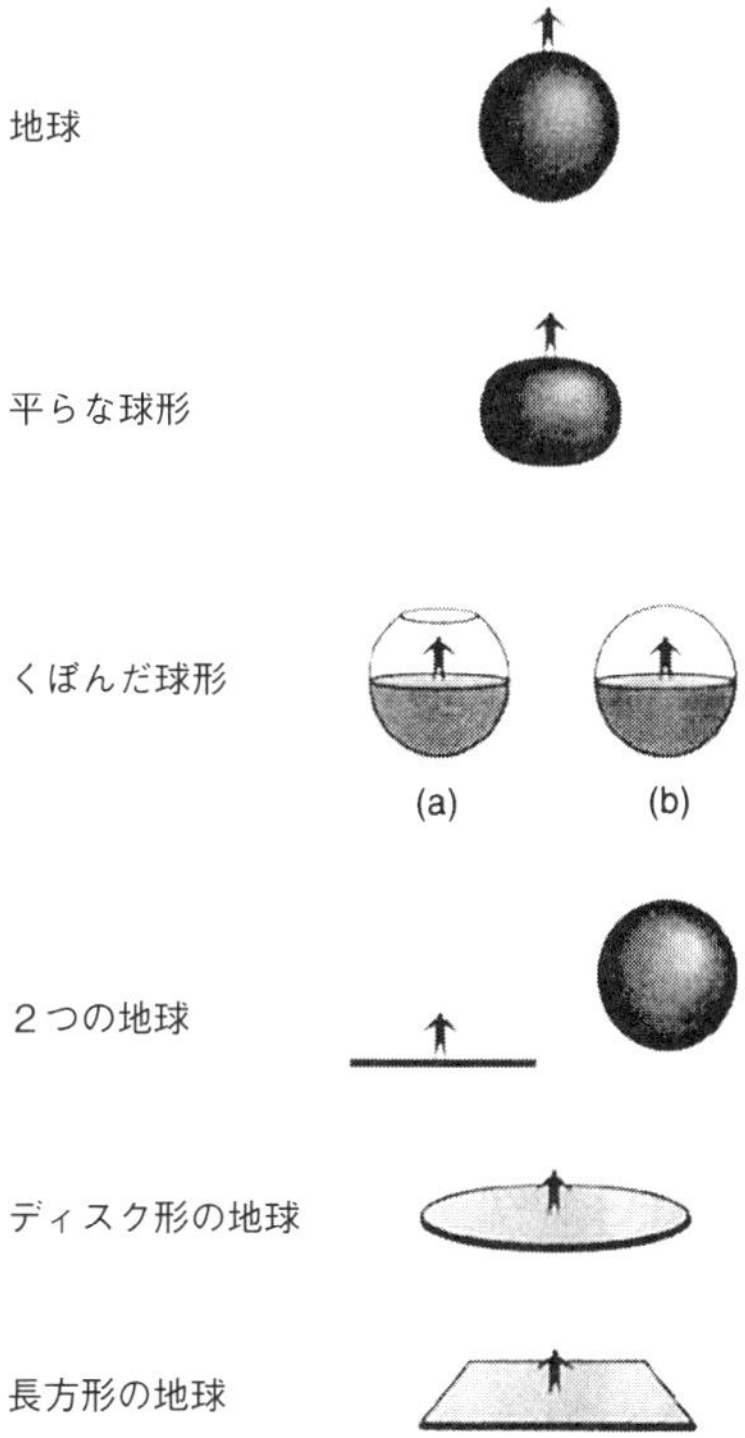

ヴォスニアドウが最初に行った研究は、世界で最も平らな部分のひとつ、すなわちイリノイ州のアーバナ・シャンペーンに住む子どもたちを対象としたも

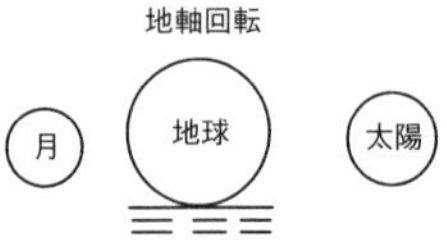

地球中心タイプ１（中心線の回転）

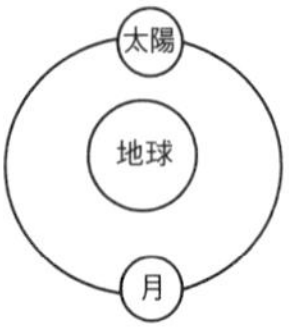

地球中心タイプ２

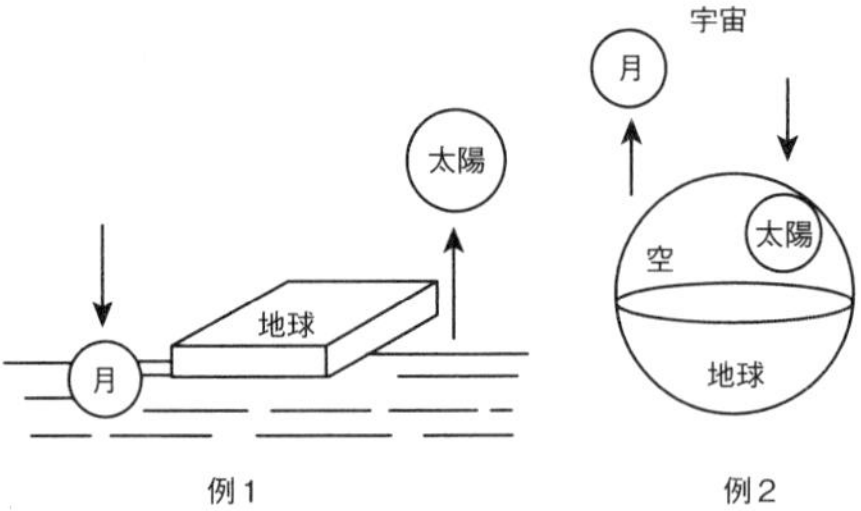

地球中心タイプ３（外側の空間）

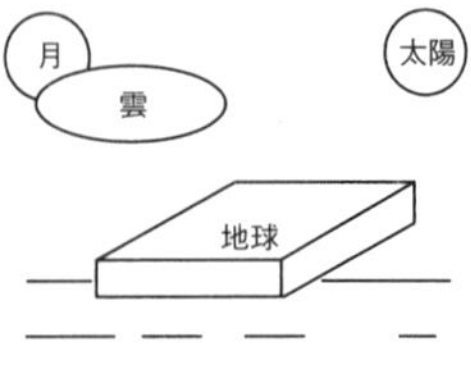

地球中心タイプ４

のである。住んでいるところが平らな地形であることが、子どもの反応に自然と影響を与えたかもしれない。しかし、彼女はアメリカ以外にも、ギリシアやインド、サモアといった他の多くの地域の子どもを対象とした研究を進め、その結果、さまざまな文化、さまざまな地形に住む子どもたちも、地球の形や昼と夜のサイクルについて、合成的なメンタルモデルをもっていると結論づけた。確かにヴォスニアドウの研究は、子どもの天文学が大きな文化的幅をもつことを示している。たとえばインドでは、地球が水の上に浮かぶ大きなディスクあるいは薄い皿に似ているとする文化的伝統があり、子どもはそれを受け容れているようだ。地球は球形だと告げられると、子どもは「平面」の制約に起因する直感を借り、その形を球形ではなく円形あるいはディスク形だと概念化するのかもしれない。かくして、素朴な天文学はヴォスニアドウの提唱する「平面」と「支え」の制約を生じさせる現象的観察とのみならず、一般の人々の文化とも一致することになるのである。実際に、西欧諸国においてすら、大人も日の出（sun rising）と日の入り（sun setting）と言う。この用語は、「支え」の制約と一致しており、昼と夜のサイクルに関する素朴な天文学をもつ子どもでも理解できる。

ヴォスニアドウによれば、現代の子どもの天文学に関する理解に対して文化の与える影響の大きさは、宇宙に関する文化的概念と進歩的な科学的概念との間にみられた歴史的葛藤に匹敵するという。16～17世紀におけるコペルニクスと、イタリアのガリレオによる発見以前の西欧の、世界に関する大人の理解は、地球をその中心とする地球中心的宇宙という宗教上の教義に基づいていた。地球を球形体とし、それが太陽の周囲を廻っているとする太陽中心の宇宙理論は強い抵抗にあい、それが認められるまでの過程は、遅々とした険しいものだった[3]。ヴォスニアドウによれば、科学者が地球の形や昼と夜のサイクルといった天文学に関する考え方を科学的に認められた考え方に適合させていったように、子どももそれと似た過程を経るのだという。ヴォスニアドウは、より一貫し統合された科学的知識をつくりだすために子どもが事実を関連づけ素朴理論を発展的に修正してゆく結果として、概念変化が起こると述べた。この説明では、子どもの天文学における理論の修正は、連続的で緩やかな過程で進む。そしてその過程はしばしば、根本的な概念変化を必要とする合成モデル、あるいは誤概念によって特徴づけられる。

素朴な知識と合成メンタルモデルは、世界のどの子どもにもあるのだろうか？

ヴォスニアドウのアプローチを考えたとき、明らかにいくつかの疑問がある。どこの文化の子どもも必ず、同じ程度に先有原理をもっているのだろうか。すべての子どもが、否応なくこれらの原理に発する誤概念をもつのだろうか。ある文化では、早い時期から科学的に認められた考え方と一致した考え方を文化的に伝達されるということはないだろうか。もしそうなら、宇宙の解釈における先有原理は、現れにくいだろうか。たとえば、地球から落ちるかもしれないという幼児の信念は、アメリカやイギリス、そして北半球にある国々のように地球の「上側」で育つ人々の見方を反映しているのだろうか。地球は球形であり、その上側にも下側にも住むことができるとする考え方に早い時期から触れている国、たとえばオーストラリアのような南半球の、地球の「下側」に住む子どもたちには、認められないかもしれない。

もう一つの疑問は、そもそも子どもは、学校教育を受ける以前に、地球の形や昼と夜のサイクルに関する信念を実際にもっているのかどうかということである。もしあらかじめ信念をもっておらず、宇宙の問題に関心がないのだとすれば、子どもは自分の信念が正確かどうか一生懸命探り出そうとすることはないだろう。ひとたび子どもが宇宙に関連のある情報に出会ったならば、それはヴォスニアドウが主張するように原理によってガイドされるのではなく、断片的あるいは体系的にではなく吸収されるのではないだろうか。科学的に認められている宇宙に関する知識を、子どもが直接的な経験によって獲得することは困難、あるいは不可能である。赤道の上と下のどちらにも人が住んでいるという、地球の球形の性質を実際に見ることはできないのだ。そのため、宇宙に関する知識は、たとえば生物学領域における食べられるもの－食べられないものの区別に関する推論のように、知覚や行為による直接的な影響を受けやすい領域の知識（人間の生存に強く関連するこの問題については、次章で取り上げる）よりも、文化のなかでの伝達に大きく依存するだろう。たとえば、あるものが食べられるかどうかという問題は、常に家庭や学校において会話の的となる。子どもたちは、ものが食べられるかどうか調べるために原始的な実験をすることもできるし、また実際にも実験をする。そしてこうした基礎に基づいて、子どもは親や他者からさまざまな形のフィードバックやアドバイスを求めたり受け止めたりするよう制約されているのである(4)。地球の形や昼と夜のサイクルについて判断する際には、こうしたフィードバックの過程は起こらない。

したがって、天文学について子どもが何を理解できるかということの中心的問題は、それが普遍的な段階に似た進歩をたどるのかという点にある。その過程では、子どもは最初、平らな地球モデルのようなタイプのモデルをもっており、西欧文化のなかではそのモデルは、地球が太陽の周囲を廻っているという太陽中心の宇宙、そして地球が球形だという理論と徐々に合成され、ついには置き換えられるのだろうか。もしそうでないとすれば、子どもの発達におけるより重要な役割は、西欧文化のなかでは親や教師、メディアからの科学的な情報の直接的な伝達、伝統的な文化のなかでは科学とは別種の信念の伝達に認められるはずである。それにより、幼児でさえも、ある種の科学的理解をもつことになるのかもしれない。

子どもが何を理解しているかについて、どう質問すればよいのだろうか？

天文学に関する子どもの知識を調べる方法はさまざまである。ヴォスニアドウは、地球の形や昼と夜のサイクルについて平らとか太陽中心といった直感があるかどうか調べるために、子どもの絵と、質問に対する言語的反応がどのくらい一貫しているかみることを選んだ。

しかし、子どもは大人と同じようには絵を描かないものだ。むしろ子どもは、事物やその一部がいかにして他の事物を見えなくするかという情報や、奥行きのような特徴とは無関係に、事物の部分やそれらの関係を示すため「図式的な」絵を描くことが多い。子どもは球体を上手に描けないため、その代わりにいろいろな平らな地球や、地球中心に見える昼と夜のサイクルの絵を描いたのかもしれない。子どもが平らな平面の上に人々が立っている絵を描いたのは、先有原理や「平面」、「支え」の制約にガイドされてではなく、単に、人物を縦か横の基準線に対して配置させるというバイアスを反映しているのかもしれない(5)。

いずれにせよ、子どもの絵は、地球の形といった物理的世界の側面を子どもがどう表象しているかを推測するための、妥当な根拠とはならないかもしれない。奥行きや部分遮蔽といった特徴をもつ慣習的な遠近法による絵よりも、こうした絵を好む子どもはまずいないだろう。子どもが、物理的世界にある事物を最もよく描いていると信じているのは、こうした慣習的な絵なのである。

ヴォスニアドウは、この問題に気づいていないわけではなかった。彼女たちがインドで行ったその後の研究では、絵ではなく「外部の」表象を用いることで、地球の形について子どもがどう推論するかを調べることが目的だった。子どもは英語か、ヒンディー語か、テレグ語（ハイデラバード市で使われている地域言語）により質問をされ、粘土を使ってモデルをつくったり、球形や円錐、平らなディスク、四角といった形の発泡スチロールのモデルを使って、地球の形に関する彼らの概念を表すよう指示された。インドの子どものなかには、地球の形を空間や水のなかに浮かんでいる平らなディスク形や四角い形として概念化しているようにみえる子どももいた。この結果は、アメリカの子どもを対象とした先行研究の結果と一致しているようにみえるかもしれない。しかし子どもにとって、粘土でモデルをつくることは、モデルを描くことと以上に難しいことだろう。というのも、子どもは、地球の形についての自分の概念と最もよく合致するモデルを選ぶよう求められていることを、必ずしも理解していないかもしれないからである。子どもは、十分に考えて地球のモデルとして球形の発泡スチロールを示したのではなく、実験者の要求をもっと具体的に解釈したのかもしれない。先に粘土で作り上げたモデルと最もよく合致する発泡スチロールのモデルを選ぶよう求められたと解釈したかもしれない。粘土で作り上げたモデルと発泡スチロールで選んだ形が一貫していたのは、単に自分が作り上げた作品と選択するよう示されたモデルを一致させようとしたからなのかもしれない。

ヴォスニアドウの研究計画のなかで、可能性として最もやっかいな側面は、質問のしかたである。見かけと現実の区別における場合と同じように、大人と子どもの間には会話経験に深い溝があり、子どもには、天文学の領域に関する彼らの理解を問う質問の意図と関連性の解釈が困難なのである。ヴォスニアドウの研究は、主にオープンエンドの質問形式、すなわち「答えをいってもらう」質問法を用いている。たとえば、「もし何日もまっすぐに歩いていったとしたら、地球から落っこちちゃうかな?」というような質問だ。ヴォスニアドウの研究で正答するためには、「地球は球？それとも平らかな？」といった「事実に関する」質問に、「地球は球形だ」という文化的に認められた「事実」をただ繰り返せばよいのではなく、知識ベースに基づいて推論することが求められている。そのため、ヴォスニアドウの研究では、子どもはひとつのテーマについて繰り返し質問された（「あなたは、地球の端っこにたどり着いたことがあるかしら？　たとえばね、たくさんの食べ物をもって、歩いて歩いて歩き続けたとしたらどう？　地球の端っこから落っこちるかしら？」）子どもの反応は、答えを言わせるこうした質問に対する反応の一貫性（あるいは不一致性）から示唆される、メンタルモデルに応じて分類される。

そしてここでも、答えを言わせる形式の質問が繰り返されるなかで、子どもは実験者が正しいと信じる答えを言おうとして、あるいは、実験者からみると一連の質問に矛盾するようにみえるものを正当化しようとして、答えを変更するかもしれない(6)。実際、ヴォスニアドウは、この過程が子どもに一貫しない反応を生じやすくし、本来なら「球形」モデルをもっていると分類されたかもしれないいくつかのケースを観察している。しかし、このことは、すでに一貫性のとても高いグループにあって、子どもの反応パターンの一貫性を低く見積もる結果になったかもしれないと主張している。

それでもなお、オープンエンド形式で「答えを言わせる」質問をする方法によって、子どものなかには、「一貫」はしていても、誤った概念のストーリーをつくるよう促された子どももいたかもしれない。もしそうなら、子どもは地球の形や昼と夜のサイクルに関する自分の本当の考え方（どのようなものであろうと）を示すのではなく、見かけの一貫性をもたせようとして、それ以前に話したことに基づいて答えた可能性がある。それは、二つの選択肢（一つは正しく、もう一つは誤った選択肢）から答えを単純に選択する方法を用いていたならば、明らかになったかもしれない。スウェーデンで行われた最近の研究では、ジャン・シュルツと共同研究者たちが、思考の道具として地球儀を見せると、ヴォスニアドウによって報告されたものとはまったく異なる反応が産出されることを示している(7)。スウェーデンの幼児は、北半球と南半球のどちらについても、そこにある国を示すことができ、オーストラリアやアルゼンチンといった南半球に位置する国に住む人々がなぜ地球から落ちないのかという質問に対して、重力と関連のある説明概念を用いて説明したというのだ。もしスウェーデンの結果が事実ならば、オーストラリアでは、天文学や地理学に関する子どもの理解はどのようなものなのだろうか。オーストラリアの子どもは、自分たちの住む大陸がまばゆいばかりに晴れ渡った空の下、南半球に位置しているという特徴をもつため、地球の形や動きの特徴、さまざまな国の場所について、より早く理解するようになるのだろうか。

天文学と地理学に関する子どもの理解を再検討する

この問題を検討するために、私はイギリスのサセックス大学のジョージ・バターワースとオーストラリアのクイーンズ大学のピーター・ニューカムとチームを組んだ。ジョージは子どもの思考の自己中心性というピアジェ概念を研究している、影響力の大きな研究者で、オーストラリアとイギリスの子どもを対象として、地球の形や昼と夜のサイクルの概念を検討することになった。ピーターはブリスベンの教師だった。心理学での彼の博士論文は、以前聞いた物語に含まれる出来事についての子どもの再認・再生能力をテーマとするものだった(8)。ジョージとピーターの興味は、幼児の概念発達と変化の性質についての私の興味を補完するものだった。私たちは共に、先に述べたヴォスニアドウと共同研究者たちによって行われた、先有原理の分析に基づく挑戦的な主張の再検討に着手した。私たちは、天文学についてかなり早い時期から教育を受けているオーストラリアの子どもが、イギリスの子どもとどの程度異なるかを調べるために、オーストラリアとイギリスという地球の反対側に住む子どもの知識を比較することにした。

私たちにとって、ひとつのポイントは明らかだった。標準言語や歴史的、政治的伝統といった多くの文化的特徴を共有しているとはいえ、物理的世界に関する信念については相違が認められるだろうということである。たとえば、イギリスとアメリカの間には強い文化的関連性があるが、信心深さについては文化的相違が存在する。アメリカ人の大多数は、イギリスや他の多くの国々の人々とは異なり、人間の起源はある種の神の介在によると信じている。この宗教的志向性は、事物が意図によってつくられた人工物であるとする子どもの「目的論的」バイアスと矛盾しない。たとえば、なぜ岩はゴツゴツしているのかと訊かれたときに、アメリカの子どもは、ゴツゴツした形は「動物がその上に座って砕かないようにするため」とか、「動物がかゆいとき、かくことができるため」にデザインされたなどと答えることが多い。アメリカとイギリスの大人における信心深さの相違を考慮すると、アメリカの7歳児と8歳児がイギリスの同年齢の子どもよりも、こうした目的論的な「意図による」説明を与えることが多いという結果は、驚くにあたらない（ただし、この相違は、より年長の子どもには認められない）[9]。

同様に、イギリスとオーストラリアは文化的に強い関連性があるものの、地理学や天文学に関する信念に触れる機会については相違がある。オーストラリアの子どもは北半球との文化的つながりや、オーストラリアが、英語を用いる他の国々とは異なり、赤道の下に広大な陸地として位置していることに、早い時期に気づく。こうした気づきは、学校カリキュラムにも反映されており、それを通して子どもは、天文学の本質について体系的な教育を受ける。たとえば、オーストラリアのクイーンズランド州では、学校カリキュラムのシラバスに、1年生（5～6歳児）では月の見かけの変化を含めて、地球と空の明らかな特徴の変化をとらえて記述すると記されている。1年生ではまた、昼と夜の過程について調べたり説明したりするよう教える。2年生（6～7歳児）になると、月面や流星、彗星、日食といった夜の空に起こる特別な出来事についても勉強する。3年生（7～8歳児）では、太陽系や他の恒星系、そして惑星や月の軌道、さらには宇宙空間の探索や再利用できる宇宙ステーションの可能性といったことも学ぶのである。幼児（4～5歳児）についても、カリキュラムの指針には、昼と夜の間の星の外観について述べること、そして月と星を識別することが記されている。この点からみて、オーストラリアの国旗に南十字星の一群が描かれていることは注目に値する。[10]

一方、イギリスではおよそ8歳になるまで、学校教育で天文学について教えられることはない。[11] そのため、イギリスの同年齢の子どもと比べ、オーストラリアの子どもは文化を通じて地球の形や宇宙の太陽中心の性質に関する情報への特別なアクセスをもっており、科学的な世界観を支持することが多いのではないかと考えられる。この世界観は、家庭や学校で直接的に伝えられており、必ずしも中間的な合成モデルではないかもしれない。

この研究においてジョージとピーターと私は、ヴォスニアドウが用いた調査方法を用いないことにした。それは、質問の目的や適切さを理解する能力や絵を描く能力ではなく、天文学や地理学に関する子どもの知識を間違いなく検討するためである。そこで、私たちは3次元のモデルを用い、質問の意図や関連性に関する子どもの知覚と実験者のそれとが合致するよう考慮された方法で、（子どもに答えを言うよう求めるのではなく）正しい反応がどれかを選んでもらう質問法を採用した。

私たちがインタビューした子どもたちは、4〜5歳、6〜7歳、8〜9歳という三つの年齢グループに分けられた。オーストラリアの子どもは、大学にある幼児の遊びグループ、郊外の保育園、そしてクイーンズランド州、ブリスベンの小学校の子どもたちである。一方、イギリスの子どもは、サセックス州のニューヘブンにある小学校と入学予定者クラスの子どもたちだった。私たちは子どもに3群からなる14の質問を行った。（1）地球の形に関するもの（質問1－7と、13－14）、（2）昼と夜のサイクルに関するもの（質問8－10）、（3）視点取得に関するもの（質問11－12）である。これらの質問は、二つの文化の子どもが宇宙にある事物間の関係に関する推論の一般的レベル、および天文学と地理学に関する知識について、相違があるかどうかみることを目的としていた。各質問では、子どもに「科学的な」反応と、平面の制約と支えの制約への固執を示す「直感的な」反応のうちどちらかを選ぶよう求めた。また、答えがわからないときには、「わからない」と言ってよいとも教示した。

一つの質問を除く他のすべての質問について、オーストラリアの子どものほうが正答するという有意差が認められた。質問1（地球は丸いのかな、それとも平らなのかな？　もし地球が丸い／平らなら、それは円みたいに見えるかな、それともボールみたいに見えるのかな？）については、オーストラリアの子どものほとんど全員が地球は丸いと答えた。一方、イギリスの子どもについては、5分の1が地球は平らだと答えた。この結果は、イギリスのタブロイド紙『ザ・サン』で自虐的に報じられた。「イギリスの科学を守る会」という組織の会長の、「イギリスの科学は地に落ちた」という主張を私たちの研究結果が裏付け

オーストラリアとイギリスの4～9歳児に訊いた質問

1．地球は丸いのかな、それとも平らなのかな？ もし地球が丸い／平らなら、それは円みたいに見えるかな、それともボールみたいに見えるのかな？
2．地球が丸い／平らであると、どうしてわかるのかな？
3．このモデルを見てみて。これは丸いボールだよ。こっちは、上の部分が平らになっているボールの一部分で、ふたがついてるよ。そしてこれはね、表面が平らになってるよ。世界が本当はどうなっているかを示すモデルを指さしてくれる？

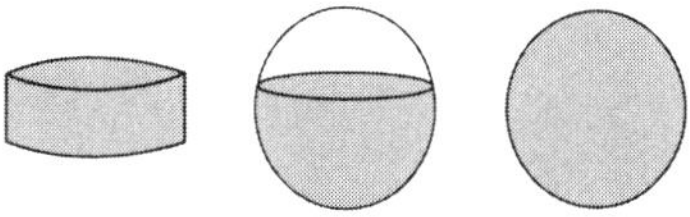

4．もし何日もの間、まっすぐに歩いて行ったら、地球の端っこから落っこちちゃうかな？ どうしてそうなるの／そうならないの？
5．この小さな女の子は、ねばねばしたものがくっついているの。だから、この女の子をここ（上の面）やここ（側面）、そしてここ（下の面）にくっつけることができるのよ。じゃあね、このモデルのどこにオーストラリア／イギリスの人たちがどこに住んでいるのか、この人形を使って教えてくれる？
6．人々は、ここの上の面／下の面に住むことができるかな？ イギリス／オーストラリアの人たちがどこに住んでいるのか教えてくれる？
7．ある子どもは、空は四方八方にあると考えているの。でも別の子どもは、空は上の部分にしかないと考えているの。空は本当にはどこにあるのか指さしてくれる？
8．ここに別のボールがあるの。これを太陽だと思ってね。太陽が地球のこっちの部分を明るく照らしているとき、別の部分は昼なのかしら、それとも夜なのかしら？
9．それが世界の別の部分を照らしているとき、こっちの部分は昼なのかしら、それとも夜なのかしら？
10. ある子どもが次のように言いました。世界の一方の部分では太陽が下りていき、もう一方の部分では上っていくから、昼になるんだよ。だけど別の子どもはこう言いました。世界は廻っているの。そしてね、太陽は一度に世界の一つの部分しか照らすことができないから、昼になるんだよ。
11. あなたは、月の下の部分に立っているこの小さな女の子だと思ってみて。彼女はね、この下の世界に住んでいる友だちを見ているの。その友だちは、この小さな女の子が正しく見えるかな、それとも上下逆さまに見えるかな？
12. 彼女の友だちから見ると、この小さな女の子は世界の上の面にいるように見えるのかな、それとも下のほうにいるように見えるのかな？
13. 地球はどんな形をしているの？ 一番いいモデルがどれか、教えてくれる？
14. ここに地球儀があるの。この地球儀の上でオーストラリアがどこにあるのか教えてくれる？ じゃあ、イギリスのロンドンはどこにあるのか教えてくれる？

るとするコメントが付されていた。8～9歳児については、オーストラリアのほとんどの子どもが、質問2（地球が丸い／平らであると、どうしてわかるのかな?）に、地球はボールのように丸い形をしていると答えたが、イギリスではおよそ半数の子どもが、ボールよりも円を選んだ。質問3（世界が本当はどうかを示すモデルを指さしてくれる?）については、年齢にかかわりなく、オーストラリアの子どものほとんどすべてがモデルとして球を選んだが、イギリスでは4～5歳児のおよそ半数が半球かディスク形を選んだ。この結果は、質問13の再テストでも確かめられた。質問4（もし何日もの間、まっすぐに歩いて行ったら、地球の端っこから落っこちちゃうかな? どうしてそうなるの／そうならないの?）については、オーストラリアとイギリスの子どもに相違は認められなかった。しかしながら、質問5（このモデルのどこに、オーストラリアの人が住んでいるのか、この人形を使って教えてくれる?）と質問14の再テストについては、すべての年齢で、オーストラリアの子どもはオーストラリアを見つけることができたが、イギリスの子どもは見つけられないことが多かった。イギリスの場所を特定する能力については差がなかった（ただし、質問14では、イギリスの6～8歳児はオーストラリアの子どもよりも、地球儀上でイギリスの場所を見つけられることが多かった）。質問6（人々は、ここの上の面／下の面に住むことができるかな? イギリス／オーストラリアの人たちがどこに住んでいるのか教えてくれる?）については、4歳児、5歳児のほとんどを含めて、オーストラリアのほぼすべての子どもが、人々は世界のあらゆる所に住むことができると信じていた。一方、イギリスでは、3分の1の子どもが「そうすることはできない」と答え、また他の多くの子どもが「わからない」と回答した。

昼と夜のサイクルに関する質問では、質問7－9については2国間に相違は認められなかった。幼児と異なり、どちらの国でも8歳児の多くは、地球の上の部分だけでなく、その周りすべてに空があると回答し、地球の一つの面が暗くなれば、もう一方の面が明るくなることを正確に認識できた。しかしながら、重要な質問である質問10（ある子どもが次のように言いました。世界の一方の部分では太陽が下りていき、もう一方の部分では上っていくから、昼になるんだよ。だけど別の子どもはこう言いました。世界は廻っているの。そしてね、太陽は一度に世界の一つの部分しか照らすことができないから、昼になるんだよ。）については、オーストラリアの子どもの3分の2（8歳児では全員）が地球は太陽の周りを回転していると答えた。一方、イギリスでは、半数以下の子どももしかこの事実を知らなかった。8歳児でさえも、イギリスの5分の1の子どもは、太陽が地球の周りを回転していると主張したのである。質問11（あなたは、月の下の部分に立っているこの小さな女の子だと思ってみて。彼女はね、この下の世界に住んでいる友だちを見ているの。その友だちは、この小さな女の子が正しく見えるのかな、それとも上下逆さまに見えるかな？）についても、オーストラリアの子どものほうが正しく答えるという相違が認められた。しかし、この相違は質問12（彼女の友だちから見ると、この小さな女の子は世界の上の面にいるように見えるのかな、それとも下のほうにいるように見えるのかな？）についてはそうではなかった。どちらの国でも、8～9歳にならないと、この質問に正しく答えられなかった。

私たちの文化比較研究は、両方の国の子どもたちの多くが、年齢にかかわらず、しばしば地球は丸く、人々は落っこちることなくそのあらゆる部分に住むことができるという概念に沿った反応をすることを示すものだった。しかしながら、予測したように、オーストラリアの子どもたちは、地球あるいは世界の形に関する質問に対して、「科学的な」答えを示し、「直感的な」選択肢を避けることについては、イギリスの子どもたちよりも早かった。4〜5歳で、オーストラリアの子どもたちは地球が球であると指摘する傾向が有意に高く、また、6〜7歳までには、昼と夜のサイクルについて地球中心ではなく太陽中心の概念を表明する傾向が有意に高くなった。これは、子どもたちが受ける学校のカリキュラムの相違と一致していた。質問5以降は、子どもに対する質問の基礎として球体のモデルを使った。しかしながら、この手続きが、他の二つのモデルが正しくないと暗示したために、平らな地球モデルから子どもの注意を遠ざけるバイアスとして働いたわけではないと言える。というのは、質問13の再テストでは、同じ人数の子どもが球体モデルを選ぶことをやめたからである。そしてこの質問でも、オーストラリアの子どもに多く正解が認められた。さらに、オーストラリアの子どものほうが正解が多いという結果は、すでに球体モデルが質問で使われる前に、つまり質問1-3についても認められていた。

私たちは、この結果が、オーストラリアの別のサンプルについても認められるかどうかをみるための研究を行った。45名の4歳児と5歳児に調査を実施し、ヴォスニアドウが用いた質問方法と私たちの質問方法とを比較することにした。私たちの質問方法を用いたときの子どもの反応は、私たちの最初の研究結果とよく一致しており、子どもの一般的な言語的・非言語的知能との間には関連性が認められなかった。しかしながら、ヴォスニアドウの質問方法を用いた場合には、子どもたちは間違った種類の質問に答えていることが明らかだった。

例を三つあげよう。第一に、ヴォスニアドウが用いた単純な質問、「地球の形は何かな?」に対し、多くの子どもは、それは丸く見えるとか円みたいだと答えた。それはボールのようだと答えた子どもはほとんどいなかった。「もし地球が丸かったら、それは円のように見えるかな、それともボールのように見え

地球は太陽の周回軌道を廻る球体だと指摘したあと、「世界の頂点」に座る子ども。この知識は、昼と夜のサイクルについて理解したり、オーストラリアの昼やイギリスの夜がいつくるかを予測する基礎をかたちづくる。

るかな？」という私たちの質問に対しては、多くの子どもがそれはボールのように見えると答えた。したがって、ヴォスニアドウの質問に対しては、ほとんどすべての子どもが「丸い」か、それに似た答え（「円」や「ボール」）だった。しかし、私たちの明示的な質問では、明らかに円よりもボールのほうが多かったのである。「丸い」ということばは、ボールを指すことも、円を指すこともあるという点であいまいだ。子どもが実際に地球がボールの形をしているという考えのほうを好むことは、はっきり二つの意味ある選択肢を呈示する質問によってはじめて明らかとなった。「世界が丸いということはどうやってわかるの？」という次の質問に対し、子どもは彼らの選択の裏付けとして、地球儀や地図、地図帳、そして親や教師からの教えに言及した。

第二に、ヴォスニアドウの質問に対する回答と私たちの質問に対する回答との相違は、人が地球から落っこちることがあるかという点についても認められた。「地球には端っこ、あるいは終わりの部分があるかしら?」というヴォスニアドウの質問に対し、3分の2の子どもがあると指摘した。しかしこの場合、子どもは、自分の描いた二次元の絵に注意を向けながら、「あなたが地球として描いたこの円には端っこがあるの?」という質問に答えたのかもしれない。一方、質問手続きを明確化するために用いられた三次元モデルに注意を向けたときには、子どもの多くが、落っこちてしまうかもしれない端っこがあることを否定した。また、少数の子どもが、地球は丸い形だと言っておきながら落っこちてしまうかもしれないと答えたが、そのうちの多くは、平らでない物体は滑りやすいなどとつけ加えた。

第三に、「夜の間、太陽はどこにあるのかな?　それはどうやって起こるのかな?　地球は動くのかな?　太陽は動くのかな?」など、昼と夜のサイクルに関する理解をみるヴォスニアドウの質問に対しては、子どもはたいてい地球中心的な答えを述べた。多くの者は単純に、夜の間、太陽は雲の後ろに隠れていると答えたのである。他の子どもは、単に太陽は夜になると水平線の下に沈み、朝になると昇ると答えた。子どもは、「太陽が沈むとき、太陽が昇るとき、どんなことが起こるのかな?」という質問に答えているかのようにみえる。一方、昼と夜のサイクルが生じるのは、地球の一方の部分に太陽が下りていき、もう一方の部分から上ってくるからなのか、それとも地球が回転しているために太陽が地球の一つの部分しか照らせないからなのか、と明示的に質問された場合には、子どもたちは圧倒的に後者を選ぶことが多かったのである。

まとめ――子どもの天文学に関するモデルと方法論

ヴォスニアドウの先有原理仮説に対する私たちの再検討の結果、次のことがわかった。すなわち、地球の形や昼と夜のサイクルに関する理解は、必ずしも地球に関する子どもの素朴な、知覚に支配された知識を含むわけでも、またそこを出発点とするわけでもない。私たちは、ヴォスニアドウのアプローチに根拠を与える証拠を求めて、真剣に検討した。ヴォスニアドウが仮定した平面の制約と支えの制約については、きわめて少数のイギリスの子どもの反応にのみ、一致する結果が認められた。地球と、昼と夜のサイクルに関する合成的なメンタルモデルを子どもがもつということも一定程度あり得るが、それは、地球が回転する球形の物体であり太陽の周囲を回転しているという科学的に認められた知識を発達初期に子どもに示さない文化、つまりアメリカやインド、イギリスのような国々の子どもたちがもつにすぎないようである。地球が球形の物体であることや昼と夜のサイクルに関する知識伝達が遅れるために、直感的理解と、子どもが受け取る文化的に伝達される知識――それがどのようなものであろうとも――とが共存する時期が生まれるのかもしれない。天文学に関する子どもの初期の素朴理論は、実際に、平面と支えがあるという原理を反映しており、ヴォスニアドウが主張するように、地球の形や昼と夜のサイクルについて合成的なモデルを生じさせることもあるだろう。それは、概念変化を経ることになる。

しかしながら、合成的なメンタルモデルは、アメリカのような国に住んでいる子どもに限定されており、どこの文化にも普遍的に存在しているとは言えない。先有原理を反映しているとみなせるような制約に関する証拠は、オーストラリアのグループではまったくみられなかった。答えを誤ったオーストラリアの子どもたちに関する限り、彼らの反応は、質問に対して子どもの思考を方向づける強力な制約があるというよりも、単に天文学の問題に関して先だつ理論をもっていないために、矛盾した回答のパターンを示したのだと考えられる。この説明では、直感と科学的知識は異なる「心的空間」に位置を占めており、初期の知識は断片的で、体系をもっていない。[12] イギリスなどの国の幼児は、直感的概念と科学的概念を共にもっているが、いつどのような場合に、どちらのタイプの概念を適用すべきなのかがよくわからないのかもしれない（しかし合成を示すものではない）。発達と共に、子どもは次第に、この二つの知識ソースをそれぞれにふさわしい心的空間に適用するようになる。

以上に加えて、私たちの研究では、文化の影響の強い証拠が示された。オーストラリアを三次元モデルの「下側」（訳注：「下側 down under」には、オーストラリアという意味もある）、だと示すことにも、あるいは国名が書いてない地球儀上で場所を示すことにも、すべての年齢でオーストラリアの子どもは、イギリスの同年齢の子どもよりも熟達していた。オーストラリアとイギリスの子どもの相違の多くは、イギリスの子どもが学校で天文学を学び始める時期、つまり8～9歳にはみられなくなった。一方、視点取得に関する質問については、文化間でほとんど差が認められなかった。唯一わずかに差が認められたのは、8歳時点において、オーストラリアの子どもはイギリスの子どもよりも、自分自身の視点を転換させることに優れていたことである。これに対しイギリスの子どもは、世界の裏側にいる人が「逆さま」に見えると述べる傾向が高かった。オーストラリアの子どもたちは、「下側」に暮らしているという特徴を強調する環境に浸っているにもかかわらず、世界の下の部分に空があるとは考えていなかった。イギリスとオーストラリアのどちらの国の子どもも、世界の上側だけでなくその周囲に空があるという認識は、8～9歳になってはじめて明らかになった。子どもは実験者の質問を、どこに住んでいるかにかかわらず人々の頭上にある空の位置に関する質問と解釈したのか、それとも地球上のさまざまな地点での空の位置に関する質問と解釈したのか、このことを明らかにするためには、今後空の位置に関する子どもの反応の根拠を明らかにすることが必要である。

以上のように、三次元の表象に焦点を合わせた明示的な質問に対する反応の結果は、オーストラリアの子どもの成績が良いことを示していた。これは、地球の形やその他の宇宙論についての科学的知識が早期に伝達されることによるという考え方を支持している。オーストラリアの子どものほうが、三次元モデルと地球儀の上で、オーストラリアの場所を（ある程度はイギリスの場所も）示すことに熟達していたことは、この知識をもっていることを証明するものだ。一方、イギリスの子どもはあまり一貫性がなかったが、これは宇宙論や地理学に関する初期の教育の欠如を反映している。しかし、イギリスの子どもに対しても、新しい質問方法を使えば、絵を描いたり粘土のモデルを使って表現することにおける先に指摘した問題点を避けられたかもしれない。イースト・ロンドン大学のギャバン・ノーブズと共同研究者たちは、最近、イギリスの子どもに地球の形を最もよく表す絵を指し示すよう求めている[13]。多くの子どもが、幼児でさえ、ディスク形の地球（次ページの図の右側）よりも、球体のすべてに人が住んでいる絵（次ページの図の左側）のほうを選んだのである。

子どもの理解が堅牢であるなら、調査方法によって反応が異なることなどないという主張もあるだろう。この主張は、子どもがテスト課題の文脈における質問の意図や関連性に関して、大人と同じくらい完璧に

わかっていることを前提としたものだ。しかし、調査方法によって反応が異なるのは、必ずしも理解の堅固さの欠如を示すものと解釈する必要はないかもしれない。子どもは、たとえ答えに確信をもっていても、ある種の調査方法に対しては、答えに理解していることを示さないことがある。大人ですら、誤って解釈しやすい文脈や質問に対しては、その反応に十分な理解が示されないだろう。ジョージの学生だったギリシア人の博士課程学生ジョージア・パナギオタキ[14]は、ヴォスニアドウの絵を描かせる方法と石膏モデルを使ったとき、イギリスの大人が、多肢選択の質問では地球は丸いという知識をもっていることを示したにもかかわらず、平らな、あるいは穴のあいた、あるいは二つの地球を描くことがあるのを見いだした。その例を次ページに示す。

私たちの研究結果は、天文学と地理学における子どもの知識が強い概念変化を経る必要があるとする主張と対立する。ここでの結果は、この領域の知識が必然的に包括的な枠組み理論における、先有原理から出発し、子どもが地球の形や昼と夜のサイクルに関する合成的なメンタルモデルを受け容れるよう導く、とする考え方とは相容れない。私たちの研究はそうではなく、とても幼い子どもでも地

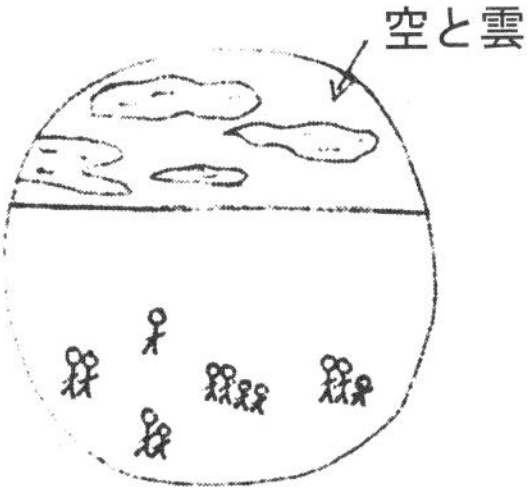

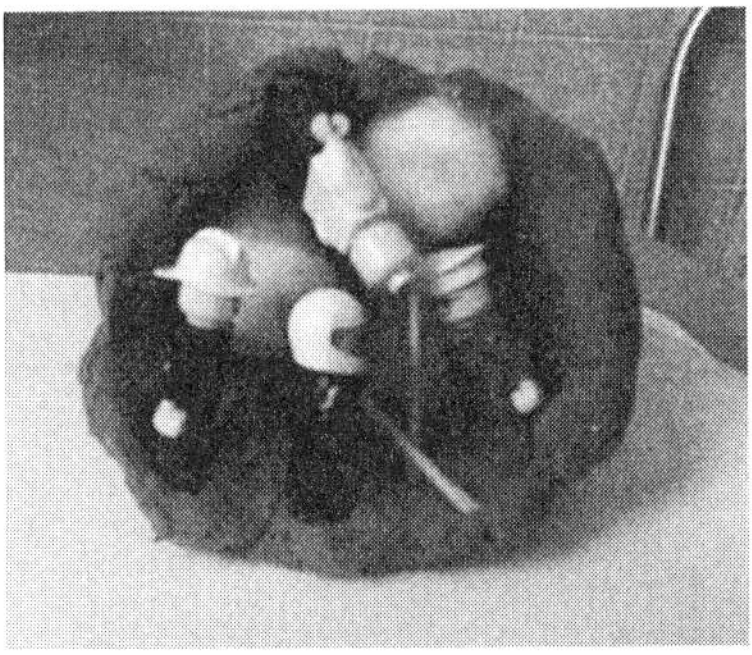

球の形に関する科学的情報の恩恵を受けることができ、また実際に受けていることを示すものだった。またそれは、この情報のなかの一部は直接的な文化的伝達によってのみ獲得できることを示していた。しかしながら、文化的文脈は、南半球では逆さまかどうかに気づくといった他の空間的推論の側面については、助けとならないようだった。空間や地理学、天文学など、宇宙の異なる側面に関する子どもの知識は、断片的で「区分化」されているのかもしれない。子どもの発達の問題は、知識のこうした異なる情報源を統一されたシステムに調和させていくことであるのかもしれない。この過程は大人まで続いていく。

誤った反応が原理によってガイドされたものにせよ、断片的な知識に基づくものにせよ、オーストラリアの子どもとイギリスの子どもとの相違は8歳までにはほぼなくなり、それはイギリスの学校カリキュラムで地理学が始められる時期と一致している。オーストラリアの子どもは親やメディア、そして早期から学校教育によって事実的知識を伝達され、宇宙について知るようになる。ちょうど砂漠に住むオーストラリアの先住民族の子どもが視空間の記憶に優れた技術を発達させるように[15]、オーストラリアの都会に住む子どもは、宇宙に関する知識の発達が加速されるのかもしれない。

私たちがインタビューした子どもたちの答えは、宇宙論のような領域の知識が言語や他の文化的しくみを通して直接的に伝達され、それほど先有原理に基づく直感的制約によってフィルターをかけられる必要がないことを示唆している。しかし、私たちの研究結果は、幼児が科学的概念を容易に受け容れることを示すものではない。私たちの研究で示されたように、オーストラリアの子どもの多くが球体の地球という内的に一貫した知識をもっており、それは宇宙を概念化するために目に見えない特性を用いる能力を反映しているが、たとえば重力の概念を定義するといった深い説明的理解までもっているとまでは主張できない。彼らの知識は初歩的予測を生み出すには役立つものではあっても、必ずしも根本にある因果的理解をともなうものではない。むしろ、それは単に、児童期後期あるいは大人になるまで理解されないかもしれない因果的本質の、「一時的代替」の役目を果たすのかもしれない[16]。実際、染料を水の入った容器に落とした際の拡散過程など、大人でも誤った概念化をしていることが多い。こうした過程は、多くの変数間に相互作用が同時に、しかもランダムに生じることとの理解を必要とする[17]。

天文学や地理学、心の理論、生物学、そして数といった知識領域はどれも、その理解に独自のルールと基準がある。この点からみると、地球が球の形をしているという観察不可能な知識は、たとえば自発的に生じる計数といった数領域の側面とは違って、これらの信念を世代から世代へと受け継ぐ能力によって決定される[18]。宇宙に関する知識は、複式「簿記」のようなものを必要とするのかもしれない。つまり、原因についての仮説は世界に関する実際の経験に基づいており、その経験は文化から伝えられた知識を上書きすることなく、それと共存し続けていくのである。子どもは、実際のものであろうと想像上のものであろうと、直感的な見方と（文化的に認められた）科学的な見方との間を、分け隔てなく、楽々と移動するのかもしれない。シカゴ大学の心理文化人類学者リチャード・シュウェーダーと共同研究者たちが、ひとつの可能性を提案している。それは、直感的ないしモジュール式の制約は非常に「骨組み的」なものであって、常に社会文化的制約をともなう必要があるというものだ[19]。天文学と地理学の場合、これらの制約はあまりに骨組み的なものでしかないため、容易に「汎用的な」学習によって引き継がれるのかもしれない。この観察は、「平面の制約」の存在を示唆するようにみえる反応が、実際には断片的で一貫しない理解の一部であるかもしれないことを説明する。要するに、文化的学習によって獲得された豊かな知識が発達のなかで適切に教えられ、天文学や地理学といった知識領域の直感的制約を早々に脇に押しやってしまうのだ。

幼児にとって、地図や地球儀といった文化的人工物は直接的経験の外にある世界の側面を理解する手段となる。オーストラリアの子どもは早くから宇宙に関する科学的情報に触れているが、これらの人工物が時として頼りにならない直感から知識を守るのに効果的であった。最近、ヴォスニアドウの理論に肯定的なオーストラリアの研究者たちが、地球を球体とみる概念をもつようオーストラリアの子どもを簡単に訓練できることを示した。しかしヴォスニアドウが用いた測定方法では、子どもは原理によって制約された合成的なメンタルモデルをもっているようにみえ、異なる考え方への抵抗性を示した[20]。先有原理についてはこのくらいにしておこう！

人工物の効果についての強力な支持を、宇宙に関する子どもの会話を取り上げた「天国のおしゃべり」というすてきなタイトルの論文のなかの、スウェーデンの質問者にみることができる[21]。彼らの研究は、子どもの理解を再検討する研究では、子どもがそれまで最もよく触れてきた科学的考え方を選択肢に加えることで、先述した偽陽性のパターンを生み出すよう促されているに過ぎず、理解の幻想をつくりだしているという考えをさらに払拭するものである。彼らは、地球儀に関する質問を受けているセシリア（2年生）の例をあげている。

質問者：人は地球のどこにでも住むことができるのかな？
セシリア：海には住めないわ。
質問者：他に、住むのが難しいところはどこかしら？
セシリア：戦争をしているところ。
質問者：アルゼンチンに人は住めるかしら？（地球儀の上のアルゼンチンを指さして）
セシリア：ええ、住めるわよ。
質問者：じゃあ、オーストラリアはどう？（地球儀の上のオーストラリアを指さして）
セシリア：ええ、住めるわ。
質問者：地球のこっち側に住めるなんて、おかしくない？
セシリア：そんなことないわ。だって、地球には上とか下とかないんだもの。

子どもは質問のポイントをすぐには理解できない場合でも、なんとか関連する答えを示そうとして、地球の下から落っこちてしまうかもしれないというばかげた可能性をほのめかすオーストラリアについての質問に答えているのかもしれない。たとえば、「この下側に人が住めるなんて奇妙じゃない？」という質問に、ジョアン（2年生）は「彼らはね、奇妙なやり方でしゃべるんだよ」、エリカ（2年生）は「そうね。だってそこは火事が多いんだもの」と答えている。何人かの子どもは、なぜ人々が地球から落っこちないかの理由に、「重力」さえ示唆した（とはいえ、もちろん子どもが重力の理論を完璧に理解していることを示しているわけではない）。この側面に関しては文化的学習が強力であることを踏まえると、これらの質問に期待されているよう答えることが難しい子どもがいても全然おかしくない。

最後に述べておきたい。ジョージ（彼の母親はギリシア人で、メルボルンに親戚がいるギリシア人家族の出身である）は、とても悲しいことだが、私たちの研究が公刊される前に事故により亡くなってしまった。この章をジョージに捧げたい。

コラム：アメリカ横断の旅

現代の過酷な旅では、――私が思うに――どんな大人でも、昼と夜のサイクルが簡単に混乱してしまうだろう。これはそんなストーリーのひとつである。

それは簡単至極に思われた。アメリカを横断する飛行機のディスカウントチケットが手に入った。ほとんどタダ同然だった。私は、デトロイトの親戚を訪ねることと、カリフォルニアのバークレーにいる有名な児童心理学者である友人をひょっこり訪ねることを合体させるという、思いがけない機会に恵まれた。

私は、途中カンザスシティで乗り継ぐ予定で、サンフランシスコに向け、デトロイトを出発した。あの12月、デトロイトの天候は晴天だった。しかし空中に浮遊するや、猛吹雪にとらえられてしまった。私たちはカンザスシティに着陸できたが、悪天候のため、どうやらマイアミを出発したと思われる乗り継ぎ便はカンザスシティに着陸できなかった。私は数時間もの間、カンザスシティ空港（KFC――ケンタッキーフライドチキン――空港ではない。気分はよかったとはいえ、最後には本当にへとへとになった）で立ち往生することになった。最終的に、デンバー国際空港に行き、そこでサンフランシスコ行きの飛行機に乗り継ぐことができると告げられた。私はデンバーへ行き、一時間ほどそこにいたあと、その日の最終フライトに乗ることができたことに感謝した。

とうとう、サンフランシスコ空港に到着した。とても疲れていたが、そこで交通機関が何もないことに気がついた。「エアポーター」（空港の交通機関）はストライキをしており、バークレーまでタクシーで行くとすると100ドルもかかるというのだ。1988年当時、100ドルは大金だった。荷物受け取りの円形コンベアで待つなかに、ティム（彼の本名ではない）という若い男がいた。その男は私に、バークレーの音楽学校の生徒だと話した。彼は、家族が自分を迎えにくるから、一緒に町まで連れて行ってあげると申し出てくれた。私たちはターミナルの外で待っていた。そこに一台の古いシボレーがやってきたが、ティムの家族全員を乗せているかのようにみえた。少なくとも5人の大人、あるいは大人のように見える人たちと、車の右側後部ウィンドウから頭と舌を突き出した一頭のイヌが乗っていたのである。私はティムとイヌと、後部座席にぎゅう詰めで乗り込み、街へと向かった。40～50分後、サンフランシスコから郊外へと続くベイブリッジを渡ったが、前方に見えた表示には、バークレーは左折、オークランドは右折と記されていた。しかし、その家族は、オークランドへと向かって進んだのだ！　オークランドは、危険な貧民街であり、貧しく、不平不満を抱えた人々の危険なスラム街だと聞いていた。確かに、そこには廃屋が列また列をつくっていた。私たちはどうやら、オークランドの奥へ奥へと進んでいるようだったが、ティムは私に大丈夫だと請け合った。そして彼らは、すぐさま私をバークレーまで運んでくれるバスに乗れる停留所で、私を降ろしてくれると言ったのである。

ついに、その家族は私を降ろした。私はトムに礼を述べ、辛抱強く待った。バスは10分もしないうちに到着した。今やすっかり暗くなっていた。しかしそのことは、私たちが奥へ奥へと、数え切れないほどのバーや質屋のある悲惨な一帯へと進むまでは、私を心配させるようなことではなかった。そこで突然、バスの運転手が叫んだのである。「みんな外へ出ろ！　バスの後方から煙が出ているぞ！　火事になるかもしれない！」私は30分間、路上に出されたままだった（そのときは、30分が1週間にも感じられた）。バスは煙を出し続け、私は、あらゆる種類のぞっとする音が聞こえてくるようにも思われたビリヤード場の前に取り残されていた。そこには、今すぐにでも私にナイフを向けてくる、恐ろしげな路上生活者がたくさんいるように思えた。そしてとうとう、別のバスが到着し、私はそれに乗り込んだ。混み合うなかで、私に戸惑った視線を向けた乗客もいれば、あたかも幽霊を見たかのような表情を浮かべる者もいた。およそ20分後、そのバスは進行方向を北に向け、バークレーへと進んだ。徐々に路上生活者は少なくなっていった。そして、北方向へいくつかの停留所を過ぎたところで、大学関係の人たちがぽつぽつと乗車してきた。そのバスはバークレーのデュランホテルに停車した。そして私は友人に電話をかけた。事前の手はずでは、彼はそこまで私を迎えに来てくれ、彼の家に泊めてもらうことになっていた。しかし、そのときにはもう夜の10時をまわっていた。私は夕方の4時までには、そこに到着することになっていたのだ。彼の最初のことばは、「マイク、君はどこにいたんだい？　もう何時間も前に着いてると思っていたのに。」

次の朝、友人とその家族と共に朝食を食べるときまで、私は事情を説明できなかった。今でもまだ、私は、とりわけカリフォルニアらしい習慣（であると私は考えている）をよく覚えている。友人の娘さんが、ペットのイヌの食事のあとは毎回そうしているように、イヌの歯を特別な歯磨きで入念に磨いたのである。彼女が歯磨きしている間、私はこの話をした。しかし、私の友人は、私がいかに時間計算を間違えたのかにずっと興味をかきたてられたようだった。州を横断して東から西へと移動するので、デトロイト時間で12時に出発し、サンフランシスコ時間で4時までにはサンフランシスコに到着する予定だった。これは、3時間の時差を考慮して7時間の旅行を意味している。どういうわけか、私は時間を混乱してしまい、サンフランシスコ時間はデトロイト時間よりも3時間遅いと考えたのである。時差と私が現地時間の10時に到着したことを踏まえると、私の旅行は実際には13時間かかったのである。どういうわけか、私の誤った考え方のなかでは、それが7時間に圧縮されていたのだ！　起こったことに対する信じられない思いが私をまごつかせ、時間を短く考えてしまったのである。私は自分自身の天文学および地理に関する知識を退化させてしまったのだ。

その後

2回のフライト（デトロイト－カンザスシティ、カンザスシティ－サンフランシスコ）が3回のフライト（デトロイト－カンザスシティ、カンザスシティ－デンバー、デンバー－サンフランシスコ）に変わったとき、私のバッグはどうやら永遠にどこかにいってしまったようだ。私のバッグが10週間たっても到着しなかったことに驚きはしなかった。それでも私は感謝している。このストーリーの教訓――安い航空チケットの魅力を真に受けてはいけない。思いがけない旅行から生じる、予期せぬあらゆる種類の冒険をあえてやってみようという覚悟がない限りは。

第4章　生物学、食べ物、衛生

清潔さと秩序は本能の問題ではない。
それらは教育の問題なのだ。
そして多くの重大なことがら同様、
それらに対する嗜好を養わなければならない。
ベンジャミン・ディズレーリ

天文学と地理学は、地球の形や回転、宇宙にある物体など、とてつもなく大きな物の特性の理解に関するものだった。生物学と健康は、細菌や遺伝子など、とてつもなく小さい物の特性の理解に関するものだ。事物の見かけとその根本にある現実を区別する知識が必要だという点において、生物学的世界に関する理解は宇宙に関する理解と似ている。幼児でさえこうした理解をもっており、少なくともいくつかの基本的な生物学的過程については、原始的理解を有する能力があるはずだ。この章では、幼児が食べ物の汚染と浄化、そして病気の感染の顕微鏡的な微細な基礎について、どの程度理解しているのかを検討する。

子どもの理解は、その最初から大人の理解の文脈におかれているに違いない。世界人口の3分の2以上は非常に貧しく、第三世界の国々では大人でさえ生物学や健康について実用的知識をもっていない。彼らは食べ物や水がどのようにして汚染されるのか、どのような手段をとれば確実に浄化できるのかという理解に基づいて、病気を予防することには長けていないかもしれない。これら第三世界の国々は、その人口という点からみて、21世紀における人間条件を代表している。以前はアッパーボルタと呼ばれていた、アフリカのブルキナ・ファソ（人口は1300万人）を取り上げよう。2002年の統計によれば、ブルキナ・ファソの人たちの平均寿命は46歳で、一人あたりのGDPは191USドル、1日に換算すれば52セントを少し上回る程度である。アメリカの一人あたりのGDPはブルキナ・ファソの202人分に相当する。しかしながら、他のアフリカ諸国は、ブルキナ・ファソの「繁栄」にさえ及ばない。たとえば、エチオピア（人口は6800万人）では平均寿命は44歳で、一人あたりのGDPは94USドルである。2005年7月には、「貧困を過去のものにしよう」というキャンペーンが張られ、アフリカの窮状についてかなりの広報活動がなされたが、貧弱な健康と経済はこの大陸に限られたものではない。たとえば、アジアの、以前はビルマと呼ばれたミャンマー（人口は4200万人）に住んでいる人たちは、平均寿命が52歳で一人あたりのGDPは97USドルである。(1) 中国とインドでは急激な工業化が進んでいるものの、ミャンマーの人たちに近い環境におかれている人が何百万人も取り残されている。

ブルキナ・ファソやエチオピア、ミャンマーといった国々では、平均的な教育レベルが低く、平均寿命はとても短く、西欧科学の知識はあまり知られていない。こうした場所では、生物学や健康に関する子どもの理解をみる研究はほとんど行われていない。もちろん、子どもの親たちの理解についても同様である。

子どもの生物学的概念における概念変化

20年以上前に発行された、スーザン・ケアリーの『子ども時代の概念変化』（邦題『子どもは小さな科学者か』）は、現在でも、子どもの生物学的理解というテーマに関する最重要の仕事のひとつである。この本のなかでケアリーは（当時、マサチューセッツ工科大学を拠点としていた）、子どもと生物学の性質について、いくつかの強い主張を展開した。まず、ピアジェやフラベルと同じく、「幼児は、周知のように見かけに支配されている」と主張している。たとえば、幼児がジェンダーを生物学の問題ではなく見かけの問題と関連させているという見方については、次のように述べている——幼児はもし自分とは異なる性の洋服を着て、自分とは異なる性の子どもがやる遊びをすれば、男の子や女の子が自分とは異なる性に変わることができると信じている。

しかしケアリーが認めているように、概念はさまざまに変化する。認知発達過程は知識領域により異なる形をとりながら、「分化したり、統合されたり、再分析されたり」する。この点において、彼女のアプローチはピアジェと異なっている。２０００年に示された彼女の見方は、次のようなものだ。[2]「私たちが苦労して作成した教材を生徒が学ぶ際、主要な障壁となるものは生徒に欠けているものではない。生徒が**もっているもの**、つまり、私たちが教えようとしている理論でカバーされる現象を理解するための代替的な概念的枠組みなのである。」つまり、知識領域における子どもの初期の概念が、成熟した理解の障害物になり得るのである。子どもの宇宙論における「先有原理」という見方もそのひとつである。そしてもう一つの例は、生物学に関する子どもの初期の概念に関するケアリーの立場である。

ケアリーにとって、生物学についての幼児の考えは、少なくともアメリカ合衆国のような西欧諸国では、発達の二つの段階を経て発展していく。第一の段階――幼稚園からおよそ6歳までの時期――では、子どもは生物学的世界に関する事実を学習する。たとえば幼児は、動物が生きていることや、赤ん坊が母親の体内から生まれてくること、両親に似ていることを知る。家族の会話にどっぷりと浸るなかで、幼児は、人々が汚れた食べ物を食べたり[3]、病気にかかった友だちと遊ぶと病気になるかもしれないこと、薬は人を治してくれることを知る。これらの知識は印象的なものだが、事実を関連づけ一貫性のある統合された概念構造をつくりだすような「枠組み理論」をもっているというにはほど遠い。子どもが「概念変化」の過程を経て、生物学の一貫した枠組み理論をつくり始めるのは、およそ7歳以降である。

ケアリーは、生物学領域におけるこうした変化は、おそらくは確実に、非保守的な、強い変化であると主張している。子どもの初期の概念は分化されておらず、一貫していない、あるいは「共役不可能な」観念を含んでおり、そのため強い意味での認知的再構造化を必要とするというのだ。変化は分化と再分析からなり、それには強い再構造化がかかわる。そして、子どもは新しい因果的概念を獲得する。

この分析にしたがえば、幼児は真の因果的メカニズムに関連する根本にある現実よりも、見かけにしがみつく。幼児の生物学的理解のなかでは、胡椒のような刺激物も細菌も、風邪のような見かけを感染させ、目の色といった特徴は生物学的遺伝ではなく環境の影響による結果であり、死体も一定の生命の生物学的特徴をもつと考えられている。この領域における変化は、子どもが世界の性質に関する原理――ちょうどヴォスニアドウが天文学の領域でその存在を主張したものと類似する原理――をもっているため、急速には進行せず、子どもは矛盾した証拠を前にしても本有的理論にしがみつく。そのために、幼児のなかには、死が身体器官の組織や機能の停止を意味することをなかなか真実として認められない子どももいる。彼らはしばしば、死体がなお、摂食や呼吸、排泄といった身体的機能が必要だと考えている。[4]

子ども時代の生物学的理解の概念変化に関するケアリーの立場を、カナダの哲学者であり認知科学者であるポール・サガードの仕事と関連させて考察すると有益だろう。サガードは、科学者の病気に関する推論について、保守的変化と非保守的変化を区別した。[5] 保守的概念変化は、既存の概念や信念を延長すること――「知識を豊かにする」一形態――にかかわる。病気の原因に関する20世紀の進歩、つまり栄養や免疫、代謝といった要因は、既存の細菌理論に異議を唱えるものではなく、保守的概念変化を意味している。

フラカストロ

一方、古代ギリシア人による病気の原因に関する体液理論は、非保守的概念変化の過程を経て、細菌理論に道を譲った。

ヒポクラテスをはじめ、ギリシア人は体液や血液、粘液、胆汁、黒汁のバランスの不均衡が性格や食習慣、雰囲気と関連し、病気を引き起こすと考えていた。コペルニクスの同僚であり、イタリアの医者であり、詩人であり、さらに天文学者でもあったジローラモ・フラカストロが１５４６年に伝染に関する学術論文を発表するまでは、目に見えない粒子の伝達を介した感染が病気の原因だとは考えられていなかったのだ。しかし何年もの間、この説明は体液因果の考え方と共存していた。サガードが述べているように、19世紀における体液理論から細菌理論への最終的転換は、新しい因果概念やルールが古いものに置き換わるなど、いくつかの重要な点において非保守的とみなせる概念変化を含んでいる。

子どもは、16世紀の大人と同じようにして始めなければならないということなのだろうか。子どもの生物学的理解について、私たちは結論を下せるだろうか。身体的特性の生物学的遺伝や生命の特徴、死の永続性、細菌や微細な汚染、浄化の過程に関する子どもの知識について、よい証拠があるだろうか。先有原理があってそれが概念変化を妨げるという分析は、いくつかの領域にはよくあてはまるかもしれない。しかし宇宙論についてはそうとは言えないことを、私たちはすでにみてきた。では、生物学の鍵となるいくつかの側面についてては、それがあてはまるのだろうか、それともあてはまらないのだろうか。

細菌と病気の生物学的基礎に関する子どもの理解

ピアジェの見解に沿った一つの見方では、2~6歳の子どもは風邪のような病気が魔術や神によって、あるいは太陽や木々から感染すると信じているという。具体的にいえば、幼児は病気を悪い行いに対する罰の結果としてみているのだという。嘘をついたり、盗みをしたり、禁じられているもので遊んだりして規則を破った子どもは、行いのよい子どもと比べて、不幸な事故にあったり、病気になりやすいと信じているというのである。この説明によれば、幼児は風邪のような病気が、容易には見ることのできない微細な汚染によって引き起こされるのではなく、悪い行いの罰だと信じていることになる（この信念を、ピア

ジェは「内在的正義」と名付けた)。子どもが、細菌が病気を引き起こすという信念を取り込むためには、病気に関する概念変化を経る必要があるのである(6)。

しかしながら今では、西欧諸国や日本の幼児は、悪い行いが病気の原因だとはみなしていないことを私たちは知っている。細菌の感染で容易に説明できるのである。幼児に、病気の原因がその子どものいたずらにあるのか、それとも咳やくしゃみをしている友だちのそばにいたことにあるのか考えるよう言うなら、後者の選択肢を選ぶのである。さらに幼児は、悪い行いよりも、病気のかかりやすさが、ありそうな風邪の原因だと考えている。たとえば、日本の二人の心理学者、稲垣佳世子と波多野誼余夫は、子どもに二人の少年を描いた絵カードを示した。少年Aはよく友だちの背中を叩いたりつねったりするが、毎日ご飯をたくさん食べている。一方、少年Bは、友だちにはやさしいが、少ししかご飯を食べない。風邪をひいてたくさん咳をしている子どもから、どちらの少年のほうが風邪をうつされやすいかを訊いたところ、稲垣と波多野が調査した5歳児の多くは少年Bを選んだのである。5歳児は、悪い行いよりも、生物学的原因（栄養不足）をより重要と考えたのである。(7)

このように、子どもは、少なくとも一定の状況のもとでは、病気の感染における汚染の目に見えない性質を考慮できるようだ。それでも幼児は、細菌が生殖機能をもつ生命体だという理解を含めて、病気の生物学的概念をもってはいないかもしれない。たとえば、アメリカの4～7歳児は、細菌が増殖する生命体だとみるのではなく、生きてもいないし食べることも死ぬこともないものと考えており、さらに風邪が、細菌と同じく毒や胡椒のような刺激物からも感染すると考えているようだ。細菌による病気の感染は、細菌と接触したあと、一定時間たってからではなくすぐに生じ、細菌は腫れ物のように大きくなるが、身体のなかで繁殖することはないと考えることもある。(8)

こうした点からみると、幼児は生物学的因果性をまったく考慮せずに、病気における細菌の役割を判断していると結論づけられるかもしれない。子どもは病気を目に見えないほど微細な細菌による感染の結果ではなく、単に有害物質との接触によって引き起こされると考えているのかもしれない。もしそうなら、生物学的理論のなかに病気に関する知識を取り入れているのではなく、ただ学習した事実（「風邪の細菌をもっている人の近くにいただけなのかもしれない。しかしながら、ウィスコンシン大学のチャック・カリッシュが報告しているように、「毒やその他の科学的／物理的事物を伝染と汚染のメカニズムだとみなしているかもしれない」。毒は明らかに汚染源である。もし毒と接触すれば病気になるかもしれない。毒は伝染の媒介物でもあり得る。たとえば、誰かの手にとても悪性の毒がついており、他の誰かをその手で触ったならば、触られた人もまた毒の影響を受けるかもしれない。この物質の伝達（そしてその物質の効果）は、身体の感染についての一貫したモデルとなる。すなわち、細菌は毒と同じように、汚染の身体の作用因として機能するのである。

さらに、子どもは病気を感染させる作用因に刺激物や毒も含めており、細菌が生命体として機能すると信じていない子どももいるとはいえ、子どもの知識を調べる課題における子どもの反応が、新鮮に見えるものが実は汚染されているかもしれないという理解の欠如を反映しているとは必ずしもいえない。

数年前のことだが、私は教育心理学者、デイビッド・シェアと共に、汚染に関する子どもの理解を明らかにしようとした。デイビッドと私は、3歳児が自然な文脈では汚染の目に見えない性質に敏感であり、汚染に関する他者の間違った反応や選択について評価したり推論したりすることが可能だという仮説を検討した。私たちは、次のような状況を考案した。オーストラリアの3歳児に、おやつの時間、ゴキブリが入ったジュースを見せるのである。この状況はオーストラリアや、多様な虫が生息できる気候の国では自然に起こり得る。私たちの実験は簡単な3段階からなり、子どもに個別インタビューをした。各段階における物語や質問、選択肢の提示順序はランダムにした。物語の登場人物の名前の性別は子どもと同じにした。

第1段階では、汚染されているかいないかについて訊いた。おやつ場面の自然な会話のなかで、実験者は子どもにこう話しかける。「ここにジュースがあるよ。うわ！ゴキブリが入っている！」ゴキブリ（正式名称はワモンゴキブリ）がジュースの上に浮いているのだが、実験者はそれを痕跡が残らないよう視界から取り除き、「このジュースは飲んでも大丈夫かな、それとも大丈夫じゃないかな?」と質問する。

第2段階では、実験者は二つの物語を提示し、他者の反応の評価を求める。物語Aは次のようなものだ。「大人の人が、ゴキブリが中に入っているコップにジュースを注ぎました。そのゴキブリはジュースの上に浮いています。その後、その大人の人はゴキブリをとって捨てました。その大人の人は、あなたと同い年のジョンに対して、このジュースを飲んでも大丈夫かどうか、飲んだら病気になるかどうかと訊きました。ジョンは、ジュースを飲んでも大丈夫だよと答えました。ジョンは正しいのかな、ジョンは病気になるのかな?」最後の質問に対する答えは、評価の指標として使われた。物語Bでは、子どもがジュースを飲んだら病気になると答えること以外は、物語Aと同じ内容であった。

第3段階では、他者の間違った選択について推論を求めた。子どもに二つのコップを見せ、次のように話した。「こっちにはココアが入っています。もう一つのほうには水が入っています。ゴキブリがココアの中に入りました。そのゴキブリは上に浮かんでいました。大人の人がそれを取り出して捨てました。ジムという名前の男の子がやってきて、ココアを飲んでもいいかと訊きました。ジムはココアが大好きでした。ジムはその中にゴキブリが落ちたことを知りません。ジムはどっちのコップが欲しいのかな？　大人の人は、ジムにどっちのコップをあげるべきなのかな?」実験者は2枚の絵を見せ、次のように続けた。「ジムは、この二つの飲み物のうちどちらかひとつを飲むと、病気になることを友だちに話したいと思いました。ジムは二つの絵を持っています。一つは「楽しい顔」で、もう一つは「悲しい顔」です。ジムは、友だちにどっちの絵を見せるべきかな？　じゃあ「悲しい顔」の絵をとって、飲むべきではないコップの前にそれを置いてくれる？」子どもが、汚染されているかされていないかの判断において一貫しているかどうかをみるために、子どもの回答を知らない別の実験者が2週間後に、別の飲み物を使い、もう一度、第1段階を行った。

幼児は汚染の性質を理解する能力を欠いているという考え方とは異なって、77％の子どもがそのジュースはよくないと答え、83％の子どもが、両方の物語の出来事に対する他の子どもの反応を正しく評価した。そして67％の子どもが、物語に登場する子どもはココアを飲みたいだろうが、もう一つのコップをもらうべきだと正しく推論し、75％の子どもが、飲み物に対する警告だと言われなくても、「悲しい顔」を選んだ。私たちがこの研究を発表して以降、他のいくつかの研究においてもほぼ一致する結果が報告されている。[11]

では、子どもは、細菌をどのようなものと考えているのだろうか。もし十分な知識を教えられていなければ、子どもは見かけと現実を区別する彼らの能力を使えず、細菌を生物学的有機体と考えるよう促されることはないかもしれない。このように、知識が豊かにされることがなければ、子どもは感染の「物理的理論」にしばられているようにみえる。しかし実際問題として、大人も見かけと本当の区別がそれほど得意ではない。むしろ、大人は細菌の由来に応じて、それを「かわいい」とか「汚らしい」と考えている可能性がある。細菌のなかでも愛されるべきものについては、すごく清潔だから有害な細菌を運ぶことはできず、一方不潔で嫌われるものについては、細菌や感染をとりわけ運びやすいと考えるかもしれない。[12]実際、嫌いな細菌を描くよう言われたときに、アメリカの大学生が描いた絵を次ページに示した。

大人でさえ、細菌に関する正確な表象をもっていないことが多いのなら、子どももまたそうでないのも驚くにあたらない。幼児でも見かけと現実の区別を理解する能力をもっているが、細菌に関する考えを絵に描いたり、細菌が有害で生きている有機体としていかに身体に侵入してくるかについて述べるよう求められることはまずない。しかし、細菌を描くように言われたら、その結果は大人が描くのと同じようなものだ。

細菌を小さくて恐ろしい人間に似た有機体として表現することは、健康や幸福に関する子どもの理解を向上させる方略として有効かもしれない。しかし子どもは、細菌について自分が知っていること以上には教えられていないだろう。実際、子どもはただ、細菌を遠ざけ、避けるべきものとだけ教えられていることが多い。

幼稚園児は動物のような生きているものと、岩のような生きていないものを、その動きによって区別できるのだから、細菌に関する理解を促すことは可能かもしれない。子どもはたとえ岩が動物のように見えるとしても、その岩は食べることも呼吸することもできないし、それ自身では動けないことを知っている。ペンシルバニア大学（フィラデルフィア）のクリスチーヌ・マッセイとロシェル・ゲルマンの研究が示しているように、アメリカの3歳児と4歳児は、対象がそれ自身で動けるかどうかを判断する際に、生きているものといないものの区別を使うことができる。[13] 子どもはたとえ馴染みのないものでも、たとえばナマケモノやピグミーマーモセットのように自分自身で動き始めることのできる動物と、動物の塑像や電動のゴルフキャディといった乗り物のように、外からの力に依存して動く事物を区別できるのだ。こういう理

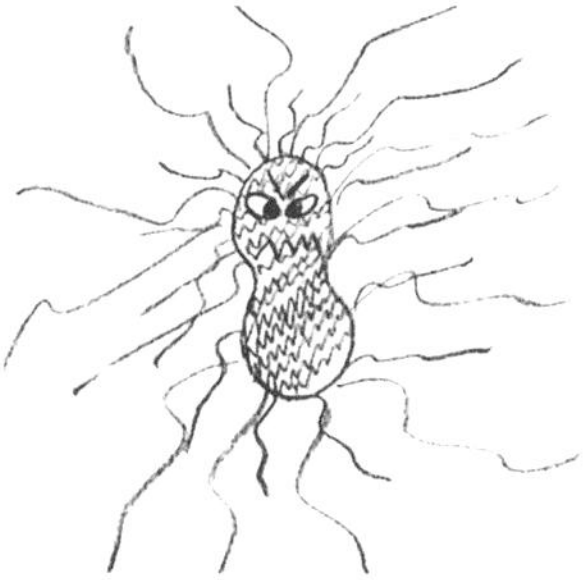

gERM

解は、たとえ細菌は見えなくても、食べたり繁殖したり死んだりする他の生物と似ていることを学習する際に、類推の基礎となるかもしれない。この点からみて、細菌との接触を介して感染が引き起こされるという微細な基礎について明示的に教えるなら、幼児が汚染の目に見えないほど微細な性質を理解する助けとなるかもしれない[14]。

ひとたび接触したら、その後もずっと影響する
——アメリカとヒンドゥー教のインドの子どもにおける、汚染の本質と浄化の概念

ここまで、生物学と健康に関する子どもの理解を検討したほとんどの研究が、西欧諸国と日本で行われたものだった。では、汚染と浄化に関する考え方は、発展途上の世界ではどのようにして子どもに伝えられているのだろうか?

私たちの研究からこの問いについてみていきたい。私は、幸運にもポール・ロージンと、インド出身のポストドクター研究員でペンシルバニア大学のポールの研究室にきていたアハリヤー・ヘジマジとチームを組むことができた。ポールは150以上の論文の著者で、彼の研究の多くには「ラットに毒をもることはできても、ラットに考えさせることはできない」など、とても創造的なタイトルがついている。ポールは食と料理の心理学において、世界で最も偉大な権威であることを疑う余地はない。アハリヤーは、文化が食べ物や料理に関する私たちの概念にどのような影響を与えるか——私とポールは長年この問題に取り組んでいた——についてポールから指導を受けるために、ペンシルバニア大学に滞在していたのである。

アハリヤーとポールと私は、アメリカの子どもの概念変化には、目に見えない汚染の生物学的性質に徐々に「チャンネルを合わせる」ことが関係しているのではないかと考えた。西欧では、子どもは文化的に認められた考え方、つまり汚染が生物学的有機体の感染によって引き起こされるという考え方に賛同し、単に有毒な事物との直接的な接触、あるいは連関によって起こるという考え方を手放すことになるのではないかと考えたのである。私たちは、汚染に関する生物学的理解が発達すると考えられる時期に、子どもの概念は「共感魔術の諸法則」の影響を受けやすいのではないかという仮説をたてた。[15] この法則については文化人類学者により多くの検討がなされており、西欧文化、非西欧文化のどちらの大人にも認められるようである。

この法則のひとつ、「感染の魔術的法則」では、互いに接触をもった人たち、あるいは事物は、物理的な接触をもった後ずっと、互いに影響を及ぼしあい続けるとする（ひとたび接触をもてば、その後もずっと関係が続く）。どのような種類の特性も、つまりそれが身体的なものでも、道徳的なものでも、心理的なものでも、そしてその効果が有害なものでも有益なものでも、感染する可能性がある。感染の「発信源」と「受信者」は、直接的あるいは間接的な接触をもち（「媒介物」による仲立ち）、その接触は短時間であったり親密なものであったりする。特性の感染は、発信源の本質的で不変の特性をもつと信じられている「本質」が感染することにより生じる。

食べ物と摂食の問題領域は、感染の魔術的法則を検討するのにとりわけ適している。というのも、多くの文化において、人々は食べ物を摂取することにより発信源の特性を受け取ると考えることが多いからである。[16] 食べるという行為は、社会的枠組みに埋め込まれた生物学的必要性であり、その結果、それは多くの人々にとって強く社会的、道徳的な意味をもっている。口は取り込むための主要な組織である。自己のなかに何かを取り込む（そして身体に入れることを許す）こと以上に恐ろしい、あるいは親密なことはないが、この過程は摂食のあらゆる行為において生じる。生物学的にみて、摂食は絶対的で頻繁に必要なもの――栄養のように有益なものを取り入れること――であると同時に、うっかり毒性のあるものを摂取する危険性をもつ。その結果、ロージンが述べているように、摂食は人々が強い感情をいだく行為となり、好きとか嫌いといったことばが食べ物に対して自然に使われる。もしあるものが汚染源であったなら、そのことにより、人々はそうでなかったなら好ましい食べ物も拒否するようになるだろう。なぜなら、目に見えようが見えまいが、そのもの（汚染源）のわずかな痕跡でさえも、食べ物を腐らせ不潔なものにすると受け取られるからである。これは、汚染についての連想的思考にまで拡大され得る。汚染源とものが単に近くにあったというだけで、それ以前は汚染されていなかったものが汚染されたと考えるのである(17)。

魔術的感染では、その接触が受信者の知覚する幸福に影響を与えるか、そしてどのようなタイプの影響が生じるのかを決定するのは、発信源と受信者との関係の性質である。たとえば、ニューギニア北部のカイの人々は、「人が接触したあらゆるものに、その人の魂の何かが残り続ける」と信じている。そのため、敵の性格や邪悪な意思がその人の衣類に溶け込み、その衣類と接触をもった次の人に受け継がれる。カメルーンのドワノの人々は、山の水はその所有者からすすめられない限り、飲むには安全でなく、すすめられもしないのに飲むことは病をもたらすと信じている(18)。これらの信念が、西欧諸国においてみられる信念と一致しないということはない。少なくともアメリカの大人にとっては、汚染について三つの異なるモデルがある。連想モデル（ゴキブリなどの汚染源と自己や摂取するものとの近さによる単なる連想）、物質的本質モデル（物理的特性の伝達、たとえば汚染源との接触により食べられるものが汚染される）、そして精神的本質モデル（知らない人、あるいは「不純な人」との接触により、物質でない特性が伝達される）の三つである[19]。

私たちは、汚染された可能性のある状況と浄化における、アメリカとインドのヒンドゥー教の子どもの反応を比較した。インドのヒンドゥー教では、食べ物は社会的相違を維持するための主要な媒介物であり、基本的な道徳的信念を演じる重要な手段となっている[20]。食べ物には道徳的状態があってそれは純粋さと汚染の概念に由来し、これがカースト構造を定めている。食べ物を共有することは「均質化させる」機能をもっており、食べ物を共有する人たちの地位を同じものにし、親密性と結束を高めるが、他方で、食べ物は「異化させる」機能ももっている。低いカーストのメンバーとの食べ物の共有を拒否することは、地位や距離、区分を確立する役割を果たす。インドのヒンドゥー教におけるこれらの基本的規則は、より低いカーストのメンバーが準備した食べ物を受け容れることはできないが、より高いカーストのメンバーがより低いカーストのメンバーに食べ物を与えることはできるというものだ。規則を破ることは汚らわしいこと、魂を脅かすこと、精神に危険をもたらすことと考えられており、そのため、インドのヒンドゥー教の子どもには、西欧文化に育つ子どもとは異なる、汚染に対する感受性が形成されている。

汚染と浄化について、年齢および文化による相違を検討するため、私たちはアメリカとインドのヒンドゥー教の子どもにさまざまな状況を提示した。たとえば、見知らぬ事物がジュースと接触し、その後さまざまな方法で「浄化」が施される。子どもは、そのジュースを飲んでも大丈夫かどうか、判断を求められた。対象となったのは、インド東部のオリッサ州の125名の子どもたち（4~5歳か8歳の男の子と女の子）で、ブハネシュワールの州都にある二つの学校に通っていた。そして、フィラデルフィアの106名の子どもたち（男の子と女の子）である。[21]

子どもたちに絵本を読み聞かせ、子どもたちはその一連の絵を見た。絵本の登場人物は、すべての話について二つの文化で同一とした。ただし、インドの絵本では、登場人物の顔色を少し暗くし、登場人物の母親にはインドの伝統的な衣服（サリー）を着せた。ジュースと汚染源、そして浄化物は、インドとアメリカのどちらにも適切なものを選んだ。汚染源にはゴキブリ（ジュースの中に入る、ジュースの近くにいる）と、髪の毛、知らない男性（ズボンとシャツを着ており、ジュースに触る、あるいはジュースをひとくち飲む）、おいしくない食べ物（ほうれん草）を用意した。子どもにはまず、絵本に描かれてあるそれぞれの汚染源の名前を言うよう求めた。そして、それらを摂取してもよいかどうかについて、一方が「いいよ」、もう一方が「だめだよ」と言っている双子のどちらかを選ぶことで答えてもらった。知らない男性のケースを除いて、それぞれの汚染源は双子の前に置いてある皿に描き、個別に呈示した。「知らない人が近くにいる」状況については、見知らぬ男性が入ってきてレモネードのコップを持ち上げるが、それを飲まなかったという場面の絵を描いた。彼は、ただレモネードのコップを手に持っただけである。「ゴキブリが近くにいる」状況の絵は、ゴキブリがターゲット（レモネードの入ったコップ）の近くにいるが、しかしコップの中には入っていない場面である。

汚染源の事物は双子の男の子あるいは女の子（絵本を見る子どもの性と同じ性）の前に描かれており、双子にさまざまな上述の状況でレモンスカッシュ／レモネードが提供される。すべてのケースで、双子の一人はジュースを飲んでも大丈夫だと答え、もう一人は大丈夫ではないと答える。ジュースを飲んでも大丈

夫か直接質問して答えてもらうのではなく、私たちは、双子のうちのどちらが正しいことを言っているかを指し示すよう求めた。このようなタイプの質問方法を用いる目的は、そのほうが、すでに正しい答えを知っていると思われる大人の前で、自分が理解していることを表現しやすいからである。

手続きの2番目の部分では、子どもに、汚染源が痕跡を残さずに除かれたとき、レモネードがまだ汚染されているかどうかを、同様の方法で指し示すよう求めた。その後、3番目の部分では、ゴキブリ、見知らぬ人、髪の毛の各汚染源それぞれに対して、浄化がなされた。（1）汚染されているジュースに色をつける、（2）汚染されているジュースの色は変えずに、沸騰させてから冷ます、（3）汚染されたジュースを双子の母親がひとくち飲むが、色は変えず、沸騰もさせない。加えて、子どもたちは、さきほど汚染源と接触しなかったジュースが三つの浄化方法（色を変える・沸騰させる・母親が飲む）がとられた後に、飲めるかどうかも訊かれた。

この話の間に、子どもに、汚染源と接触してその後さまざまな形の「浄化」を経たあとのジュースを飲んでも大丈夫かどうかを訊いたが、ここでも、物語に登場する双子のどちらに同意するかを判断するよう求めた。母親が飲むケースについては、母親はジュースが汚染されていることを知らなかったということをはっきりさせるようにした。

ヒンドゥー文化では浄化と汚染が重要であることに一致して、インドの子どもは――たとえ4～5歳児でも――、アメリカの子どもより、汚染に敏感であることが多かった。多くのケースで、汚染源に接触したジュースをほぼ１００％拒否した。一方、アメリカでは、汚染源と接触したにもかかわらず、大丈夫だとした子どもが10～33％いたのである。インドの子どもの汚染に対する敏感さは、年齢があがるとともにますます消すことができないものとなった。ゴキブリ、あるいは見知らぬ人との接触によって生じた汚染については、インドの8歳児は、インドの4～5歳児よりも、沸騰させることが浄化として効果的だと考える子どもが少なかった。また、色をつけたり、母親が飲むことも効果的でないとみなした。実際、ブハネシュワールのオリヤ語では、「aintha」（インドの多くの地方で使われているヒンディ語では「jhuta」）ということばがあり、これは他の誰かが食べ物の一部を食べたあとの残った食べ物を指す。この文脈では、直接的（かんだり飲んだりすることで）であろうと、間接的（手や唾液を通して）であろうと、口と喉のような接触も、その食べ物のすべてを受け容れられなくするのである。一方、アメリカの子どもの多くは、どちらの年齢グループでも、沸騰させることが効果的な浄化法だと考えていた。およそ3分の1の子どもが、沸騰させれば、たとえジュースがゴキブリで汚染された場合でも汚染をなくすことができると答えた。また、見知らぬ人によって汚染されたと判断されたジュースについては、およそ半数がそのように答えた。

私たちの研究は、汚染の敏感性の発達と、浄化の概念に関する文化的影響を検討する最初のステップにすぎない。なぜ子どもが、事物が汚染されたとか、浄化が汚染の除去に効果がある（あるいは、ない）と知覚するのか、その理由についてはさらに多くの情報を必要としている。細菌に関する知識や、汚染が微細なものによるという生物学的な理解をもってはいるものの、子どもは、消すことができないと知覚された物質や精神的な本質に基づいて、ゴキブリのような汚染源と接触した飲み物を拒否し、どんな浄化によっても影響されることはないと考えたのかもしれない。なかには、汚染された事物の浄化に沸騰が効果的だと気づくための生物学的理解が不足している子どももいたかもしれない。沸騰が効果的な浄化になるという知識が初歩的な予測にはうまく使われたにしても、細菌理論という根本にある因果的理解にまで及ぶとは言えない。むしろ、宇宙についての事実の場合にそうであったように、それは単に因果的本質の「一時的代替」として使われているだけなのかもしれない。因果的本質については、青年期あるいは大人になるまで、あるいはいつまでたっても、理解されないのかもしれない。

母親が飲み物を飲む場合に、浄化として効果的だと子どもが判断した場合でも、それは飲み物に肯定的な性質が吹き込まれたと考えたためではなく、社会的圧力、あるいは影響に反応したのかもしれない。この結果についてのひとつの解釈は、研究対象となった子どもが、実際に母親の精神的性質が汚染の効果を覆すほど十分強力だと考えたというものである。あるいはまた、母親がジュースを飲んでも浄化としては機能しないことを知っていたのかもしれない。しかし子どもは、大人の実験者が、浄化に関する子どもの概念を調べようと一所懸命なのだということには気づかないで、母親の絵をジュースは飲んでも大丈夫だということを示そうとして描いたのかもしれないし、ジュースが最後には清潔になったことを示していると考えたのかもしれない。母親がひとくち飲むことで汚染を浄化できるという子どもの反応は、質問の目的が母親の示すお手本に喜んでしたがうかどうかをみることにあるのではないかという予想に基づいたものだったのかもしれない。この可能性は、今後の研究課題である。

第三世界の国々における生物学、食べ物、衛生に関する知識

私たちの研究では、汚染されたジュースを拒否する率は、インドの子どものほうが高かった。おそらくその理由には、アメリカの子どもよりも、実際に汚染が日常的な関心事であることがあるだろう。インドでは汚染された食べ物や水がいっそう現実の脅威としてあり、そういう状況のなかでは、汚染に対する保守的な考え方は、文化的信念というよりも実際経験に基づいたものなのかもしれない。しかし、私たちの研究で対象となったヒンドゥー教のインドの子どもに関しては、食べ物と水は常に安全であった。したがって、インドで浄化が強調されたことは文化の相違に沿っている。ヒンドゥー文化では、自己から汚染を取り除く方法として一般的に洗浄が効果的だと考えられている。この文脈では、沸騰させることがこの浄化法に近く、年長の子どもたちにとっては、概ね一番有効な手続きだった。

だが、第三世界では、子どもだけでなく大人も清潔さの基本を理解しているようには見えない。次ページのイラストに描かれているように、病気が清潔でない人から他の人へ、あるいは動物との接触を通じて

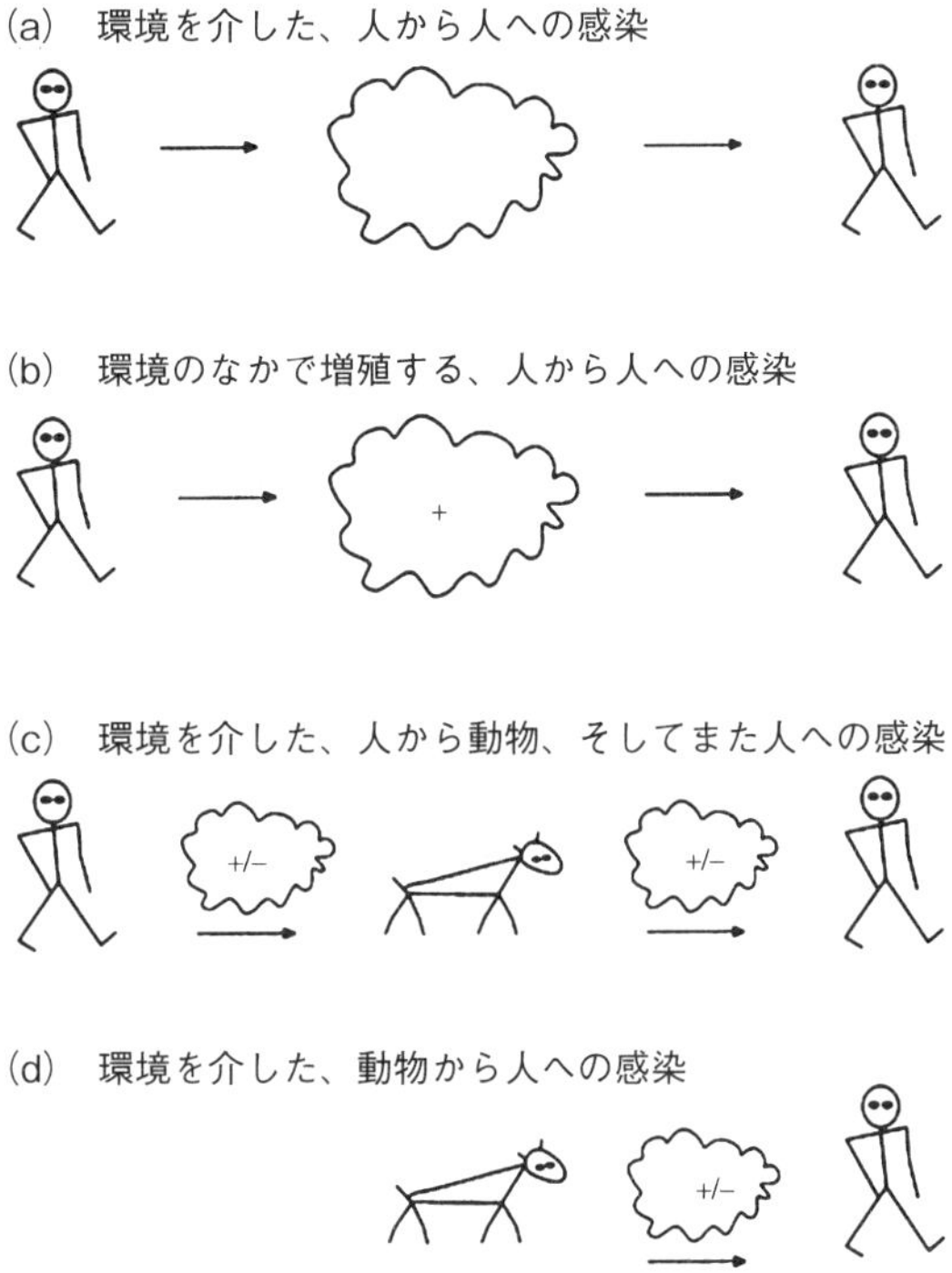

感染する可能性の範囲をはっきりとさせる必要性がある。今後、研究が強く求められる問題は、衛生に関する概念の文化的相違である。これは、病気の予防に根本的なものだ。たとえば、第三世界の国々では、下痢が年間300万人以上もの子どもの死を引き起こしている。その死は、石けんを使って洗ったり、清潔な水を使うことで予防できる。インドは急速に発展しているといえ、ビハーやウッタル・プラデーシュのような地域では、依然として公衆衛生が悪い。人口密度が高いなかで衛生が欠如しているので、憂慮すべきほど、子どもにポリオが感染しやすく、予防注射の効果を台無しにし

ている。[22] 世界の衛生が欠如している地域で介入プログラムを実施すること、そしてそれらが効果をもつよう確実なものとすることは、緊急の課題である。

ロンドン大学公衆衛生学・熱帯医学大学院のヴァレリー・カーティスと共同研究者たちは、最近、ブルキナ・ファソの二番目に大きな都市であるボボディオウラッソにおいて、3年間の集中的な衛生実践を行った。その目的は、トイレに行ったあとと赤ん坊のお尻をきれいにしたあと、母親が確実に石けんを使って手を洗うようにさせることだった。活動としては、各家庭の訪問、健康センターでのグループディスカッション、小学校での衛生教育、そして82回にわたった路上での映画上映、さらにはラジオでの２５８０回のコマーシャル放送が行われた。介入終了後に行われた観察研究では、トイレのあとに石けんで手を洗う比率が、介入前の１％に対し介入後は17％であることが示された。赤ん坊のお尻をきれいにしたあとで母親が石けんを使って手を洗う比率は、13％から31％に上昇した。これらの効果は統計的には有意なものだったが、しかし圧倒的に高い比率で、すなわち69％の比率で、母親は手を洗わなかったのである。依然として赤ん坊や自分自身、そして他者を感染させやすい状態にしたままだった。

この介入プログラムはとても活発で、目に触れるものだった。メッセージが、下痢を引き起こす細菌を防ぐためとしてではなく、衛生という社会的、美的な望ましさとして示されたにしても、子どもを育てている親が、その命にかかわるメッセージを無視するとは信じがたい。ベニン近郊で行われた最近の研究が示すように、親がいつでも利用できるトイレを要望したとしても、それは、たとえば客を招くためや恥やきまりの悪い思いを避けるなど、評判を気にしてのことかもしれない。それはまた、利便性や快適さのため（たとえば、露や強い太陽や雨にあたるのを避ける）、あるいは個人的危険を避ける（ブードゥー教の魔法や魔術、夜の使者の魂などを避ける）という安全性のためかもしれない。いずれも、病気の予防はほとんど考慮されていないのである。

カーティスと共同研究者たちによる、「衛生は遺伝子の中にあるか？」とか「なぜベニンのトイレは、これほど少なく遠いのか？」といった挑発的なタイトルの研究報告書[23]は、きわめて重要な問いを発している。すなわち、汚染と浄化に関する情報は、西欧諸国においてそうであるように人生の初期に教えられる必要があり、大人になるまで待つことはできないのではないかという問いである。これに対する答えはまだ明瞭ではないが、細菌理論に関する西欧的メッセージは、アフリカだけでなく世界中の多くの発展途上国においては、大人でも理解できないものであることは疑いようもない。1970年代にメキシコのユカタン半島のあるホテルに滞在したときのことを覚えている。そこでは、客のために入念に沸騰させ、濾過し、冷やした、清潔な飲料水が用意されていた。しかしそこに、蛇口からそのまま注がれた水でつくられた氷が入れられていたのである！　世界の多くの地域で衛生に関する理解が欠如していることを考えると、私たちは子どもがこの種の知識をもつことに過大な期待をかけすぎているのではなかろうか。まだわかっていないことは、あまりに多い。

まとめ――保守的 対 非保守的概念変化

細菌や病気の生物学的基盤について、子どもは早い時期から、目に見えない因果的過程の存在に気づくことができる。とはいっても、まだその性質がどんなものかがわかるほどではない。一般的に、教育、特に食べ物と衛生に関する教育は、寿命を延ばし、子どもを生き延びさせ、他領域の教育の恩恵を受けることを可能とさせることは確かである。ブルキナ・ファソでは、どこよりも文盲率が高いことが観察されており、大人の87・2％が読むことができない。10人のうちおよそ8人ができないのだ！　ブルキナ・ファソおよびその近郊では、生活の質の指標もそれほど高くないことは、驚くにあたらない。

子どもが、汚染と浄化の過程について、細菌の概念を含む生物学的理解をもつことができるかどうかという点については、確かなことは言えない。しかしながら、明らかに、生物学領域の発達は知識がより豊かになることがかかわっており、子どもは理解を引き戻すような強い原理をもっていない、あるいはまったく知識をもたない、保守的概念変化であるようだ。

代わりとなる説明が排除されるまで、子どもの生物学的理解が必ず非保守的変化を経るとする立場を受け容れることに慎重であるべき理由がある。この考え方では、文化的に認められている科学的概念とは「共役不可能」なそれ以前の因果的概念を捨て去るという、強い再構造化が必要とされる。しかし、理解を妨げているのはこのような原理というよりもむしろ、惰性や習慣なのかもしれない。また、発展を遂げた世界と発展途上の世界のどちらにおいても、幼い子どもですら生物学と健康に関する教育の恩恵を受ける可能性があると信じる理由が十分にある。この点について、稲垣と波多野がとても貴重な見解を示している。日本でもどこでも、子どもはしばしば他のものの世話をする。そのなかで、動物や植物の健康を維持するための規則を学ぶだけでなく、自分自身についても学ぶというのである。(24)この理解は、食べ物の調達や生殖について、ほ乳類のような馴染みのある自然種の行動に関する予測をもたらすという点で、適応的である。

コラム：嫌悪は武器である

食べ物に対する反応は、感情を表現する強力なツールである。これは、消化といった生物学的過程がうまく働いていること、私たちが自分の生物学的健康をいかに知覚しているかに関連している。

私は、ひどく不愉快なカンファレンスから戻ったばかりだった。そのカンファレンスに参加した人たちの論文は、これまで経験したなかでも、最もとるに足らず、最も退屈なものだった。一人の女性が私を空港まで乗せていくとしつこく主張し、その後の2時間、彼女は思いのたけを口から吐き出し続けた。彼女は恋人に捨てられ、家族や友だちから嫌がらせを受け、会社からクビにされかけている――これが、彼女が事細かに述べたことのあらすじだ。この陽気なドライブのあと、私たちはさよならを言い、その後再び会うことはなかった。私は家へと帰るフライトにチェックインするため、列に並んだ。やっと搭乗券を手にし、満員の飛行機のなかを辛抱強く進んでいった。トラブルは過ぎ去ったと思っていたのだが、私の横に座ったお年寄りの女性が、飛行機に極度におびえていることに気がついた。その後のまる2時間、彼女は「ああ、もう、こわくて、こわくて……」などと、ずっとぶつぶつ言い続けだったのである。飛行機がもう少しで着陸する10分ほど前には、紙の袋にゲーゲーと嘔吐する音を聞き、臭いもただよってきた。私は飛行機を降りるのが待ちきれず、タクシーに駆け込んだ。

私は家にたどり着いたことが、とても嬉しかった。コーヒーをわかし、新聞を読み始めた。その日のトラブルは過ぎ去ったと思っていた。しかしそのとき、あの女性が現れたのだ。私の隣人は、一人を除いてとても親切なのだが、その一人は心気症（訳注：自分が何か悪い病気にかかっているのではないかとおびえ、そのことで頭が一杯になってしまう症状）を患っており、具合の悪さに関するあらゆること――首、背中、敏感な胃、片頭痛、曲がった脚、聞こえない耳、見えない目――を私にこぼすのが好きだった。彼女はまだ46歳だというのに、不満の長談義においては96歳といってもよいほどだった。このことが、人々と適切な関係をもつことを妨げていたのである。彼女は、何度も病院に入院しようとしたのだが、医者が彼女の問題を入院が必要なほど深刻ではないとみなしたので、見送らざるをえなかった。今回、彼女は心臓監視装置をつけて現れた。心臓に関する問題を予防するよう彼女に告げた誰かと接触をもったことは明らかだった。しかし、私は自分が一人になりたいと丁寧に述べる方法を思いつかなかった。

ちょうどそのとき、私のネコのミノーがやってきた。ミノーと私は、ずっと一緒に過ごしてきた。どういうわけか、ミノーは私のいらいらを感じ取ったようだ。ミノーは、私と一緒にいた15年間、これまで一度もしたことのないことをしたのである。口においしそう

なネズミをくわえ、ドアから入ってきたのだ。このネズミの光景は、その女性の心臓監視装置のダイヤルを荒れ狂わせた。彼女は信じがたいほどの嫌悪に、家を飛び出していったのである。ミノーはこの女性との親交を楽しんではいないようだった。この女性は、ミノーに鳥を追い払うためのベルをつけようとしばしば脅したのである。しかし、ミノーは生まれついてのネコであり、ソクラテスのメノーとは何の関係もないが、鳥を追いかけるのが大好きだったのだ。

その女性が立ち去るや、ミノーは今や死んでいるネズミを外に降ろし、他のネコらしいことをするために出て行った。ミノーはその後二度と、ネズミも他の動物も自分の家に持ち帰ってくることはなかった。そしてこの頃は、その女性を決して見なくなった。

第5章　生と死

死を客観的に経験して、
それでも歌うのは不可能だ。
ウッディ・アレン

もし子どもが病気の原因としての細菌の目に見えない微細な性質に気づいており、食べ物の汚染や浄化の過程について知識をもっているとするなら、彼らは生命と死の根本にあるものについて何を知っているだろうか。彼らは、身体的外見のような特性は生みの親から伝達されるが、動物に関する信念のような特性は非生物学的な、育ての親からの文化的影響として伝達されることに気づいているだろうか。彼らは、死の最終性を生物学的過程の停止という物質的な意味で理解しているのだろうか。そして、もはや生きていないものは食べることも、眠ることも、呼吸することもないと理解しているだろうか。

生物学的遺伝に関する子どもの理解

スーザン・ケアリーと共同研究者たち（グレッグ・ソロモン、スーザン・ジョンソン、デボラ・ザイチック）は、子どもを育てた家族が目の色のような身体的特徴を決めるわけではないことを子どもが理解しているかどうかを検討し、大きな影響を与えた。[1] 彼女たちは、アメリカの4〜7歳児に、羊飼いの子として生まれたが王様の家で育てられた男の子の話か、逆に、王様の子として生まれたが羊飼いの家で育てられた男の子に関する話を聞かせた。子どもはまず、話のなかの出来事を理解しているかどうかをみる二つの統制質問、「その男の子はどこで生まれたの？　その男の子はどこで育てられたの？」を受ける。これに正しく答えられると、さらにいくつか、王様と羊飼いに特徴的とされる身体的特徴と信念に関するテスト質問を受ける。たとえば、「その男の子が大きくなったら、王様のような緑色の目をしているかな、それとも羊飼いのような茶色の目をしているかな？」、「その男の子が大きくなったら、羊飼いが考えるように、スカンクは暗いところでも目が見えると思うかな、それとも、王様が考えるように、スカンクは暗いところでは目が見えないと思うかな？」などの質問である。

4歳児の多くは、羊飼いであろうと王様であろうと、身体的特徴と信念のどちらもが、養親の与える環境によって決まると答えた。子どもたちが、身体的特徴は生物学的親と関連し、信念は養親と関連すると答えることが多くなったのは、7歳以降だった。この結果に基づいて、ケアリーと共同研究者たちは、生物学的理解において子どもは概念変化を経ると結論づけた。6歳を過ぎた後、子どもは身体的特徴における生物学的影響と環境による影響とを分化させるようになるというのである[2]。

まったく異なる文化における研究も、彼女たちの研究を支持するものだった。たとえば、ロンドン大学スクール・オブ・エコノミクスの社会文化人類学者、リタ・アストゥーティは、アフリカ沖のマダガスカル島に赴き、ベゾ族の子どもと大人に対して、ケアリーたちと同様の質問をした。生みの親と育ての親の影響に関する子どもの理解をみるためのアストゥーティの調査で、ベゾ族の人たちは、ある両親から生まれ、別の親に育てられた赤ん坊の話を聞いた。

生みの親――ベゾ語では、「子どもをもたらした父親と母親」と表現される――は、森を旅していた。そのとき、彼らは山賊に襲われた。彼らは、かろうじて赤ん坊を茂みに隠すことができた。両親は殺されてしまったが、赤ん坊は別の親に発見され育てられた。養親――「子どもを育てた父親と母親」と表現される――は、その赤ん坊を慈しみと愛情をもって育てた。

以上の話を聞いたあと、ベゾの人たちは次のような質問を受けた。

子どもをもたらしたお父さんは、とがった耳をしていました。一方、子どもを育てたお父さんは、丸い耳をしていました。あなたの考えでは、この子どもが大きくなったら、子どもをもたらしたお父さんのように、とがった耳をしていると思いますか、それとも、子どもを育てたお父さんのように、丸い耳をしていると思いますか？　子どもをもたらしたお父さんは、カメレオンには30本の歯があると信じていました。一方、子どもを育てたお父さんは、カメレオンには20本の歯があると信じていました。あなたの考えでは、この子どもが大きくなったら、子どもをもたらしたお父さんのように、カメレオンには30本の歯があると信じていると思いますか、それとも子どもを育てたお父さんのように、カメレオンには20本の歯があると信じていると思いますか？

アメリカの子どもを対象としたケアリーの研究と同じように、ベゾ族の幼児の多くは、大人とは違って、身体的特徴についての生物学的解釈（血のつながった親に似る）、および信念についての環境的解釈（養親に似る）を示さなかった。ベゾ族では青年でさえも、この二つを区別せず、どちらについても、生みの親か育ての親を答えることが多かったのである。(3)

以上はすべて、ケアリーの、赤ん坊に関する子どもの素朴な理解についての話と一致しているように思われる。この物語は、あるアメリカの母親が4歳になる息子との間で交わした会話の報告に基づいている。この母親は、ケアリーの主張、つまり**動物**や**赤ん坊**に関する幼児の概念は大人とは異なっており、子どもはすべての動物が赤ん坊をもつこと、生殖がすべての動物種の中核的な特性であることに気づいていないという主張に、最初は懐疑的だった。そこでこの主張をテストするために、彼女は4歳の息子に、ハトはハトの赤ん坊を生むかどうか訊いた。すると、その息子は「そうだよ。イヌはイヌの赤ちゃんを産むし、ウシはウシの赤ちゃんを産む。ネコはネコの赤ちゃんを産むんだよ……」と答えた。そこで次に、彼女は「じゃあ虫はどうなのかしら？　虫は赤ちゃんの虫を産むの？」と訊いた。すると、その子どもは急に言いよどみ、長い間考え、ようやく次のように、ゆっくりと答えたのだという。「違うよ……虫はね、短い虫を産むんだよ。」明晰な子どもであったから、彼は動物の赤ん坊と短い動物とを完璧に区別したのである。彼の答えの神髄は、赤ん坊は大きな生き物の小さくて、頼りないバージョンだという点にある。赤ん坊は動き回るのに制約があるから、より大きな生き物に世話をしてもらわなくてはならない。彼が説明するように、鳥の赤ん坊は**歩く**ことができない。そして親に虫を運んできてもらう必要がある。ネコやイヌの赤ん坊は目が開いておらず、歩くことができない。そして人間の**赤ん坊**、つまり生物の典型的な赤ん坊も、何もできない。話すことも、歩くことも、遊ぶことも、自分で食べることもできないのだ。その男の子の考えは、次のようなものであったのだろう。長い大人の虫はできることがとても限定されており、長い虫と短い虫に大差はない。だから、短い虫を「赤ん坊」と呼ぼうとしなかったのではないだろうか。彼の母親から、短い虫を赤ん坊の虫と考えてもよいかと問われ、その男の子は、もしそうしたいのならそうすればいいよ、だけど、そんなことをしたら、小さい岩を赤ちゃん岩だと考えることになってしまうと答えたのである。

この逸話は、幼児が動物と赤ん坊について、生物学から逸れた、あるいは生物学とは相容れない概念をもっていることを示すものと解釈できる。しかし、別の可能性もあるだろう。母親との会話の焦点が移行した、あるいはそもそも、同じ考え方にたっていなかったのかもしれない。この4歳の男の子は、何が赤ん坊を確実に生き残らせるのかについて話しているのだが、母親は依然として、動物の生殖に赤ん坊が必要だということについて話しているのだ。もっと入念に調査すれば、その少年は、生物学的な意味での赤ん坊は動物種の存続に必要なものであり、そのことはウシやイヌ、ネコ、鳥にとってそうであるの同じく、虫にとっても必要だと考えたかもしれない。大人もまた、生物学的ではない視点から、大人と子どもの関係を語ることがある。たとえば、赤ん坊に食物を提供しないような男は、父親じゃないと言ったりする。

さらに、幼児が遺伝と環境を区別しないという立場は、身体的特徴に関する性質の説明に、環境によるバイアスではなく生物学的解釈が認められるとする他の研究結果とも一致しない。たとえば、アメリカの4歳半の子どもは通常、新しい植物の種は唯一同じ種に由来すると指摘できる。これと同じように、サザンメソディスト大学（ダラス）のケン・スプリンガーの研究では、アメリカの4、5歳児の多くが、人間の赤ん坊がその母親の内部で育つことを理解していた（質問を受けた子どもの77％）[4]。スプリンガーによれば、幼児は「親族関係に関する素朴な理論」をもっており、赤ん坊の特徴を予測する際にこの知識を利用できるという。幼児は、赤ん坊は母親と身体的に似ていないけれども、身体内部の特徴（たとえば、「指のなかの灰色の骨」）については母親と共有しているだろう、だけど、一時的な特徴（たとえば、「茂みの中を走ったときの足の擦り傷」）はもっていないと述べることができる。

スプリンガーはまた、「意外な表現型」への反応における養子縁組の効果を検討している。彼は、養子の／あるいは養子でない4〜7歳児に、次のような状況を提示した。「あるところに、赤い髪をした赤ちゃんがいました。彼の髪は明るい赤色でした。しかし、彼のお母さんとお父さんはどちらも黒い色の髪でした。どうしてそうなったのかな？　どうすれば、黒い髪のお父さんとお母さんから赤い髪の赤ちゃんが生まれるのかな？」養子でない子どものグループとは違って、養子の幼児の多くは、祖父母や家系に受け継がれる特性に触れながら、親族関係に関する生物学的説明をしたのである。多少とも、養子の子どもは養子でない子どもよりも、親族関係に関する概念に「アクセスしやすい」のかもしれない。もし単純に結果を選択するよう求めていたなら、養子でない幼児も、身体的外見が社会的ではなく生物学的に決定される特性だと判断したかもしれない。

では、さまざまな研究結果間の矛盾は、何が理由なのだろうか。子どもに質問する方法の違いが関連しているかもしれない。ケアリーと共同研究者たちによる研究で用いられた、生物学的な影響や養子縁組の影響についての理解を評価するために使われた物語は、幼児には理解が難しかったのかもしれない。育ての母親（子どもが誕生した時点に立ち会い、赤ん坊を病院から家に連れ帰った）は、赤ん坊をとても愛し、赤ん坊をすぐに「娘」と呼んだと描写されている。愛することとそれ自体が、生物学的働きの限界を超越した関係であることを含意している。たとえば子どもは、愛していたという文脈でなされた質問を、その子どもと養親との関係はとても愛情深いものなのだから、答えは、この関係の強さを伝えるものでなければならないと解釈したかもしれない。愛情がとても深かったので、養子にされた子どもの外見が養親によく似てくるほどだったと答えるべきだと考えたのかもしれない。実際、アメリカでは、子どもも大人も多くが、愛情は生命の終わりを超越するほど強いものだと考えている。ネズミやウサギ、ハムスターのようなかわいい動物は、他の動物に殺されてしまったあとですら、愛する能力があると考えている。

こうした状況のもとで、就学前の子どもは、質問者が物語の偶発的特徴とみなしたことにも関係があるとみなした可能性がある。そして、生みの母親と育ての母親との間に何らかの関係があり（たとえば、彼女たちがきょうだいであったとか、親戚であったとか）、それが身体的特徴と行動の類似性を生み出したと考えたかもしれない。もしそうなら、とりわけ、絵は母親と赤ん坊を同じ人種として描いており、父親に関する情報が何も与えられていないので、赤ん坊と育ての母親とが遺伝的特徴によってつながっているということは十分考えられる。実際、ベゾ族の研究では、子どもは単によく知っていることから判断したのかもしれない。アメリカでの養子の子どもに対するスプリンガーの研究とは違って、ベゾ族の子どもにとっては、養子縁組の状況はほとんど馴染みのないものだったのである。

生物学的知識が概念変化を経るとするケアリーの立場を支持しているように見える研究は有益な情報源ではあるものの、今日までのところ、見かけに対する生物学的影響について子どもが何を理解でき、また実際に理解しているのかについて決定的な証拠が得られているというにはほど遠く、さらに研究が必要である。そこで、ミシガン大学のラシュミ・ラーマンとスーザン・ゲルマンは、最近、遺伝的障害と伝染性の病気に関する子どもの理解について一連の研究を行った。[5] 彼女たちは5~11歳児と大人に、「ピーナッツを食べるととても具合が悪くなり、黄色が見えず、耳もよく聞こえないので、彼/彼女は大きな声で話す人の声だけを聞くことができる」あるいは、「チーズを食べると、すごく頭が痛くなる」登場人物の話をして、考えてもらった。その他、伝染性の病気に関する話もあった、登場人物は、「鼻水が出て、発熱し顔が熱く、喉も痛い」、あるいは「お腹がとても痛くて、吐いた」というものである。各物語について、子どもに、これらの登場人物の養子である6歳の子どもが、生物学的な親に似ているか、それとも養親に似ているか判断するよう求めた。たとえば、このように質問した。

ロビンソン夫妻に女の子の赤ん坊が生まれました。つまり、その赤ん坊はロビンソン夫人のお腹から出てきたということです。その赤ん坊がロビンソン夫人のお腹から出てきてすぐに、その赤ん坊はジョーンズ夫妻と住むことになりました。ジョーンズ夫妻はその赤ん坊にエリザベスという名前をつけました。ジョーンズ夫妻は彼らと一緒に生活し、彼らはエリザベスの世話をしました。ジョーンズ夫妻はエリザベスに食べ物を与え、洋服を買ってやり、エリザベスを抱きしめ、エリザベスが悲しいときにはキスをしてあげました。今エリザベスは6歳になりました。エリザベスはロビンソン夫人のお腹から出てきたのですか、それともジョーンズ夫人のお腹から出てきたのですか？　エリザベスは今、誰と一緒に住んでいますか？　ロビンソン夫妻ですか、ジョーンズ夫妻ですか？　ジョーンズ夫妻はピーナッツのアレルギーをもっていました。だから、彼らはピーナッツを食べると、とても具合が悪くなるのです。ロビンソン夫妻はピーナッツを食べても、具合が悪くなりません。彼らは大丈夫です。ある日、エリザベスはピーナッツを食べました。どんなことが起こると思いますか？　エリザベスは、ジョーンズ夫妻のようにとても具合が悪くなると思いますか、それとも、ロビンソン夫妻のように大丈夫だと思いますか？

幼児は環境による影響とは異なる生物学的過程を理解していないというケアリーの考え方とは異なり、ラーマンとゲルマンの研究では、5歳児でさえも、食べ物アレルギーのような遺伝的障害と風邪のような伝染性の病気とを区別できた。彼らは、遺伝的に伝えられた特徴は永続的であることが多く、一方、伝染性の病気は一過性のものであることを理解していたのだ。この結果は、細菌や食べ物の汚染と浄化に関する子どもの理解を検討した研究結果と一致している。そして幼児が、学校にあがる前からすでに、病気に対する生物学的遺伝の役割を理解しているという立場を支持している。

生命、死、そして死後についての概念

発達初期に子どもが直面することの多い重要な問題のひとつに、愛する人や愛するペットの死がある。大人と同じように、子どもは死の意味について悩む。彼らは、愛する人や愛する動物が食べたり、眠った

り、呼吸したりといった生物学的機能が停止してしまい、もはや実体として存在しないことを理解しているだろうか。同時に、死者はある意味において魂のなかで生き続けると、子どもは期待するだろうか。

まず、ここまでの章で述べてきたように、幼児は生物と無生物をきちんと区別するという意味で、「生命」の概念をもっていることは明らかだ。実際、赤ん坊でさえ、10ヵ月までには、人間とイヌなどの人間以外の動物、そして車のような事物の特徴を区別していることを示唆する注意のパターンを示す。6ヵ月児でさえ、人間の発話は事物ではなく他者に対して向けられること、素早く取りに行く動きは人ではなく事物に向けられると期待しているのである。それは、赤ん坊が、こうした期待と矛盾する状況のほうをより長く見ることからわかる(6)。

さらに、幼児は、人間が随意的に制御できる生物学的過程と、身体によって制御される不随意的な過程とを巧みに区別する。稲垣と波多野が示したように、彼らが対象とした日本の4、5歳児の多くは、二つの選択肢を提示したとき、目の色のような身体的特徴は不変で不随意的なものであることを理解していた。同じように、子どもは、数日間自分たちの心臓の動きや心臓を止めることはできないことにも気づいていた。これとは対照的に、子どもは、走る速さのような他の身体的特徴や記憶のような心的特徴は制御できると考えていた。赤ん坊でさえ、他の人々に対する彼らの反応において、随意と不随意の区別を概念化しているようにみえる。たとえば、赤ん坊は16ヵ月までに、他者がおもちゃを自分に渡せなかったときではなく、おもちゃを渡そうとしなかったときに怒り出すのである(7)。

しかし、赤ん坊に人間の特徴と人間でないものの特徴を区別する初期の能力、および人間の統制下にある生物学的過程への感受性があるからといって、それは必ずしも幼児が生命と死の根本にある生物学的メカニズムを理解していることを意味しない。ケアリーは遺伝の場合と同じく、生命と死に関する幼稚園児の概念は、より年長の子どものそれとは共役不可能であり、児童期に生じる概念変化の過程で強い再構造化を経ると主張した。ケアリーにとって、幼児は「生命」についてまだ分化されていない中核的な概念をもっている。彼らにとって生命とは生きている、動くことができる、現実である、存在するなどを包括した概念であるが、一方、「死」はもはや食べたり呼吸したりしないものを指すのではなく、生きていない、動けない、現実でない、存在していないことを指している。したがって、死を身体臓器の機能や有機体の停止として概念化することは、幼児にとって非常に困難な場合がある。幼児はしばしば、死体がまだ摂食や呼吸、排泄といった身体機能を必要とすると考える。さらにケアリーの主張によれば、就学前児の「動物」概念は、動物に関する生物学的理解と共役不可能だという。この概念の中核は、4歳までに働くようになる、心理学についての初期的な直感的理論に由来している。それは基本的に、行動する事物に関する心理学的な概念である。この意味で、ケアリーの説明はピアジェのそれとよく似ている。ピアジェは、幼児は無生物に内的状態や動機を帰属させ、いかなるものも、とりわけ自転車のように動くものは、特定の瞬間に意識をもつことがあると信じているとした。

この分析にしたがえば、就学前児の「死」に関する概念は、本質的に生物学的とはいえない。幼児は死が生命の生物学的兆候の停止をともなうことを理解していないというのである。その証拠として、ケアリーと共同研究者たち（ヴァージニア・スローターとレイチェル・ジャコーラ）は、子どもを生命理論家と非生命理論家に分類し、死の性質についてインタビューを行った研究を報告している。4～6歳の子どもに、心臓、脳、目、肺、血液、胃、手について質問をしたのであるが、まず、身体の各部分について三つの質問をした。「（1）Xはどこにあるの？　（2）Xは何のためにあるの？　（3）もし誰かがXをもっていなかったら、どうなるの？」また、摂食と呼吸という身体過程についても質問した。「どうして食べ物を食べるの／息をするの？　私たちが食べた食べ物／私たちが吸った空気はどうなるの？」などの質問である。生命理論家と分類された子どもは、生きるためとか、死なないためといった答えを、少なくとも2回以上産出した。

次に、すべての子どもに、「死に関するインタビュー」をした。これは、死の概念の下位要因に関する理解を調べるためである。たとえば、生きているものだけが死ぬことを理解しているか、死がライフサイクルにおいて必然的なものであることや、死が最終的にどのようにして訪れるかを理解しているか、そして死が永続的な状態を指し、すべての身体的必要性が停止することについて理解しているかである。

死に関するインタビューの質問

1　何かが死ぬということは、どんな意味か知ってる？
2　何か死ぬものの名前を言うことができる？（もし人が言及されなかった場合）、人は死ぬことがあるのかな？
（a）誰もが死ぬのかな？
（b）死んだときには、人の身体はどのようになるのかな？
3　人が死んだとき……

(a) その人は食べ物が必要かな？
(b) その人はおしっこやうんちをする必要があるかな？
(c) その人は空気が必要かな？
(d) その人は動き回るかな？
(e) その人は夢をみるかな？
(f) その人は水が必要かな？
(g) もし死んだ人の手を切ったら、治るかな？

4 人が死んだかどうか、どうやったらわかるのかな？
5 死なないものの名前を言うことができるかな？
6 何かを死なせる原因となるものを思いつけるかな？
7 何かが一度死んでしまったら、それを生き返らせることができる人／ものはあるかな？
8 お医者さんは、死んだ人を生き返らせることができるかな？

予想通り、非生命理論家の多くが、死者には生物学的機能が残っていると答えた。(8) 彼らの答えは、死者が生物学的な生命の特性をもっていると本当に信じているようにみえる。しかしこの点については、多くの大人が有する見方、すなわち死んだとしても天国（あるいは地獄）で生き続けるという規範的・神人的見方と、どれほど違うのか明瞭でない。いずれにせよ、子どもは、生命体によってエネルギーが伝達されるという媒介的因果（「生気論」と呼ばれる）を使って生物学的現象について推論するよう、きわめて容易に訓練できる。

稲垣と波多野によれば、日本では、生気論（日本語では「気」と呼ばれ、これは英語では「life」あるいは「life force」と呼ばれている）は、必ずしも幼児の理解にとどまらないという。それは、生物学的機能を維持する指向性という心理学特性を採用して、個々の臓器の機能とは異なる因果的メカニズムを位置づける合理的メタファーとみることができる。たとえば、幼児も大人も、胃を食べ物からエネルギーを取り込むものとみなす傾向がある。この意味においては、幼児ですら、たとえば次のようなメッセージから、消化といった生物学的過程について理解できるのである(9)。

私たちは生きていくために食べ物を必要としています。私たちの身体は、身体を働かせるために食べ物を必要とします。ちょうど、車を動かすためにはガソリンが必要なのと同じです。食べ物は私たちの身体にエネルギーを与えます。そして、身体が成長するのを助けます。……私たちが食べ物を食べると、歯がそれを小さくします。それが胃にいくと、もっともっと小さくなります。それらの一片一片はとても小さいので、血液の中に入ることができます。血液は常に私たちの身体の中をまわっていて、エネルギーを必要としている身体のあらゆるところに食べ物を届けます。私たちが生きていくために、身体にエネルギーを取り入れることはとても大事です。

幼児を生気論的に考えるよう訓練すれば、幼児は食べ物や水、空気を必要とする機能が、死ねば停止すると指摘しやすくなる。この意味で、生物学における生気論は、宇宙論における地球の磁場や回転に関する事実のように、因果的メカニズムがはっきりとすれば消える「一時的代替」の役割を果たすのである。

さらに、少なくとも一点において、幼児は明らかに死を生物学的機能の停止として理解している。カリフォルニア大学ロサンゼルス校（UCLA）のクラーク・バレットと、ベルリン、マックスプランク人間発達研究所のターニャ・ベーネがこのことを指摘している。クラークとベーネは、死んだ動物は動いたり他の生物学的過程にかかわったりする能力をもたないが、眠っている動物はそうした能力を残していることを確かに識別できるよう、メカニズムが進化したのではないかと主張している。なぜなら、不必要な警戒、そして食べ物を得る機会を失うという点からみて、この識別をしそこねるとコストがかかるからである。そのため、幼い子どもでも生きている動物と死んだ動物を区別するはずだというのである。バレットとベーネは、二つのまったく異なる文化に住んでいる3、4、5歳児に対して、動物が死んでいるときと眠っているときにさまざまな行為が可能かどうかを質問した。(10) ひとつのグループはドイツのベルリンの子どもたち、もう一つのグループは、エクアドルのアマゾン川流域のシュアール族の子どもたちである。ドイツの子どもはペットや動物園などでの動物との経験を多くもっていた。一方シュアール族の子どもは、生きている動物との経験も、食べ物として殺される動物との経験も多かった。

子どもには、トリとライオンなどの動物の物語、そして人間の物語が示された。たとえば、眠りに関する物語では、質問者は次のように述べた。「このライオン（あるいはトリ）は、一日中走っていました。今は夜です。ライオン（トリ）はとても疲れています。ライオンは横になって眠っています。」それぞれの場合において、子どもは次のような質問を受けた。「このライオン（トリ）は眠っているのかな、それとも死んでいるのかな？　これは動くことができるかな？　これは怖いものかな？　これはあなたを傷つけることができるかな？　もしあなたがこれの近くに行って音をたてたら、これはあなたがそこにいるってわかるかな？　もしあなたがこれに触ったら、これは動くかな？」

死については、質問者は次のような話をした。「この女の人はコックです。彼女はこのトリを食べたいと思っています。だから、彼女はナイフをもってきて、このトリの首を切りました。このトリは死にました。このトリは今、死んでいます。この男の人はハンターです。彼は森を歩いていて、ライオンを見つけました。彼は銃で、このライオンを撃ちました。このライオンは死にました。このライオンは今、死んでいます。」子どもは再び、質問を受けた。「このライオン（トリ）は死んでいるのかな、それとも眠っているのかな？　これは動くことができるかな？　これは怖いものかな？　これはあなたを傷つけることができるかな？　もしあなたがこれの近くに行って音をたてたら、これはあなたがどこにいるか、わかるかな？　もしあなたがこれに触ったら、これは動くかな？」

どちらの文化の子どもも、4歳の時点で、質問に対してほぼ正確に答えることができた。眠りについては生物学的機能が維持されており、死の場合には生物学的機能が停止すると区別したのである。その答えには、人間に関する話か、それともさまざまな他の動物に関する話かによって相違はなかった。バレットとベーネが指摘するように、子どもの個人的経験に対応できるようふり遊びや登場人物を使ってこの物語を簡単にできるなら、3歳児でさえよい成績を示すかもしれない。

このたいへん生き生きとした研究例を参考に、子どもが死後の生命をどのように推論するかを考えることができるかもしれない。最近、アトランティック大学（フロリダ）の二人の心理学者、ジェシー・ベーリングとデイビッド・ビョークランドが行った研究では、南フロリダ州の5〜12歳児と大人に、操り人形を使ってネズミの死に関するいくつかの物語を提示した。それから、そのネズミが、臭いをかぐ、見る、感じる、願いを抱く、欲する、知る、信じるなどの生物学的機能をもっているかどうかを訊いた。次に示すのは、この研究で子どもに提示された物語の一例である。[11]

こんにちは。今日は操り人形ショーをやるよ。最初に、この二つの人形を紹介するね。これは何ていう動物か知ってる? そうだね。これはネズミだね。これは赤ちゃんネズミなんだよ。いつの日かこのネズミは成長して、大人のネズミになります。これは何ていう動物か知ってる? そうだね。これはワニだね。このワニの好物は、ネズミの赤ちゃんなの。あなたも私も、この動物たちが本物じゃないこと、この動物たちはただの人形だってわかってるよね。だけどね、今日はこの動物たちが本物だと思ってね。

ある日、赤ちゃんネズミは、森に散歩に行こうと思いました。そこには花が咲いていました。赤ちゃんネズミは花の香りをかぐのが大好きでした。その花はとてもよい香りがしました。赤ちゃんネズミは歩きながら、いろいろなことを考えています。お母さんのことや、どれだけ自分がお母さんのことを好きか考えています。赤ちゃんネズミは、お母さんを世界で一番、すてきな大人のネズミだと信じています。赤ちゃんネズミは、お母さんネズミがどこにいるのかなと考えました。赤ちゃんネズミはまた、数について考えています。赤ちゃんネズミは数が好きでしたが、数を使うのはあまり得意でありません。赤ちゃんネズミは、どうやって数を足すのか、まだ知りません。赤ちゃんネズミは、いつの日か、数を使えるようになれればいいなあと思っています。赤ちゃんネズミは、足がとても疲れたので、すぐに家に帰りたいなと思っています。だけど、赤ちゃんネズミは道に迷ってしまい、家にどうやって帰ればいいかわからないことに気がつきました。赤ちゃんネズミはとても眠くて、ベッドに入りたいと本当に思っています。赤ちゃんネズミは喉が痛くて、具合が悪くなりました。水を飲めば具合がよくなるかもしれません。赤ちゃんネズミは池で水を飲もうと思いましたが、そこにたどり着く前に、何か奇妙なことに気がつきました。茂みが動いているのです！　一匹のワニが茂みから飛び出してきて、赤ちゃんネズミをペロリと食べてしまいました。赤ちゃんネズミはもう生きていません。

質問者は、対象者に、「赤ちゃんネズミは、もう生きていません」と前置きをしたあと、いくつかの質問をした。これらの質問は、生物学的なもの（「赤ちゃんネズミは、大人のネズミに**成長する**と思う？　赤ちゃんネズミは、水を再び**飲む**必要があると思う？」）、心理生物学的なもの（「赤ちゃんネズミは、まだ**眠い**と感じると思う？　赤ちゃんネズミは、まだ**気分が悪い**と感じると思う？」）、知覚に関するもの（「赤ちゃんネズミは、まだ花の香りを**かげる**と思う？　赤ちゃんネズミは自分がどこにいるか、**見る**ことができると思う？」）、情動に関するもの（「赤ちゃんネズミは、まだお母さんのことを**好き**だと思う？　赤ちゃんネズミは、まだワニを**怖がっている**と思う？」）、欲求に関するもの（「赤ちゃんネズミは、まだ数が得意になりたいと**願っている**と思う？　赤ちゃんネズミは、まだ家に**帰りたい**と思っていると思う？」）、ネズミの知識や信念についての認識に関するもの（赤ちゃんネズミは、自分が生きていないことを**知っている**と思う？　赤ちゃんネズミは、自分のお母さんが一番すてきな大人だってまだ**信じている**と思う？）である。

この研究で対象となった子どもも大人も、たいてい、死んだネズミは成長して大人のネズミにはならないこと、二度と水を飲まないこと、眠くなったり具合が悪くなったりしないこと、臭いをかぐことも見ることもできないことに同意した。ただし、幼稚園に通っている年齢の子どもは、これらの質問を肯定する反応がより多く認められた。情動、欲求、知識と信念に関しては、年長の子どもや大人でさえも、多くの死んだネズミがまだお母さんのことを愛しており、ワニを怖がっており、算数が得意になりたいと思っており、家に帰りたいと思っており、自分が生きていないことを知っており、お母さんが世界で一番すてきな大人だと信じていると答えた。ただし、ここでもまた、幼稚園児にはこうした回答がより多く認められた。

ベーリングとビョークランドは、年少の子どもの答えとより年長の子どもおよび大人の答えとの違いについて、年少の子どもは、死後生物学的機能が停止することについて十分な知識をもっていないためではないかと指摘している。しかしここで注意してほしいことがある。すべての質問に「はい」と答えることは、あらゆる面、心理的側面や生物学的側面についてさえも、死後の生命への一貫した信念があることを示唆している。一方、すべての質問に「いいえ」と答えることは、あらゆる側面について死後の生命の存続を否定することを示唆している。どうしてそう答えたのか説明を求めてはいるものの、回答者にすべての質問に「はい」あるいは「いいえ」と答えるバイアスがあれば、結果のパターンに影響しただろう。すべてに「はい」と答える肯定的なバイアスは、特に小さな子どもの場合、ワニが飲み込んでしまっても、人形ショーのかわいらしいネズミはまだ生きている、という願望を込めた考えからきたものかもしれない。

さらに、子どもの願望を込めた考えと同じように、どのような文化でも、多くの――大部分ではないにしても――大人が、確かに死後に関するある種の信念をもっている。もちろん、死に霊的な来世を認めるのは、西欧文化でも部族文化でも宗教の特質である。たとえばニューギニアでは、遺族は愛した人が彼らのなかで生き続けるよう、死者の手足の爪の一部を食べる[12]。多くの文化において、正しい生活を送った死者は、天国へ行くなどの報酬を受け、いつかこの世に戻ってくると信じる人もいる。マサチューセッツ工科大学の言語学者にして政治活動家のノーム・チョムスキーは、挑発的に次のように述べている[13]。

アメリカ人の4人に3人は、宗教的奇跡をまったくそのまま信じている。悪魔や復活、そして神があれをしたとかこれをしたと信じている人間の数といったら、それはもう驚くべきものだ。これほど多くの数は、他のいかなる産業社会にも匹敵することはないだろう。これだけの数を得ようと思ったら、イランのモスク、あるいはシチリア島の老女たちのところにいって、世論調査をしなければならないだろう。しかし、これはアメリカの人々なのだ。

こういう種類の発言は、圧政や戦争、疾病の克服に対する宗教的信念の力を公正に評価していないという点で思慮に欠ける。実際、来世についての信念は、厳しい社会的環境に対処するなかで生まれてきたものだといえる[14]。

さらに現代の非宗教的世界でも、人間がその子孫のうちに、あるいは文化的遺産のなかで生き続けると言われることも多い。「来世」は、後の世代に託されるのである。シェイクスピアは「一時代だけでなく、あらゆる時代」のものとされているし、ジェーン・オースティンは『プライドと偏見』を自身の子どもとみなしている。シェイクスピアもオースティンも、物質的にはずっと以前にこの世を去ったものの、文化的には生き続けているのだ。つまり、今生きている人類の心の一部をなしているのである。この意味において、来世という考え方は、必ずしも霊的なものに限られているわけではない。もっとも大人のなかには、作家や詩人、芸術家、音楽家の貢献は、死してもある種の霊的来世をかたちづくると考える人もいる。

だから、ある種の来世に関する信念は容易には棄却されない。大人にもそれが広く存在するということは、生命と死に関する子どもの理解に根本的な再構造化が生じるとする議論――子どもは来世に関する信念をともなう生命と死についての素朴概念を必ず保持しており、発達過程で強い概念変化が生じて、それが完全に生物学的に基礎づけられた、大人の、洗練され高度に分化された概念にとって代わられるとする議論――を難しくしている。

コラム：飛行機に詰め込まれて

今日、多くの国々では、通勤通学者や旅行者で大いに混み合っており、道路だけでなく至るところが渋滞している。たとえばイギリスが、果てしない交通危機のなかにあることは疑いようがない。とはいえ、イギリスの人々は不平をいうことが好きではないのだが。２００４年8月のこと、イギリスの高速道路上で、乗っていたバスが完全な交通麻痺に巻き込まれた。「遅延予想２００５年のクリスマスまで」という道路標示を見た。私は、一年以上もの間、閉じ込められることになるのだろうかと考えた。だから、これは私にとって最後の旅であり、ここでいずれ、ある種の死後の経験をすることになるのだろうかとさえ考えたのである。列車もまた同じだ。多くが「時刻変更」で、もはや遅れがコールされることもなく、運転手が罰金を科せられることもない。マンチェスターとリバプールを結ぶ列車――距離にしてたった30マイルで50~60分程度の所要時間——は、１９００年のほうが速かった、という話を聞いたことがある。鉄道はイギリスで発明されたというのに、それとまさに同じ列車が我が町をまだ走っているらしい。イギリスの列車サービスの公的シンボルは、「路線を示す平行な線上の双方向の矢印」を描いたもので、上の矢印は常に右を指している（イギリスでは、列車は左側通行なので）。しかし、私には二つの矢印が相殺しあっているように見えるため、どこにも行くことができないことの象徴と見えてしまう。

　問題の一部は、実際問題として電車の線路や道路が十分にないことにある。イギリスには３３０３キロメートルの高速道路（地元ではモーターウエイという）を含めて、37万１６０３キロメートルの舗装道路があり、１万６８７８キロメートルの鉄道があり、そのうち４９２８キロメートルは電化されている。同じくらいの人口と国土面積をもつイタリアがよい比較対象となるが、イタリアには65万４６７６キロメートルの舗装道路があり、そのうち６４６０キロメートルが高速道路である。そして、１万９３９４キロメートルの鉄道があり、１万１４３４キロメートルが電化されている。したがって、イギリスと比較すると、イタリアはおよそ2倍の長さの高速道路をもち、電化されている線路も2倍以上となる。

　しかしながら、イタリアの交通がすべてよいというわけではない。イタリアはイタリアで、伝説的な交通混雑がある。最近では、飛行機でイギリスを発つのは比較的簡単で、組織だったものに思われるが、一方イタリアには、別の問題があるのだ。アリタリア航空でイタリアに行った経験がそれをよく物語っている。真実ではあり得ないだろうが、その名前（Alitalia）は実際には「離陸は常に遅れ、到着も常に遅れる（Always late In Takeoff, Always Late In Arriving）」を意味しているという話だ。

アリタリア航空がイタリアとオーストラリアを結んでいた当時、私はローマからシドニーに向かう飛行機に乗った。ローマの駐機場にいたとき、私は何かが起きていることに気がついた。それから次々と、さまざまな出来事が起きたのである。一人の乗客は酒を飲み、また別の乗客はシートベルトを拒み、あるいはシートベルトができなかった。速やかな対応により、飛行機に多くの兵士が介入しに乗り込んできたので、まるでイタリア全軍が演習をしているかのようだった。その酔っぱらいを排除するために、何百人も飛行機に送り込み、酔っていない乗客を手荒く扱うなどとは過剰反応のように思われた。この出来事が過ぎたあと、私の後ろの席に座っていた人が、そのまた後ろの乗客のひざの上に、倒れこんだままになってしまった。背もたれを固定するため、搭乗員による応急修理が必要だった。その次には、遅れた乗客がやってきた。彼女は並外れて肉付きのよい女性で、本来ならば、ビジネスクラスに乗るべきだった。その飛行機には、たった一つ、真ん中の席しか空席がなく、その席の窓側にはやはり肉付きのよい女性が座っており、通路側にはその女性の小柄なイタリア人の夫が座っていた。遅れてやってきた女性は通路側に座るよう、そして小柄な男性は真ん中の席に移動するよう告げられた。その男性は、両方向から押しつぶされるということだ。何が起こったかに気づいて、飛行機が途中、シンガポールに到着するまで11時間の間、彼は不満を言い、金切り声をあげ続けたのである。

その飛行機は、ようやく出発した。モットーにある通り、離陸は遅れ、到着も遅れた。ムンバイ（ボンベイ）で搭乗員の交代のために止まったとき、さらなる遅れが発生した。それはまるで、イタリア映画のようだった。スカーフとデザイナーブランドの服に身を包んだ客室乗務員と接客係が、あたかも何年も会っていなかったかのように、抱き合って挨拶を交わしたのだ。たくさんのキスとハグ、何時間も続くのではないかと思われるほどの興奮したおしゃべりが交わされた。

再び離陸したとき、私は、いったい何時に着陸するか、確かめようとした。私が質問した乗務員はあまり英語ができなかったため、私は自分の時計を指さし、着陸について身振りで示した。すると彼は、到着時間を示すために、彼の時計を進めてくれた。

その飛行機に乗って以降というもの、私はそれほどアリタリア航空に乗りたいとは思わなくなった。その後も何度もイタリアを訪れたし、イタリアはどこよりも好きな国のひとつなのだが。

第6章　数と算数

この世界のものごとは、
数学の知識なしには理解できない。
ロジャー・ベーコン、『大著作　第4部I』1267年

ここまでみてきた研究を踏まえるなら、子どもの理解は代替的な概念枠組み、あるいは先有原理によって必然的に制限されているのだろうか。それらは長い期間を要する非保守的な概念変化を経る必要があるのだろうか。得られた証拠は、そうではないことを示唆している。少なくとも見かけと現実に関する知識、言語の文法、心の理論に関する推論、さらには、宇宙論や生物学のいくつかの側面、たとえば地球の形や汚染・伝染性の病気の感染の性質、そして生命や死の過程については、そうとは言えない。幼児は見かけと現実の区別を理解する能力をもっているし、それに合致して、地球は平らに見えても本当はボールのように球形であることや、食べ物は新鮮に見えても本当は汚染されているかもしれないことを指摘する能力をもっている。これらすべての場合において、発達過程で根本的、あるいは非保守的な概念変化が生じる

とすることは難しい。

もちろん子どもがこれらのことを理解できるといっても、彼らが実際に理解しているという意味ではない。発達初期には、子どもに宇宙論や生物学について話してやる人などいないし、子どももまたそれを知ろうとはしないだろう。宇宙論については、子どもの思考が、地球の形や昼と夜のサイクルについて問うよう水路づけられているとか制約されていることはおそらくないだろう。これらは生存に強くかかわるものではないため、どのような文化にも宇宙論についての理解があるわけではない。子どもにはまだ探索していないテーマがたくさんあるというのに、どうして地球や太陽、月について知りたいと思うだろうか。

汚染や浄化に関する知識は、これとは異なる。子どもは何を食べたり飲んだりしてよいかについて、話をせずにはおれないのだ。子どもは家庭や学校で、床に落ちた食べ物は汚いから食べてはいけないといった会話に絶えず接している。食べ物は、楽しみや嫌いなものとの関連でも話題になる。そうはいうものの、多くの文化では、食べ物の汚染や清潔さに関して西欧科学で認められている見方をするように導く情報を、子どもは受け取っていない。そのため、汚染と浄化に関する理解は文化的に普遍ではない。それでも、西欧の文化的経験——そこでは食べ物や健康、衛生に関して、見かけと現実とは違うということが強調される——に触れた幼児には、浄化と汚染を感受する堅固な概念が認められるのである。

どのような文化でも、子どもは通常、宇宙論や生物学について、重力理論や細菌理論を説明できるほどよく発達した理解をもってはいない。しかし、子どもは必要不可欠な科学的事実を理解しており、この知識は、青年期や大人になってから重力理論や細菌理論のような説明原理によって豊かなものになるまで、「一時的代替」の役割を果たす。西欧文化の人たちはこれらの理論に触れる機会が多いものの、それでも多くの大人が、十分な理解を有しているというにはほど遠いだろう。旅行作家でもあり科学作家でもあるビル・ブライソンは、この状況を、『ほとんどすべてについての短い歴史』のなかで――彼はいつもそうだが――巧みに描いている。彼が学生時代に知らされた事実、すなわち地球の中心は鉄とニッケルの赤くて熱い固まりであるという事実について、次のようにコメントしている。(1)

僕は、瞬時たりとこの情報の正しさを疑わなかった。僕は今でも、科学者の発表を信じる傾向がある。それはちょうど、外科医や配管工、そして難解で特権的な情報を知っている人たちを信用しているようにだ。しかし僕には、なぜ人間が自分の何千マイルも下にある空間について、見たこともないのに、X線もあてられないというのに、それがどのように見えるかとか、何からできているのかといったことを解明できるのか、まったく想像できない。僕からみれば、それはまったくの奇跡だ！　これが、科学に対するそのとき以降の僕の見方なのだ。

ブライソンは並外れた高い動機をもち、科学に関する本を読み、科学者と語ることを通して、大人になるまでには深い理解を発達させた。非西欧的な文化のなかには、西欧の宇宙論や生物学と接触をもつことがなく、大人の間にもこれらの領域に関する理論が存在しないところもあるだろう。

しかし、幸いなことに、宇宙論と生物学が、私たちが理解できることのすべてを網羅しているわけではない。宇宙論や生物学とは対照的に、どこに住んでいようと、子どもは数と算数に関する感覚はもっているようである。しかし、勉強で一番難しい教科は何かと訊かれたら、どんな集団でも少なくとも一人は

（全員ではないかもしれないが）、算数が一番難しいと答えるだろう。なぜだろうか。天文学や生物学、心の理論について考えるのとは違って、算数に習熟するには、最初から特殊なタイプの抽象的推論を必要とするのだろうか。子どもの算数は、知識が豊富になること以上の、それ以前にもっていた理論を捨て去る――概念変化を経る――必要があるのだろうか？

誰もが数えるのだろうか？

算数の習熟は「数量」の理解に基づいている。数量とは、集合に含まれる事物の数を示す語である。[2] これらの事物には、レンガ、リンゴ、おもちゃ、思考、夢、目的などがあり得る。実際、集合に含まれる事物はどんなタイプのものでもよく、数えるのが子どもであろうと人類ではないサルのような霊長類であろうと、数える側には必ず、数量に関する抽象的表象が必要である。

数量概念の理解は、もし二つの集合の各要素をひとつも残すことなく、一対一に対応させることができるなら、その二つの集合は同じ数量であるという基本的知識を必要とする。この知識と関連するものとして、もし二つの集合のうちの一つに要素を加えたり、逆に取り去ったりしたならば、もう一つの集合にも同様の操作をしなければ、この二つの集合の数量はもはや同じではないという理解もある。さらに、数えられる事物集合には、実体のあるものもないものもあり得るという理解も関連している。たとえば、見えるもの（たとえば、イヌ）、音（太鼓の音）、香り（アイスクリーム）、やること、好きなことと嫌いなことの数などがある。

集合の数量を知ることは、計数と関連する。この過程は、ラトガース大学の心理学者ロシェル・ゲルマンとC・R・ガリステルが「原理」とみなした五つの基準を守らなければならないという点で複雑である。第一は「一対一対応の原理」である。数えるべき事物を個別のものとして、省略したり繰り返したりすることなく数えるという原理である。第二は「安定した順序の原理」である。たとえば、三つの事物を数えるときに「1」「2」「3」という語を用いるように、数詞あるいは数えるための身振りは一貫した順序で使われなければならない。第三は「基数の原理」である。数えたときに最後に述べた語を集合数を示すものとして用いるという理解である（たとえば、「1、2、3、…3匹ね」というように）。さらに「抽象化の原理」と「順序無関連の原理」がある。どんなものでも数えられるということ、そして集合を数えるときには、どの要素から数え始めてもよいし、どの要素で数え終わってもよいことが理解されていなければならない。

数量概念の起源はどこにあるのかという問いは、長い間論争の的になってきた。数量はどんな人にでも、どこにでも、すべての人間文化に、すべての年齢に、生まれたばかりの赤ん坊においてさえも認められるという意味において生得的なのだろうか。逆に、生得的ではなく、多数まで数えるシステムをもつ文化に触れた子どもだけが、子ども期に徐々に獲得するものなのだろうか。

言語を用いた計数——1、2、3、4、5といった整数を示す語を使うなど——を、子どもは徐々に行うようになる。産業化された文化では、およそ2歳半になると、子どもは一つちょうだいと言われたときに、集合のなかの一つの要素を手渡せるようになる。しかし、もし二つ、あるいはそれ以上と言われたら、何個でもつかむだろう。次に、一つ、二つと言われたら一つ、二つと渡すことができるが、二つ以上を言われたなら何個でもつかむだろう。さらに、子どもは一つ、二つ、三つと言われたときに一つ、二つ、三つと渡すことができるようになる。しかし、四つ以上を言われたら、何個でもつかむ。3歳までには、数量を予測したりチェックしたり、他者の不正確な計数を見抜いたりする技能をもつようになる。とはいえ、言語を用いた計数で3以上の数詞を自発的に用いるようになるのは、4歳か5歳の頃である。

実際のところ、ピアジェは、論理的能力に関するある種の重要なテストにおける子どもの成績が幼児の数能力のよい指標になると主張した。そのテストは、子どもが集合数を参照する際に一貫して数詞を使うことができるかをみるためにつくられたものだ。(3) 2列の貨幣を一対一に対応させて考える際、子どもは、たとえ一つの列が長く伸ばされ、もう一つの列がまとめられたとしても、どちらの列にも貨幣が加えられたり減らされたりしていなければ、数は同じであり続ける（ピアジェの用語では）「保存」という概念を、（ピアジェの用語では）「構成する」必要がある。しかし一般的に、幼児は質問者に対して、一方の列のほうがたくさんあると答えるのだ！　第1章で述べたように、ピアジェは会話を用いて研究を行った。そして数について判断を求められた際の幼児の回答に基づいて、保存は6～7歳まで獲得されないと報告している。この結論については、今日でも論争が続いている。ピアジェは、保存課題で数詞を正しく使用することは、数に関する子どもの推論に概念変化が訪れたことを告げるものだとした。それ以前は、数量概念について、子どもはほとんどあるいはまったく理解していないというのである。

数量概念が生得的だという主張への反論にみえるまた別の証拠が、計数のための豊かな語彙をもたない人々を対象とした研究によって示されている。数の心理学における近年の進歩のひとつは、多くの数詞をもたない文化の発見である。コロンビア大学（ニューヨーク州）のピーター・ゴードンは、アマゾン川流域の低地にあるマイチ川の土手に住むピラハ族を研究するために、ブラジルを訪れた(4)。ピラハ族は、全人口が200人に満たず、10~20人程度の小さな村単位で生活している。彼らは、外部の人間とごく限られた商品交換しかしておらず、彼ら独自の言語だけを話している。品物を交換する際のコミュニケーションには、原始的で単純なシステムが使われる。その際、通貨を交換することも、数詞が用いられることもない。ピラハ族の人々は、「1、2、たくさん」という計数のシステムを使っている。このシステムは、ただ次のことばがあるだけだ。「hóy」(1に対することばで、下がる調子で言う)、「hóy」(2に対することばで、上がる調子で言う)、「baagi」あるいは「aibai」(より数あるいは量が多いものに対することば)。

ゴードンは、ピラハ族の話す算数理解をもたない言語は、個数を表象するための言語の恩恵を欠くため、人々の数量理解を妨げているかどうかを確認しようとした。ゴードンは、ピラハ族の大人に対して、マッチ棒とたくさんの木の実を「同じにして」と教示した。その結果、3以上の個数については、成績がとても悪いことを発見したのである。ピラハ族の人たちがこうした課題で大きな困難を抱えていたことから、ゴードンは、それは「言語決定主義」を支持するものだと主張した。言語決定主義とは、そもそもはアメリカの言語学者エドワード・サピアとベンジャミン・リー・ウォーフが提唱した、言語が思考を決定するという仮説である。ウォーフ仮説の強い種類のものによれば、言語は私たちに、物理的・精神的世界を意味あるものとして「分析する」ことを可能とさせるのだという。言語が、私たちの思考や問題解決能力を決定づける。たとえば、ウォーフ仮説を支持する人々は、イヌイット(エスキモー)が雪の種類に応じたたくさんの語をもっているために、雪のなかでの問題解決が得意なのだと主張した(後にそれは誤りであることが判明した!)。一方、雪について乏しい語彙しかもたない人たちは、ハンディキャップを負っているのだという。[5] これと同じように、ゴードンの解釈によれば、数詞が豊かな言語をもっていることは、数に関する推論を可能とさせるが、数詞が乏しい言語をもっていることは、数の推論に深刻な欠陥を生じさせるという。このことに関連して、ゴードンは、ピラハ族の人々の知能発達の一般的レベルが、数詞の使用や数量概念の保持を妨げるものだったかもしれないという可能性については、ただちに否定している。ゴードンは、ピラハ族は「驚くべき」狩猟、空間、カテゴリー化の技能をもっており、精神遅滞の臨床的サインとなるものは何も示されなかったと述べている。

子どもが計数や集合数を比較し保存することに長期間にわたって困難を抱えること、そしてピラハ族のように、文化によっては明らかに数量概念を欠いている場合もあること、これらのことから、数量理解は生得的でないと結論づけることができるかもしれない。それどころか、数の根本にある数量は、獲得される必要があると推論することも可能かもしれない。したがって、計数言語をもつ文化では、幼児は大人からの強化や模倣による学習を経て、ゲルマンとガリステルの計数原理によって特徴づけられる正しい計数のしかたを獲得するのである。これとの関連で、一つの可能性が指摘されてきた。子どもはまず三つあるいは四つの事物に注意を向け、検知するシステムを有している。次に、事物の追跡システムに基づくブートストラッピングの過程を経て、3あるいは4以上の数に対応できる連続的な数のシステムを獲得する。この数のシステムは、数詞の学習に依存している。数詞が獲得されると、ちょうど新しい高い場所にたどり着くために使われた踏み台が、登ったあとで蹴り飛ばされるように、事物の追跡システムは廃棄されるのである。[6]

言語の、数からの独立性

明らかなことだが、計数の複雑さは、数量概念が計数のための適切な語彙を獲得した子どもに限定されていることを意味しない。計数が人間の乳児にも、子どもにも、サルにさえ把握可能であることを示した研究がある。現在はバークレーのカリフォルニア大学に勤務しているプレンティス・スタ－キーと共同研究者たちは、見ている点の数と聞こえてくる音の数との間に不一致があった場合、それが一致していた場合よりも、乳児が長く見つめる（「脱馴化する」）ことを示した。乳児はまた、事物間の比率差が大きければ大きいほど脱馴化しやすいなど、事物の大きさの変化にも敏感である。このタイプの研究結果は、乳児が計数を可能とさせる数の知覚を、初期にもっていることを示唆している。また別の巧妙な実験で、スターキーはまだ計数能力を獲得していない18～48ヵ月の子どもを検討した。彼は、子どもが1つ～5つの事物を順次、中が見えない箱の中に入れていくという課題を行った。次に、実験者が箱の中に事物を加えたり、抜き取ったり、あるいは何も操作していない場面を見せた。探すべき数量が1、2、3であれば、そのほとんどの場合に、最年少の子どもでも箱の中のすべての事物を正確に探して取り出すことができた。つまり、計数のための数詞を理解する以前から、あるいは数との文化的経験をもつ以前から、子どもは数量概念をもっていることが示されたのである。[7]

このことは、5ヵ月の赤ん坊についてさえも――彼らが計数のための数詞を知らないことは確かであり、数に関する文化的経験ももっていない――認められている。現在はエール大学のカレン・ウィンは、事物がスクリーンの後ろに置かれているのだが、それがあり得る場合と、あり得ない場合の赤ん坊の反応を比較した。あり得る場合では、赤ん坊は、まずスクリーンの後ろに事物が置かれたり、取り去られたりする場面を見せられるのだが、その最終的な事物数が、スクリーンが持ち上げられたあとに出現する事物数と一致している（たとえば、1+1=2、2−1=1）。一方、あり得ない出来事では、その数が異なっているのである。つまり、多かったり、少なかったりするのだ（1+1=1、2−1=2）。ウィンによれば、赤ん坊はあり得ない出来事において、すなわち事物が不可解にも消えたり、余分な事物が現れたりすると、より長く見つめるというのである。このことは、あり得ない出来事が、足し算と引き算に関する赤ん坊の期待に反することを意味している。これは数量概念は生得的だという考え方と一致しており、ウィンは、これらの結果が、赤ん坊において算数が存在することを支持するものだと主張している。

ウィンの研究については、ピアジェの研究同様、論争が続いている。それを批判する人たちは、彼女の実験において乳児がしていることは、赤ん坊が実際に足し算と引き算をしているというよりも、いかにして「足し算と引き算の出来事を処理するか」だととらえている。ある主張では、図に示したような彼女の実験において、乳児は足し算と引き算の能力ではなく、馴染みのあるものに対する嗜好と、スクリーンが持ち上げられたときに見えるステージ上に、事物がより多くあるとより長く見つめるという傾向を示しているとしている。また別の批判では、ウィンの研究において、赤ん坊は計数をしているわけでも、いかなる種類の算数をしているわけでもないという主張もある。実際には、赤ん坊は数ではなく、量あるいは密度の変化に反応しているだけだというのである。(8)

数理解に関する研究で赤ん坊のパフォーマンスをどう解釈するかという論争からはまったく離れるが、

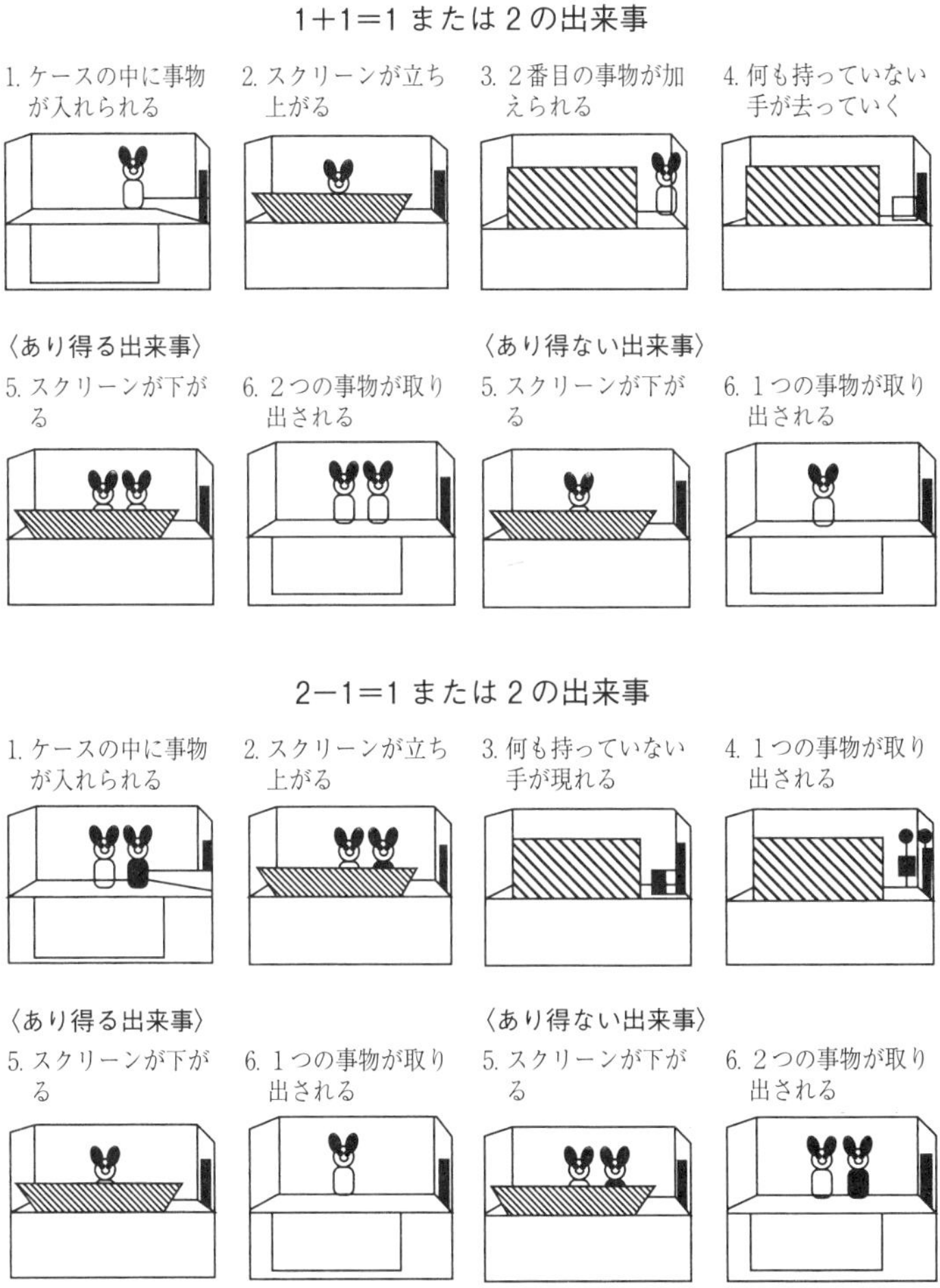

赤ん坊の数理解を検討するために、ウィンの実験で使われた手続き。乳児はあり得ない結果を、あり得る結果よりも長く見つめた。このことは、乳児が自分の算数知識に基づく期待の違反に敏感であることを示唆している。

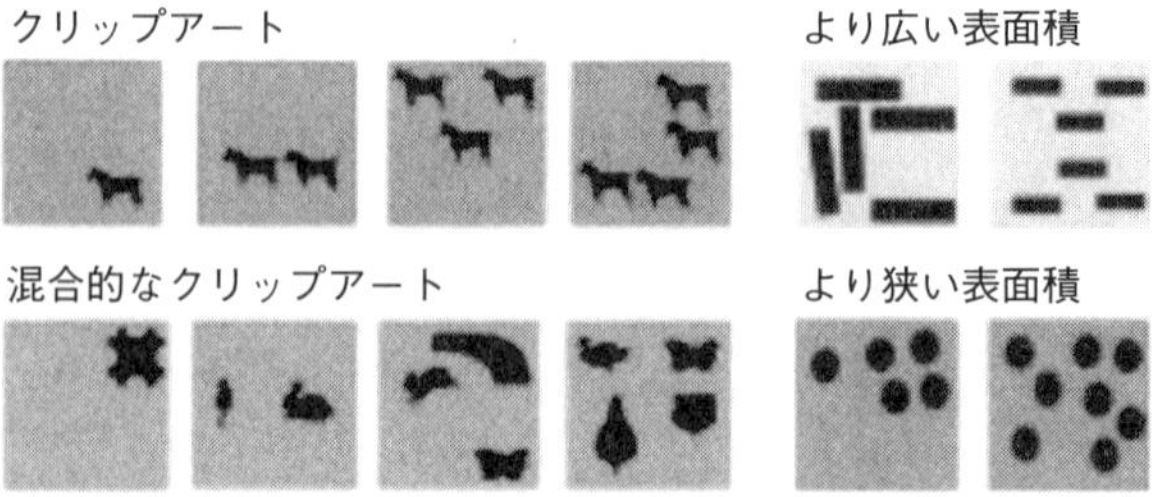

サルの数理解を検討する実験で使われた、ブランノンとテラスの手続き。サルはまず、1〜4の要素をもつ集合について、そこに含まれる要素の数にしたがって順番に並べる訓練を受ける。その集合はクリップアートの馬や、やはりクリップアートだが事物が混合している場合もある。サルは、次に、5つの要素数をもつ集合において要素の占める表面積が、比較対象となる集合における事物の表面積よりも大きくても、5が6〜9より少ないように順番に並べることができた。

サルが数量概念を有することについては、立証されている。デューク大学（ノースカリフォルニア州）のエリザベス・ブランノンとニューヨーク州のコロンビア大学のハーバート・テラスは、ローゼンクランツとマクダフと名付けられた2匹のアカゲザルに、4の集合について、1→4と要素数が徐々に増えていく順番で反応するよう訓練を行った。すると、このアカゲザルたちは、小さい数量のほうが大きな表面積をもつ場合があったにもかかわらず、訓練しなくても5〜9までの数量のペアを順序づけられるようになったのである。このことは、サルが1〜9の数量を順序尺度として表象することを示している[9]。

これらの研究で示されたように、サルが数量概念をもつことができるのだから、人間の赤ん坊が、言語も言語的に数える能力も欠如しているとはいえ、数量概念をもつとするウィンの主張に同意することは、それほど突飛であるようには思えない。

さらにいえば、乳児だけが言語をもたない人間とい

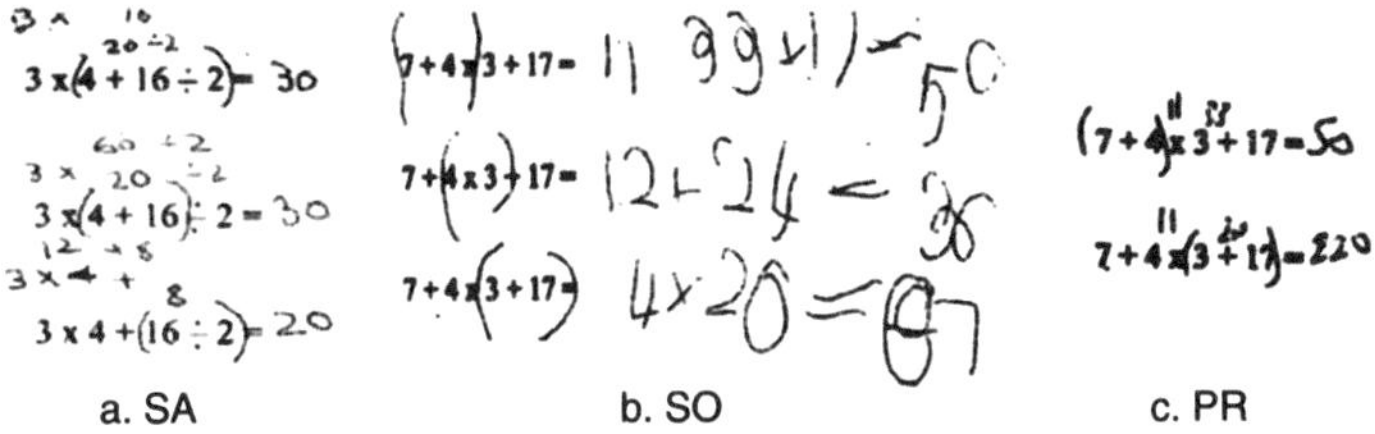

（　）をつける等式問題に対するSA、SO、PRの答え。彼ら全員が、等式の解が変わるように、あるいは変わらないように、等式に正しく（　）を挿入している。

うわけではない。多くの年配の大人が、不幸にも脳卒中となり、言語と関連する左半球に損傷を受けることがある。その人たちのなかには、それでも彼らの語彙の範囲にある単語を理解したり表現したりできる人もいるが、重度の失語症となる場合もある。文法的に正しく話すとか、文の意味を理解するといった能力を失ってしまうのである。しかし患者たちは、失語症ではあっても、数量の能力は失わない。ローズマリー・ヴァーリィをはじめとするイギリスの研究チームの研究の一つで、ある脳科学者が、失語症になった脳損傷を受けた人のなかで、推論がどの程度温存されるのかを明らかにしようとした。私は、SA、SO、PRとして知られる50代の3人の男性の数学的能力に関する集中的な研究に関与するようになった[10]。この3人の男性は全員、左脳半球の言語野に受けた損傷により、文法面で重度の機能障害を被っていた。この患者たちは、文が文法的に正しいかどうか判断するのに大きな困難があり、たとえば「この男の人はこのライオンを殺した」と、「このライオンはこの男の人を殺した」という文を――話しことばであろうと、書き言葉であろうと――適当な絵を指さすことによって理解したかどうかを示すことができなかった。しかしこれとは矛盾するが、足し算も、引き算も、かけ算も、割り算も完璧だったのである。彼らは無限に関する知識をもっており、異なる位置にカッコ（ ）を置いて、あいまいな等式に一つ以上の解を与えることもできた。このように、アラビア数字を使った「数学的文法」の表現には柔軟性を示したのである。彼らは家に帰って、誰彼かまわず――そのなかには、彼らを調査している科学者であるローズマリーも含まれるのだが――自分が数学においていかに優秀かを披露するために、解くための問題を自発的にたくさん考案しさえしたのである。

子どもの数理解に対する異なる見方

それでもなお、子どもは言語を使った計数や数の保存に困難を抱えており、計数言語をもたない文化では、大人が数の計算に苦労する。こうした種類の困難さは、数量概念が言語と数量の獲得にかかっており、生得論の主張とは対照的に、数量概念が幼児やある文化においては欠如していることを示唆しているのだろうか。そうではないことが、ある綿密な調査によって示されている。

テディ（2歳半）は、M&Ms（チョコレート）をあまりに少ししかもらえなかったので、こう言った。「わたしは、**たっぷり**（plenty）が好きなの！　**たくさん**（lot）くらいがいいの！　**8個**（eight）くらいがいいの！」この例は、ミシガン大学の心理学者バーバラ・サルネッカとスーザン・ゲルマンの論文からの引用だ。発達初期における、数に関する言語使用のあいまいさを示している。(11) テディのような子どもは「たっぷり（plenty）」あるいは「たくさん（a lot）」

の意味として「8」を使っているのだろうか、それとも今手にもっている以上を意味する、特定の数量を示すものとして使っているのだろうか。

サルネッカとゲルマンは、子どもが、まだその正確な意味を学習していない数詞、たとえば6を「たくさん」を表すものとして無差別に使っているのか、それとも6の集合に新しく加えると、その集合はもはや6ではないことを理解しているのかを明らかにしようとした。彼女たちは非常に単純に、2、3歳児にいくらかのペニー（その他に、電池、ビーズ、豆、ボタンといったものも）を提示し、二つのボウルにそれらを入れた。たとえば、「6」についての理解を調べるテストでは、それぞれの子どもに次のように質問した。

これから6枚のペニーをこの中に入れるね（実験者は6枚のペニーをひとつのボウルに入れる）。……そして、こっちに6枚入れるね（別のボウルに6枚のペニーを入れる）。さあ、これで、こっちのボウルには6枚のペニー、そしてこっちのボウルには6枚のペニーが入っているわ。ここに、もっとペニーがあるの（実験者は残っていたペニー〔およそ80枚〕をひとつのボウルの中に全部入れる）。さあ、じゃあこれから、6枚のペニーについて質問するね。6枚のペニーが入っているのは、どっちのボウルかな?

「たくさん」に関する理解を調べるテストでは、次のように質問した。

これからたくさんのペニーをこの中に入れるね（実験者は6枚のペニーをひとつのボウルに入れる）。

……そして、こっちにたくさん入れるね〔別のボウルに6枚のペニーを入れる〕。さあ、これで、こっちのボウルには6枚のペニー、そしてこっちのボウルには6枚のペニーが入っているわ。ここに、もっとペニーがあるの〔実験者は残っていたペニー〔およそ80枚〕をひとつのボウルの中に全部入れる〕。さあ、じゃあこれから、たくさんのペニーについて質問するね。たくさんのペニーが入っているのは、どっちのボウルかな?

3つちょうだいと言われて正しい量を渡すことができなかった2歳児でさえ、6枚のペニーが入っていると紹介され、そこに少しもペニーが加えられなかったボウルが、6枚のペニーが入ったボウルだと答えたのである。一方、6枚のペニーが入っていると紹介され、そこに少しもペニーが加えられなかったボウルについては、たくさんのペニーが入ったボウルであるとは答えなかった。子どもの成績は、6のような数詞の意味を学習していないにもかかわらず、彼らが数量概念を保持していることを立証している。この分析によれば、数量概念を自力で獲得するために、数詞の学習は不必要ということになる。

一方、ピアジェの数に関する保存の研究では、一対一に対応していた6つの要素数をもつ2つの列のうち、一方の列よりも、もう一方の列をより長く、密度はより小さくなるように位置を変えた場合に、数がそのまま同じであると理解することが、子どもには困難であるようにみえる。しかしこの状況においては、子どもは通常、質問〔たとえば、「両方の列は同じ数だけあるかな、それともどっちかの列のほうが多いかな?」〕を二度、すなわち二つの列が一対一に対応しているときと、列が変形された後の二度にわたって受ける。次のページに例を示したように、子どもは、質問の意図が、数量が追加されても取り去られて

どっちの列のほうがたくさんあるかな、それとも同じかな？
簡単だわ！
同じよ。
私がやってることを、よく見ていてね。
どっちの列のほうがたくさんあるかな、それとも同じかな？
この子どもは「前操作段階」にいるんだな。
どうしてまた同じことを訊くのかしら？きっと考えを変えなさいってことなんだわ。
こっちのほうが多いわ！

もいないときに、数が同じであることを子どもが理解しているかどうかを調べるためだということを、必ずしも理解していないかもしれない。その代わりに、質問の繰り返しは、子どもに答えを変更するよう、間違って答えるよう導く――たいてい、長くなった列のほうがたくさんあると答える――可能性がある。[12] 大人の会話でも、質問の繰り返し（たとえば、「元気？」→「大丈夫だよ」→「元気なの？」のように）は答えの変更をもたらすか、場合によっては、答えを繰り返すことに困惑を抱かせるものだが、これと似た効果がある。

　子どもは、質問される文脈にとても敏感なのである。子どもには数を保存する能力があるように見えないかもしれない。しかし4歳児ですら、保存課題を解いている人形の態度に対する反応をみる場合には、決して数量概念を欠いているわけではなく、そのために数的な保存ができないわけではないことを示すことができる。数が保存されていないようにみえた答えは、質問の繰り返しによって促されたのであり、聞き手が質問者の抱く期待に応えようとした結果なのである。

このような証拠は、なぜ子どもが数の保存課題でしばしば間違えてしまうのかを十分に説明するものではない。フランスの神経科学者スタニスラス・デハーネが簡潔に述べているように、子どもは、長い列のほうがたくさんある――たいてい、そういうものだ――という思い違いのトリックにひっかかってしまい、また、出来事の通常の状態に基づく慣習的な反応を「抑制」できないのかもしれない[13]。子どもにおけるこの抑制欠如やその他の実行機能の側面と、ここでも間違いなく強力な役割を果たしている会話要因とが、足並みを揃えて働いている。これらが、幼児に対する探索箱を使った研究やサルに対する研究で鮮やかに示された、そして赤ん坊を対象とした研究でもほぼ間違いなく示された、就学前児の初期の数量概念を覆い隠してしまう可能性がある。

では、アマゾンのピラハ族のように、文化に数詞が欠如していることについてはどうなのだろうか。計数語をもたない言語であることは、計数の際に数量概念を表現しない根本的な原因ではないのかもしれない。ピラハ族の文化においては数は中心的な重要性をもたず、そのためにピラハ族はごくわずかの数詞しかもっていないとも考えられる。ビーズを一続きにするといった日常的課題のかたちで教えれば、算数理解をもたない言語を使う文化の子どもにも、計数のやり方を教えることは難しくない。それは、日常的な状況では、形式論理を応用しなければならない問題解決が難なく可能であるのと同じである。

以上をまとめると、これまでの研究では、あらゆる文化のあらゆる子どもが数を数えることを示している――数量概念は生得的であり、言語と独立しているという主張と一致したパターンを示すのである。数学のこの側面に関しては、幼児や就学前児、そして学校に通っている子どもの推論に、大きな分水嶺はないし、概念変化は必要ない。文化における数についての言語のあいまいさや複雑さが、数学的計算の発現を損なうことはあるかもしれないが、その「コスト」は言語とは独立した、数に関する思考や推論を通して克服することができる。たとえばフランス語では、不定代名詞の「un」と、1を示す「un」とが不明確である。このあいまいさは、「un」を含む足し算や引き算の問題における子どもの成績に一時的な影響を与えるかもしれない。しかし、それは単に計算におけるコストにすぎず、数に関する思考の障害にはならない。同様に、西欧の言語は、数について不規則な言語システムをもっている。英語で11と12を示す語は、「oneteen」とか「twoteen」ではなく、「eleven」と「twelve」である。これは「thirteen」とか「nineteen」と矛盾している。しかし、「thirteen」とか「nineteen」という語はまた、20より上の数とも矛盾している。20より上の数は10の単位と1の単位として表される。イタリアでは、16と17の間に逆転があり、そのため、16は「sedici」（6と10）だが17は「diciassette」（10と7）と表される。フランス語では、80を「quarte-vingt」（4×20）、90を「quatre-vingt dix」（4×20＋10）と表現する。西欧の言語におけるこうした不規則性は、日本語のような言語にはみられない。そのため、こうした言語で計算を学ぶ子どもは、数システムが規則的であるため、最初はより効率的だと主張する者もいる[14]。たとえそうであっても、どのような言語を話すかに関係なく、計数と計算はどんな場所でも始まるのである。

さらに、子どもがひとたび言語的な数学能力を明示するようになったなら、数学能力が言語と独立していることはしばしば認められる。たとえば、計算力障害――足し算や引き算、割り算といった数学的計算能力に障害がある――をもつ8歳児も、通常、口話や読みといった言語に関連する領域の障害は示さない。ユニヴァーシティ・カレッジ・ロンドンのブライアン・バターワースによる研究が示しているように、8

歳児における計算力障害は、脳損傷のある大人と同じように、数の基本的処理に関する固有の障害によるもののようだ[15]。計算力障害は数固有の記憶能力を反映しているかもしれないが、言語や他の認知的能力の欠損によるものとみなすことはできない。

部分・全体に関する理解――分数と無限性

数学の概念的理解の中心には、部分・全体の関係に関する表象がある。たいへん幼い頃から子どもは、数としては表現されない部分・全体関係の判断に優れている。たとえば、マギル大学（モントリオール）のディーン・シャープと共同研究者たちは、英語を話す3歳児にジョージとテディ（ともにぬいぐるみのサル）に関する物語を提示した。ジョージとテディは一緒に朝ご飯を食べている。実験者はジョージを、たとえばリンゴは好きだけれどもバナナは嫌いだと紹介した。そして、実験者はジョージに「好きなもの質問」と「嫌いなもの質問」（「ジョージ、今日の朝ご飯は全部好き？」「ジョージ、今日の朝ご飯は全部嫌い？」）をした。その後で、子どもに向き直り、各質問のあとに「ジョージは何て言うかしら？」と訊いたのである。すると、かなり多くの子どもが、ジョージは朝ご飯の全部を好きではないし、全部を嫌いでもないと答えたのである。このことは、朝ご飯が好きなものと嫌いなものという部分から構成されていることを、子どもが理解していることを示している[16]。

子どもは計数のための語を理解すると、集合の部分・全体を表す数を用いる計算を、単純な足し算（1＋2＝3）や引き算（4－2＝2）、かけ算表といった数の事実に沿って加速させていく。また、「交換法則」（2つのリンゴ＋3つのリンゴ＝3つのリンゴ＋2つのリンゴ）や、「結合法則」（6つのリンゴ＋3つのリンゴ＝4つのリンゴ＋2つのリンゴ＋3つのリンゴ）などの法則に関する概念的知識によっても促進される。この知識は、最初は、リンゴのような事物集合と結びついているが、その後、数と結びつくようになり（2＋3＝3＋2、6＋3＝4＋2＋3）、最後は一般的な代数の形をとるようになる（たとえば、a＋b＝b＋a）。子どもがこの知識を獲得し、計算で使うようになる速度には相違があるが、一般的に、入学後数年間でこの数学領域についての能力を得るようになる。

子どもの足し算や引き算を手助けする単純な方法は、指を使って「数え上げる」方略である。たとえば、5ひく2を解こうとしている子どもを援助するには、5羽の鳥と2匹の虫を描いた絵を示せばよい。もし何匹の鳥が虫を捕まえられないかと質問すれば、たいへん幼い子どもでさえ、正しく答えられることが多いだろう。指を使って、鳥の数（5）を一方の手の指で示し、もう一方の手の指で虫の数（2）を示せば、子どもたちは両者を比較できる。解を得るには、「虫を捕まえられない」鳥の数を示す指の数を数え上げればよいのである（1-2-3）。

引き算のとき、借りてくるという考え方を子どもに伝えるためには、別の方略も有効かもしれない。たとえば、おもちゃのブロックを使う方法がある。ブロックを「10個」や「1個」を表すように並べるのである。10個を1列にまとめたブロックの棒を十の位に、1～9個の別々のブロックを一の位に置くのである。

たとえば、85から47をひくためには、まず十の位に8個の棒（棒は10個のブロックからつくられている）を、一の位に5個のブロックを置いて85をつくる。答え（38）を見つけるために、指導者は子どもに対して、一の位には5つしかブロックがないこと、したがって7をひくには足りないことに注意するよう言う。子どもは次に、十の位にある棒（10個のブロック）から「借りて」きて、棒を個別のブロックに分けるよう助言する。そうして47を引き算する一部分の7をまず取り去り、一の位に残っているブロックの数、つまり8を書き留めてから、さらに十の位から4つの棒を取り去る。そして残っている十の位の棒の数を書き留めると、この問題を解くことができる[17]。

このようにして、形や事物を利用すれば、4～5歳の子どもでも部分・全体関係を識別できるし、割り算、比率を理解できる。子どもは、円の4分の1に円の半分を加えれば、円の4分の3と等しくなることを示すこともできる。さらに、一本のひもを1回、2回、3回と切ったときに、何本のひもになるかについても理解することができる。しかし、分数、つまり計数で使われる自然数の間を埋める数に出会うと、問題が生じてくる。分数がなぜ難しいかについての説明は、数が連続した整数（1, 2, 3, 4, 5, …）――計数に使われる数――によって構成されているという、先有原理に求められることが多い。2が1のあとに続き、3が2のあとに続くのとは異なり、$\frac{1}{2}$は自然にあとに続く後任をもっていない。さらに、割り算表記はまぎらわしく、実行機能の能力に大きな負荷をかける。4は2よりも大きいが、$\frac{1}{2}$は$\frac{1}{3}$よりも大きい。もし1、2、$\frac{1}{2}$、$\frac{1}{4}$を順番に並べるよう言われたら、子どもは1、2、$\frac{1}{2}$、$\frac{1}{4}$と並べることが多い。子どもは、4が2より大きいという整数に関する知識を抑制できないことが多く、全体の一部分だという分数の考え方と割り算とを関連づけないのである。子どもは、小さい数がより大きな数によって分割されるとか、数を無限に分割していけるといったことがいかにして可能なのかを理解しない。かなり割り算の問題を訓練しても、多くの子どもは、分数をあたかも自然数のようにみなしてしまう。整数の数列（1, 2, 3……）の間に位置しているという割り算の「メンタルモデル」がないために、子どもは計数の数を過剰に一般化し、分数を自然数として扱ってしまうのかもしれない。そのことが、分数を整数の間を埋める数として理解するように子どもの数理論を対応させることを阻害する、大きな障壁となってしまうのかもしれない。このような困難があるため、教師は子どもが発達させている理解を継続的に、詳しく査定する必要がある。そうすることで、子どもが何を理解し何を理解していないかに関する理解を確実なものとしていけるのである。[18]

マサチューセッツ大学（ボストン）のキャロル・スミスと国立科学研究所（ワシントン）のグレッグ・ソロモン、そしてハーバードのスーザン・ケアリーは、たいへん独創的な研究において、割り算における子どもの困難を実証しようとした。[19] 彼女たちは、3〜6年生の子どもに、数と物理量に関する質問をした。数が無限に分割できるという理解が、物理量は無限に分割でき、何度も何度も半分に分割していっても（原子の粒子という概念は別として）質量および重量は残るという理解と関連しているかどうかを、検討したのである。その報告によれば、0から1までの間に数があるという子どもの自発的な気づきは、数を繰り返し分割してもゼロにたどり着くことはないという意味で、数が無限に分割できるという理解と関連していたという。また、数が無限に分割できるという概念をもっていた子どもは、物理量が無限に分割できるという理解も獲得していた。この子どもたちは、分数と小数の相対的な大きさに関する正しい判断と、数が無限に分割できるという理解に基づいた、分数の表記に関するモデルをもっていたのである。

なかには、分数を無限に分割できる数として理解しているようにはみえない子どももいた。一例として、分数に関する質問における、3年生の子どもの答えを示そう。

（0から1の間には数があるの？）ないよ。

（じゃあ、半分はどう？）うん、あるんじゃないかな。

（0から1の間にはいったいどのくらいの数があるのかな？）ちょっとだけ。0と半分だけだよ。だって1のちょうど半分だから。

（もし2を半分にして1にしたとするよ。そしてそれをまた半分にしたとするね。こうやって、ずっといつまでも半分にしていくことはできるのかな？）できないよ。だって、数の半分をとれば、そしたら0なんだから、0は半分にできないでしょ。

（数はどんどん小さくなるの？　それとも大きくなるの？）小さくなるんだよ。

（0にたどり着くの？）うん、そうだよ。


同じ子どもが、質量についても無限に分解できないと、次のように答えている。

（この（中くらいの）発泡スチロールには、たくさんの物質があるのかな、それともちょっとかな、それとも全然ないのかな？）ちょっとだけだよ。（この（小さい）発泡スチロールには、たくさんの物質があるのかな、それともちょっとかな、それとも全然ないのかな？）何にもないよ。だって、もし小さいのがあって、そしてそれがその一部なら、この大きい発泡スチロールが全部の物質をとっちゃうから、この小さい発泡スチロールには全然量がないんだよ。

（目に見えないほど小さい発泡スチロールはあるのかな？）ないよ。（うーん、だけど、なかには、とても小さくて私たちが目で見ることができないものもあるんだよ。だから、顕微鏡や他の特別な道具が必要なんだよ。）

（質量の思考に関する実験：この小さい一切れを半分に切って、さらに半分に切って、さらに半分に切ったとするよ。想像してみてね。もしこの小さい一切れを半分に切って、さらに半分に切っていくことを続けていったら、この発泡スチロールは、完全になくなっちゃうのかな？）うん。これをずっとずっと続けることもできるけど、だけど一年たったら、終わりになるよ。何も残っていないんだから。

（この〔中くらい〕発泡スチロールはとても重いかな、それとも少しだけ重いかな、それとも全然重くないのかな？）少しだけ重いよ。（この〔小さい〕発泡スチロールはとても重いかな、それとも少しだけ重いかな、それとも全然重くないのかな？）全然重くないよ。（0グラムなの？）うん、そうだよ。だって、もし小さい発泡スチロールをとったとしても、自分の肌みたいに感じられると思うよ。だってそれは全然重さがないんだから。

（じゃあね、小さい発泡スチロールを想像してみてね。見ることができないくらい小さいの。その小さい発泡スチロールは、そもそも場所を占めているのかな？）全然。だってね、もしこの本当に大きいのがテーブルの上にあって、小さいのを隅っこに置いたとするよ。そしたら、それは全然場所を占めないよ。

（この小さい発泡スチロールは、全然重さがないの？）ないよ。

一方、数と質量が無限に分割できると理解していた子どももいた。次に示すのは、5年生と6年生の子どもの反応である。

（0から1の間には数があるの？）あるよ。

（たとえば、どんな？）$\frac{1}{2}$とか、0・5とか。

（0から1の間には、だいたいどのくらいの数があるの？）たくさん。

（もし2を半分にして1にしたとするよ。そしてそれをまた半分にしたとするね。こうやって、ずっといつまでも半分にしていくことはできるのかな？）できるよ。半分にしたら、いつだって残りがあるんだから。

（数はどんどん小さくなるの、それとも大きくなるの？）小さくなるんだよ。

（0にたどり着くの？）そんなことないよ。だってね、0と1の間には、無限の数があるんだから。

（この発泡スチロールには、たくさんの物質があるのかな、それともちょっとかな、それとも全然ないのかな？）ちょっとだけだよ。いくらかね。だけどないんじゃないよ。

（目に見えないほど小さい発泡スチロールはあるのかな？）あるよ。顕微鏡でしか見えないくらいのがね。人間の目がピントを合わせるやり方じゃ、見えないんだよ。

（質量の思考に関する実験：この小さい一切れを半分に切って、さらに半分に切ったとするよ。想像してみてね。もしこの小さい一切れを半分に切って、さらに半分に切っていくことを続けていったら、この発泡スチロールは、完全になくなっちゃうのかな？）半分といっても、まだ少しはあるんだよ。半分はとってもとっても小さいけど、だけど、少しはあるんだよ。半分が何もなくなっちゃうものなんてないんだよ。半分にしたらなくなっちゃうものなんてないよ。

（この発泡スチロールはとても重いかな、それとも少しだけ重いかな、それとも全然重くないのかな？）とっても、とっても、とっても、とっても、とっても軽いよ。1オンスの1兆分の1くらいかな。いくらかはね、物質だから。

（じゃあね、小さい発泡スチロールを想像してみてね。あなたが見ることができないくらい小さいの。じゃあね、その小さい発泡スチロールは、そもそも場所を占めているのかな？）そうだよ。いくらかの空間は占めているよ。

（空間の思考に関する実験：じゃあね、この小さい一片を切って、半分にして、また半分にしたとするよ。もしこの小さい一片をどんどん半分にしていったら、どんな場所を占めることもない一片をつくりだすことができるかな？）できないよ。どんなに小さくても、それが物なら、空間を占めるんだよ。だって、それはそこにあるんだから。

（重さの思考に関する実験：何の重さもない一片を手に入れることはできるのかな？）それは測れないかもしれないけど、だけど、重さはあるよ。もし小さい人がそれを持ち上げたとするよ。そしたら、その人には重さが感じられるよ。

これらの結果は、数領域の知識獲得には知識が豊かになることを超えた概念変化が起こるとする説明を反映しているようにみえる。子どもは、分数や整数の概念を受け容れるために、数に関するそれまでの理論を捨て去る必要がある。スミスと共同研究者によれば、質量が無限に分解できることへの気づきは、分数や整数を理解する基礎を形作るものかもしれないという。彼女たちの研究では、質量が無限に分解できるという認識は、数が無限に分解できるという認識よりも前に出現したのである。つまり、質量が無限に分解できることを理解せずに、数が無限に分解できるという理解を獲得した子どもは一人もいなかったのだ。

分数と整数に関するこの気づきが、他の知識領域におけるより大きな理解、重力に関する理解、宇宙についての概念、汚染の生物学的性質の重要性、そして文学作品にみられるように言語や時間、空間の表現に関する無数の可能性を導くのかもしれない。[20] たとえば『隠れた奇跡』という物語のなかで、アルゼンチンの作家、ホルヘ・ルイス・ボルヘスは、第二次世界大戦中のチェコスロバキアで、刑の執行を前にした死刑囚の意志を通して、1秒という時間が1年という長さにまで、いかにしてほとんど無限に引き延ばされ得るかを生き生きと描いている。ジェイムズ・ジョイスは『若き芸術家の肖像』のなかで、主人公スティーヴン・ディーダラスが無限の空間に自分自身を位置づけ、部分・全体の関係を理解していることを示してみせた。アイルランドのカレッジの教室で、ディーダラスは地理の教科書に、彼の住所を次のように書き留める。

初歩クラス
クロンゴウズ・ウッド・カレッジ
サリンズ
キルデア地方
アイルランド　ヨーロッパ

したがって数学の場合には、他の領域に関する知識の深さに影響を与えるかもしれない数学的理解を向上させるために、子どもは概念変化を成し遂げなければならないというのは、大いに現実的な可能性があるといえる。この見方によれば、子どもは分数や小数、割合、そして比率に行き当たると、数に関する推論を根本的に変更する必要があり、さもなければ、数量の獲得に向けた進歩が停滞することになる。

この問題への簡単な解決法はない。キャンディや願いごとのような分離した量の計数はあらゆる文化で出現し、また子どもにとっても生得的に享受できるもののように見えるが、それとは違って部分・全体に関する理解は空間的な表象の使用を含んでおり、それは明示的に教えられ、訓練されなければならない。この過程を享受できるようになることは、もちろん望ましいことではあるが、それには訓練やドリルという苦痛がともなう。

しかしながら、日本の教育者が効果的だとして提唱している独創的なアプローチがあり、注目に値する[21]。日本の教室では、子どもはグループのメンバーが共に確実に学べるよう、メンバーの考えによく注意を払い、よく聴くよう指導される。こういう状況で、指導者は生徒に対して、仮説について考え、共に実験をするよう求める。次に、指導者はグループ全体に対して、説明を与える。ここでは、子どもが独力で成し遂げられることと、実際の活動と学校教育を通じて協働的に成し遂げられることとの重要なギャップ（ロシアの心理学者、L・S・ヴィゴツキー[22]によって提唱された）を埋めることを促進させる、「共同体的な理解活動」がある。

分数の授業において、指導者は数えられる単位をもつ分離した数量ではなく、単位や数の値が先だって決められていない連続した数量にまず焦点をあてる。指導者が注意を向けている対象が分離した数量ではなく連続した数量であることを伝えるために一般的によく使われるのは、水を加えるメタファーである。ここでは、まず子どもたちに水の入れ物を提示し、まず水を少しだけ入れ、それから完全に満杯にし、こぼれる場面を示す。この行為は、連続した数量の計測に関する強力なメタファーになる。水を加えることと計測との関連性をみたあと、子どもは、タイルを使って自分独自の定規をつくるよう指示される。まず、タイルを単位とする定規を使って、数量を比較する。次にそれらを、計測手段として使う。この過程で、分数の表象を必要とする部分・全体関係の概念化が促される。次に子どもはそれぞれ、水のリットル数で表された整数の間の分数的、小数的関連性に関する理解をより強固で豊かなものとするために、教室で他の子どもに彼らの得た知識やポイントを言語的に説明するのである。

知識がより豊富になるのか、それとも概念変化によるのか、いずれにせよ、子どもは見かけの現象的世界の根本にある現実は目に見えないだけでなく、無限の単位に分解できることにも気づく必要がある。日本の研究者は、彼らの方法が概して成功していると報告している。しかし、整数や分数の表象について子どもたちが何を理解できるのかを、私たちはまだほとんど理解していない。この問題もまた、今後の研究を強く必要としている。明らかなことは、多くの人々にとって数や算数の理解は最も難しいということだ。子どものなかには、この領域でいずれ概念変化の必要性に出会ったとき、あまりに挑戦的で手も足もでない子どももいるのだろうか。あるいは、分数と整数の理解を含めて、ほとんどすべての子どもに、高いレベルまで理解させられるようなやり方があるのだろうか。

しかし、これを中心的な問題として認めるどころか、子どもだけでなく大人にも、数と算数の重要性など言語の二の次だと軽く扱う大胆な人も多い。たとえば、ノーベル賞受賞者のジョセフ・コンラッド[23]（訳注：海洋文学で知られるポーランド生まれのイギリスの小説家）は、自叙伝の序章にこう書いている。「アルキメデスの梃子のことなど、絶対に、私には話さないでほしい。彼は数学的想像力をもった、心ここにあらずの人間だった。数学は私のあらゆる尊敬を集めるが、私にとっては、エンジンなんて何の役にもたたないのだ。私に正しいことばと正しいアクセントをくれれば、私は世界を動かすだろう。」

コンラッドは、立派な英語の文章を書いているが――彼にとっては、ポーランド語、フランス語に続く第三言語だ――、誰もがコンラッドのようになることはできないし、それはいいことでもある。数の計算もできずに、ことばで世界を動かすなど非常に困難だ。数の計算は、発展と繁栄のための生産や貿易、工業、輸送、コミュニケーションを可能とさせるのであって、そのすべてが人間の文明にとって非常に重要なものである。

コラム：小国協議会

今日では、私たちの行くところどこにでも、普通の人間には手が届かないように見えるものの、しかしよく見かける類の旅がある。長く疲れる飛行機の旅で、ファーストクラスやビジネスクラスでくつろぐ楽しみは、地平線上のいたるところに五つ星ホテルがあることとともに、誰もが知っている。しかしながら、それは誰にでも手の届くものではない。社会のなかで選ばれたトップクラスの人々だけのものだ。こうした贅沢な設備を維持するには、いったいどのくらいの最高幹部や政府高官がいるのだろうか。

数年前に参列した結婚式で、思いがけずこの問いに対する答えが示された。披露宴で、どういうわけか私は、とあるEUの小国の政府役人と同じテーブルになったのである。彼は私に、それまで聞いたこともない組織について話してくれた。それは、「小国協議会」といった。この組織は、ヨーロッパの最小国四ヵ国で構成されている。アンドラ、リヒテンシュタイン、モナコ、そしてサンマリノである。ほかに二つのオブザーバー国（ルクセンブルク、マルタ）があり、これら二国も小さい国ではあるのだが、正会員の資格を得て、並外れて小さい国々と付きあうほどには小さくないのだという。小国協議会の目的は、多くの大国のある世界のなかで、小さいことの抱える問題を議論することにあるのだという。その代表者は、とりわけすばらしい数量概念に恵まれていたのだが、これは数の統制という欲望へと導く。明らかに小さい国々は、社会計画や医療、司法、介護に使われるお金に特に詳しい精査が必要だ。この組織は、各加盟国のために、コストを最小化することを目的とした予算問題の詳細な調べ直しにあたっているのだという。

しかしながら、今日のヨーロッパには平等性がある。イギリスやフランス、ドイツ、イタリアといったヨーロッパの大国は、どんなに小さくとも相手国の話を注意深く聞き、小国を確実に公平に取り扱うために、時間と資源を保証しなければならないのである。たとえ四つの小国をあわせても、その人口がスロバキア（190万人）や、ついでに言えば、ストラスブルグ（およそ30万人）といった都市より少なくてもである。小国協議会の有効性を守り、代表者が最もよい状況で参加できるよう、交通システムが確立されているのだという。代表者全員が、自分の好きな航空会社のファーストクラスかビジネスクラスに乗れるというのだ。もしそうしたいと思えば、アリタリアの代わりにエアフランスに乗ることができ、ファーストクラスのラウンジで待ち時間を過ごし、酒を飲み、最も豪華なホテルに泊まり、小国協議会メンバーの各国で最もすばらしいレストランの顧客となるのだ。こうして、地方の素性でありながら国際的な外交的地位を維持し、またスキーシーズンにはアンドラやリヒテンシュタイン、夏にはモナコやサンマリノの楽しみを享受している一群の人々がいるというわけだ。とはいえ、この四つの目的地すべてが、四季のそれぞれにおいて貴重と思える魅力をもっていると断言できるのだが。

これはあまりにスキャンダラスで、真実のようには思えない。実際、私の知る限り、この席でこの友人は、ただ単に私にショックを与え、からかっただけかもしれない。私はグーグルで検索してみても、会員特権のあるその協議会が実際に存在しているという記録を見つけることができなかった。いまだミステリーのままなのだ。しかし、今日、貧困の蔓延する真っ只中で、とても手の届きそうにない贅沢がこんなにもあることには、やはり何らかの理由があるに違いない。

第7章　自閉症と発達障害

どろぼうの息子、聖人の息子、
不平不満がないのはどちらの子だろうか？
偉人の息子、無名の人の息子、
あなたの子どものように、すべてが子どもだったのだ。
ジャック・ブレル『フィル・ド』

ここまではほぼ、健康で標準的に発達している子どもについて述べてきた。その範囲には、ほとんどあらゆることについてオールラウンドに優れている子どももいれば、いくつかの分野について他者よりも優れている子どももいる。しかし、いくつかの分野について特別に秀でている子どものすべてが、標準的に発達しているわけではない。例外のなかには、自閉症と診断された子どもたちがいる。こうした子どもの発達は、変化が決して生じないようにみえる特定の領域があるという意味において、概念変化の問題と関連している。

古典的には、自閉症は「三つ組みの障害」と定義されてきた。第一に、自閉症児は、社会的活動に協同で参加しなければならない活動にかかわろうとしないことが多い。彼らは他者の特徴に興味を示さず、他者が彼らの注意をひきつけ、とらえようとしても、それに応えようとしない。第二に、自閉症児は想像力がほとんどないようにみえる。彼らは限定的な一人遊びをし、人間よりも事物に関心を向けることを好む。第三に、自閉症児は言語を獲得する速度に障害があり、このことは、他者とのコミュニケーションのなかで言語を用いる能力や話し手のメッセージを支える意図の理解に顕著に見られる。

自閉症、あるいは「自閉症スペクトラム」の範囲に入る特定の特徴をもった子どもの正確な数は、明らかでない。つい最近まで、自閉症はごく少数の子どもにしか認められない障害だと考えられていた。1万人あたり4人から5人、つまり1万人あたり9996名あるいは9995名の子どもには影響を与えないとされていたのである――ただし、自閉症でない子どものなかには、他の障害をもつ子どももいるかもしれないが。しかし、メディアと医療雑誌のどちらにも共通している主張は、私たちが今、自閉症の流行に直面しているということだ。最近の推計では、自閉症と自閉症スペクトラム――より広く定義して――の数は、1万人あたり116人にも上る、あるいは100人に1人より若干多いくらいではないかと言われている。この新しい推計では、以前に考えられていたより、信じがたいことに、25倍も多いのだ！　どうしてこのようなことが起こり得るのだろうか？　自閉症あるいは自閉症スペクトラムと分類される子どもの数は、本当に急増しているのだろうか？

身長、体重など、どのようなカテゴリーであっても、そこに分類される人の数が分類基準に依存することは明らかである。特定のカテゴリーに分類する基準を、一見大したことがない程度にゆるめることが、ケース数の増大をもたらすことがある。たとえば、「背が高い人」を、1980年時点で6フィート2インチ（およそ189センチメートル）と定義したとしよう。この基準をもし1994年に2インチだけ下げて6フィートにしたとすると、背の高い人の数は実際に変化しなくても、背が高いという定義に合致する人の数は大幅に増加することになる。こうした状況では、私たちはまさに背の高い人の「急増」に直面するのである。

これと同じように、近年、自閉症スペクトラムの診断に使われる基準が大きく拡大された[1]。たとえば1980年には、「他者に対する応答の広範囲な欠如」を示さなければ自閉症の基準に達しないとされていたが、1994年には「達成を他者と……自発的に分かち合おうとすることの欠如」さえ示されればよいとなったのだ。自閉症は知能検査の得点、聾やダウン症、脳性麻痺といった条件によらず生じ得ることが受け容れられると共に、言語パターンや事物に対する関心の程度の自閉症基準にも同じような拡大があった。実際自閉症スペクトラムの基準が拡大されたため、アイザック・ニュートンやトーマス・ジェファーソン、そしてビル・ゲイツといった人たちも、この診断基準に含まれ得るのではないかという推測があるほどだ。この定義によれば、少なくとも他者に対する興味の欠如が見られる程度に応じて、多くの子どもや大人に、多少とも自閉症があることになる。

自閉症の急増という主張を冷笑するのは簡単だ。しかし、自閉症の「狭い」定義に基づいた1万人に4〜5人という保守的な推計でも、3億人――ほぼアメリカ合衆国の人口――に1万2千人から1万5千人の自閉症者がいることになる。自閉症児をもつ親にとって、珍しさの程度が状況をより耐えられるものに変えるわけではない。極端なかたちの自閉症は、子どもの障害のなかでも最も深刻な障害のひとつであることは、非常に明らかなことである。

自閉症における数と芸術への執着

自閉症は発達のある領域では深刻な欠損をもつものの、別の領域ではうっとりするほど卓越した技能をもっているという風変わりなかたちをとることがある。周囲の世界の非社会的特徴に対してはとても偏った記銘力を示すだけでなく、数の計算や描画といった領域においてひときわ秀でた能力を示す自閉症者もいる。これらの人々は、サヴァンとして知られている。サヴァンは自閉症と診断された子どものうち、たった10％程度ではないかと推定されている（すべての子どもに換算すると、1万人に1人あるいはそれ以下）。サヴァンを対象とした研究は、自閉症に関する理解と、知識領域の不均衡を生じさせる条件について、注目に値する洞察を与えてくれた。二つの例を示そう[2]。

ロンドンの医療研究協議会の研究者たちが、3歳までに自閉症の診断を受けたマイケルという少年について研究した。彼は標準的な赤ん坊のように見えた。しかし、10ヵ月時点でけいれんを起こし、2歳から4歳の間にも繰り返しけいれんを起こした。彼は、脳の障害を負ったと考えられているが、それは脳の精密検査では確認されていない。

マイケルの発達は非常に不均衡だった。マイケルは話さず、言語性知能の検査（ピーボディー絵画語彙検査）で示されたように、語彙をほとんど理解しない。その一方で、彼の非言語性知能（レーヴン色彩マトリックステストで示された）は際だっている。複雑なジグソーパズルを解くことについては――ピースを裏返してさえも——一際だった技能をみせる。このことと一致して、非言語性知能については大人のなかでも上位1パーセントの中に入り、およそIQ140に相当するのである。

マイケルはまた、数についても並外れた能力をもっている。足し算、引き算、かけ算、割り算、因数分解ができ、500を超える数でもその数が素数か素数でないかを、瞬時に的確に判断するのである。彼のやり方は、紀元前3世紀のギリシアの天文学者であり数学者でもあったエラトステネスによって発明された計算アルゴリズムの使用と一致する。数が素数か否かを判断するためには、その数字の平方根より小さい、あるいはそれと等しいすべての素数で割る必要がある。もしその数字を、余りを出さずに割ることができなければ、それは素数である。いずれの場合も、余りが出ないものはないから、まずそれを2、3、5、7で割ってみなければならない。たとえば、79について判断するとしたら、79は素数である。

大西洋の反対側にあるモントリオールには、E・Cという大人の自閉症者がいる。E・Cも最初、マイケルのように、赤ん坊の頃は標準的に見えた。10週時点で百日咳にかかり、その後2回の発作を起こした。2歳までには、彼は明らかに自閉症であった。彼は6歳まで口がきけなかった。学校に行くことはできたが、成績は悪く、小学校レベルに達したのはやっと15歳になってからだった。E・Cはその後、試験的な精神医学プロジェクトのなかで、皿洗いや家のペンキを塗る仕事に就いた。

E・Cは時々かんしゃくを起こし、病的な摂食行動をみせる。彼の言語は標準にはほど遠い。彼の言語はステレオタイプのフレーズの反復と、特異な文法によって特徴づけられる。怒ると時々、代名詞をひっくり返す。他者と意味のある会話をするために、発話を調整しない。むしろ自分自身の話題や興味を繰り返し、冗談やだじゃれなど、会話の言外の意味理解に依存した表現をほとんど理解しない。マイケルとは

違って、Ｅ・Ｃは数に関する技能はほとんどなく、数えることができない。彼の才能は別の領域にあるのだ。彼は無生物の事物――人間や動物ではなく――を描くことに特別な技能をもっている。

モントリオール大学の二人の心理学者、ローラン・モトロンと、シルヴィー・ベルビルが、Ｅ・Ｃの図画の能力を研究している。彼らによれば、幼い頃からＥ・Ｃは事物を細部にわたって、一風変わった視点からの記憶に基づいて描くことに驚くべき能力をみせたという。彼は、特定のタイプのトラックを繰り返し描き、セントラルヒーティングのボイラーがお気に入りのモデルだった。

Ｅ・Ｃによるトイレの絵の一例を示した。大人の芸術家として、彼は10秒ごとにモデルに目をやる。めったに色を使わず、消しゴムを使うことも、線を取り消すこともない。Ｅ・Ｃは、事物のまっすぐな線を描くために紙を調整する。そのため、描かれた事物は紙の上で珍しい方向をとることになったり、事物の一部分だけが紙の端から許されたかのように現れたりすることになる。彼は一度、11歳のときにわずかの期間だが、美術学校に通ったものの、彼の描画スタイルへの固執——彼の両親が主張するには、彼が学校に入る前から見られた——により、追い出されてしまった。

E・Cを調べていくなかで、モトロンとベルビルは、描画に関する彼の技能が、部分的な細部に集中することによって支えられているのではないかという点に興味をもった。たとえば、E・Cと健常な大人の統制群に、全体的な（大きな）面と部分的な（小さな）面が一致しない刺激を提示した。それはたとえば、いくつもの小さなOによってつくられている大きなCと、小さないくつものCによってつくられている大きなOである。これらの刺激を、他の一致した刺激と共に、スクリーン上に非常に速い速度で提示した。E・Cと統制群の人たちは、何を見たかについて「小さい○○でつくられている大きい○○」というような表現で報告するよう求められた。統制群では、一致した刺激と一致しない刺激との間で、部分と全体のエラーに相違は認められなかった。一方、E・Cは、一致した刺激と比べ、一致しない刺激において、大きなものの特徴を小さなものの特徴と間違えるエラーが有意に多かったのである。

モトロンとベルビルは、E・Cは場面の局所的、部分的な細部に心を奪われてしまい、全体的な性質についての知覚が妨げられてしまうと結論づけた。この結果に対するひとつの解釈は、E・Cには正確な総体的表象を作り上げるために、状況の部分的および全体的特徴を処理することにおいて、「中枢性統合の弱さ」をもつというものである。しかしモトロンと彼の共同研究者は、「強められた知覚機能」の説明を選択している。(3) 彼らによれば、E・Cのような自閉症者は情報の全体的な側面を理解することに問題はないが、情報処理に局部的なバイアスをもっており、そのバイアスは、低いレベルの知覚——場面のなかの単純な視覚的あるいは聴覚的細部を知覚すること――への際だった能力を反映しているのだという。自閉症者のサヴァンとして、マイケルとE・Cは非常に異なっている。マイケルは計算技能をもつ口のきけないサヴァンのケースだが、E・Cは、描画の技能をもつ高機能自閉症――アスペルガー症候群とも呼ばれる――のケースである。この二人を結びつけるものは、人々よりも事物に好んで関心を向けること、そして他者との会話において自発的な言語が乏しいことである。

自閉症の心の理論

これまで長い間、自閉症には心の理論が欠如しており、この欠損がその非社会的性質を説明すると考えられてきた。心の理論による説明の根拠は、自閉症児の多くが、誤信念によって他者の行動がいかにして導かれるかを理解しないように見える――第2章で述べたサリーとアン課題での誤反応に示されるように――という研究結果にある。標準的に発達している3歳児とは違って、サリーが最初にどこを探すかを特定的に問うよう質問を変えても、自閉症児の心の理論のパフォーマンスの低さは変わりにくい。それどころか、自閉症児は、実際に心の理論の推論と関連すると思われる多くの困難を示す。たとえば、彼らは知ることと信じることには、重要な相違があることを理解しないかもしれない。「彼は、**食器棚のなかにクッキーがある**ことを知っている」という文が、食器棚の中に本当にクッキーがあるという命題が真であることを含意していること、そして「彼は**食器棚の中にクッキーがある**と信じている」という文は、その命題が真であるとも偽であるとも含意していないことを理解しないことが多い。自閉症ではないが言語障害をもつ、精神年齢は同じ子どもの理解とは大きく異なり、自閉症児は「友だち」という語を定義することに困難を抱えている。(4) 他者の意図、信念、感情について洞察をもたないとは、なんと恐ろしい見通しだろうか。このことは、自閉症者の過酷な孤独と悲しみをよくとらえ、説明しているようにみえる。ある意味において、自閉症児は、心の理論の推論にかかわるモジュールを欠いているのかもしれない。

しかし、心の理論による説明は当を得ているように見えながらも、すべてを説明するわけではない。そのひとつとして、標準的に発達している3、4歳児の調査に使われるサリーとアンのような課題で誤ることは、自閉症者のすべてに認められるわけでもなく、またこの障害に特定的なものでもないことが明らかになっている。自閉症と診断された子どものなかにも、この課題に正答する子どもがいる一方、自閉症でない多くの子ども、たとえば第2章で述べた遅くに手話を始めた聴覚障害児もまた、この課題に正答しないのである。実際、何度も繰り返し心の理論の課題について調べられた自閉症児のなかには、スマーティーの箱を最初に見せられ、そこに何が入っているかと問われたときに、そこにはスマーティーではなく鉛筆が入っていると思うと答える子どももいる。彼らは、彼らの誤信念に関する理解を調べるテストを受けると知っているのだ。さらに、子どもは心の理論に関する理解を保持しているかどうかを調べる調査を通常受ける以前の年齢では、自閉症様の症状、特に声に対する反応の欠如を示すことが多く、少なくともサリーとアンのようなタイプの課題ではそうである。要するに、自閉症と呼ばれる子どもの範囲は確かに多様で、雑多なのである。心の理論のようなひとつの領域に困難をもつ子どもも、他の実行機能の一つあるいはそれ以上については困難をもたないかもしれない。このことから、自閉症については、単一の説明ができないと主張する者もいる。(5)

自閉症における言語の重要性

これらの欠点を考慮して、最近の研究の多くは、自閉症児が示す言語とコミュニケーションの障害の範囲に直接焦点をあてている。その根底にある論理は、自閉症児の言語やコミュニケーションについてより深く理解することが、自閉症児が他者から伝えられる情報の意味的理解に抱く困難の多くを知る鍵となるのではないかというものだ。実際、1943年にレオ・カナー――自閉症研究の初期のパイオニアであり、アメリカ合衆国における最初の児童精神医学教授――によって定義された古典的自閉症では、言語とコミュニケーションの深刻な問題が社会的関係や想像力の障害と共にみられたときのみ、自閉症という診断が下されている。自閉症スペクトラム障害では、人々のなかでの自閉的症状の分布を、アスペルガー症候群や高機能自閉症のような状態から、古典的（カナータイプ）自閉症にまで及ぶ連続体とみることが多い。しかし、古典的自閉症はアスペルガー症候群よりも深刻な言語面の欠陥によって特徴づけられるが、アスペルガー症候群あるいは高機能自閉症を含めて自閉症スペクトラムに入る人たちの多くが、標準的に発達している子どもと比べると、実際に少なくともある程度の言語面での遅れやコミュニケーションの問題を抱えているのである[6]。

これらの問題は、正確には何なのだろうか。月齢18～24ヵ月の時点で、標準的に発達している乳児は、新奇な語を解釈する際に、他者が事物に対して向ける視線を巧みに利用する。たとえば、話し手が「バナナ」と発話した際に、バナナを見ていることを理解し、名称が述べられた事物はバナナなのだと推測するのである。しかし、自閉症で言語面に遅れのある子どもの多くは、新奇な語の学習においてこの方略をうまく使わないことは、ほとんど疑問の余地がない。この研究結果は、視線の脳内基盤に関する研究と合致している。標準的に発達している子どもは、視線を向けたときに生じる脳の活性化が右半球でみられるが、自閉症者では左右両方にみられ、どちらかの脳半球に特定されていないのである[7]。

自閉症児はひとたび語彙を獲得しても、使用する言語の音韻と文法の双方に、やはり標準的に発達している子どもと比べて障害が認められる。しかしながら、言語のこうした形式的側面が自閉症において障害されている程度については議論があり、障害が発達の全般的な遅れによるものなのか、それとも自閉症固有の状況によるものなのかについて論争がある[8]。

自閉症児が直面する言語面の広範囲な問題のうち、ほとんど異議なく合意が得られているのは、語用論の領域である。語の意味に関する知識や文法とは違って、語用論は、コミュニケーションにおいて言語がいかに使われるのかに関する知識を問題としている。そこには、社会的文脈に基づいてコミュニケーションで含意されていることにしたがう能力が含まれており、標準的に発達している子どもはその能力によって、冗談や皮肉、嫌みを理解できるのである。

語用論研究の中心的な問いは、話し手のメッセージから適切な特性を取り出して、聞き手がいかに意味を引き出すかに向けられている。たとえば、もしあなたが、イタリアの司法当局が首相とその知人を起訴したという話を耳にしたとする。イタリア人の友だちに、「結局、裁判はどうなったんだい？」と訊いたときの返答が、「知人は有罪判決を受けたんだよ」というものだったなら、そこには首相は有罪判決を受けなかったことが含意されている。別の例をコメディ俳優のマルクス兄弟からあげてみよう。話し手が新しい知人に、「どこで君をつかまえればいいんだい？」と訊いた。「知らないよ。いたるところ、くすぐったいからね。」この返事はユーモラスだ。しかしそれは、話し手が意図していなかった、質問の二重の意味を理解する人にとってだけである。他にもこんな例がある。散らかし放題の男の子に、母親が「いつもしてくれるみたいに、おもちゃをきれいに片づけてくれてありがとう」と大きな声で言った。男の子がこの発言に意図された意味を理解するためには、自分がまったく正反対だから母親が嫌みを言っているとわかる必要がある。

大人は言語を解釈するとき、話されていることの範囲を超えて、言語の字義的な意味として伝えられるものを豊かにし、場合によっては裏返しにさえする。彼らは通常多くの暗黙的な情報をつけ加え、――うまくいけば――話し手の意図した意味を取り出すことができる。これは、標準的に発達している幼児にとってもまだあまり会話経験がないので非常に難しいことだが、その難しさは自閉症児には言うまでもない。

こうした子どもたちにとって、語用論やコミュニケーションにおいて字義を離れて意味をうまくつかむことは、相当な障壁となる。たとえば、自閉症児は一人称と二人称の単数代名詞（「わたし」と「あなた」）をしばしば誤って使用する。しかし、三人称に相当する名詞についてはそのようなことはない。この特定の困難は、「わたし」と「あなた」の指示的な意味を調整する必要性を反映しているのかもしれない。「わたし」と「あなた」は会話のやりとりの過程で常に変化するが、三人称の名詞の意味は、会話のなかの特定の時点において誰が話しているかに依存しない。自閉症児は、固有名詞を正しく使用するが、自閉症でない子どもが固有名詞を実際に使用する時期よりも、発達的に遅い傾向がある。彼らはまた、「これ」と「あれ」のような指示語、あるいは「来る」と「行く」、「ここ」と「そこ」といった語の使用

にも困難を示す。これらの語を正しく理解するためには、話し手は仮定的に聞き手の個人的視点をとる必要がある。(9)

自閉症児について、会話のなかでの筋の通ったやりとりを理解する語用論的理解を調べた総合的な研究のなかで、イタリアの心理学者、ルカ・スリアンは、イギリスの研究者サイモン・バロン‐コーエン、ヒーザー・バン・デル・レーリーとチームを組んだ。(10) 彼らは、自閉症児が、標準的に発達している子どもや、統語や形態論に永続的な欠損があり特異的言語障害とされている子どもと比べても、語用論的発達により障害をもつかどうかを系統的に検討した。自閉症と特異的言語障害の子どもの平均年齢は12歳で、標準的に発達している6歳の子どもと比較された。この三つのグループすべてにおいて、言語面での平均的な精神年齢は67～69ヵ月だった。

子どもたちは、語用論的理解をみるテストを受けた。このテストは、大きな影響を与えたポール・グライスによって提唱された枠組みに沿って考え出されたものである。グライスによれば、会話において話し手は暗黙のうちに「協力の原理」にしたがうという。話し手たちは、承認された目的に対して協力するというのである。そのために、彼らは九つの会話の公準にしたがわなければならない。これらの公準は（カントにならって）量の公準、質の公準、関連性の公準、マナーの公準と名付けられた。

量の公準

1　求められている程度の情報を与えよ。
2　求められている以上の情報は与えるな。

質の公準

1　偽りと信じていることは言うな。

2　適切な証拠のないことは言うな。

関連性の公準

1　関連をもたせよ。

マナーの公準

1　あいまいな表現を避けよ。

2　多義性を避けよ。

3　簡潔であれ（不必要な冗長さを避けよ）。

4　順序よくあれ。

子どもたちは、人形劇で、話し手が公準に違反するケースを含む、27の短い会話のやりとりを聞いた。それらは一人の男性と二人の女性、計三人の話し手によってテープに録音されたもので、三人の話し手は三体の人形（ルーシー、トム、ジェーン）に対応していた。三つのグループの子どもたちに人形を示し、このなかの一人、ルーシーが他の二人、トムとジェーンに質問をしようとしていると説明した。また、トムとジェーンはいつもルーシーの質問に答えるが、そのたびに、トムかジェーンのどちらかはおかしなことや、ばかばかしいことを言うこと、そして、時にはトムがばかばかしいことを言うこともあるし、ジェーンがばかばかしいことを言うこともあるとも告げた。

子どもたちは、テープの音声を注意して聞くようにと指示された。各エピソードのあとで、テープを止め、次のように質問する。「ばかばかしいことを言ったのはどっちかな？　指さしてくれる？」それぞれのケースにおいて、答えのひとつは会話の公準に違反していた。量に関する第一と第二の公準、質および関連性に関する第一の公準に対する違反である。以下は、ばかばかしい答えの例である（＊がついている）。

量に関する第一の公準（求められている程度の情報を与えよ）

ルーシー：お昼に何を食べたの？

トム：何かの食べ物だよ＊。

ジェーン：ピザよ。

量に関する第二の公準（冗長な情報を避けよ）

ルーシー：あなたの親友は誰？

トム：僕の親友はピーターだよ。ピーターは服を着ているよ＊。

ジェーン：私の親友はジョンよ。彼は私の学校に通っているの。

質に関する第一の公準（正直であれ）

ルーシー：どうして私と遊ばないの？

トム：お茶を飲みに、家に帰らなくちゃいけないから＊。

ジェーン：今、空想にふけってるの。

関連性に関する公準（関連させよ）

ルーシー：お休みの日は何してるの？
トム：毎日、サイクリングしてるよ。
ジェーン：私のズボン、青なのよ＊。

さらに、子どもたちはグライスの礼儀の公準（「礼儀正しくあれ」）に相当するエピソードも聞いた。礼儀の公準は、グライスのもともとのリストには含まれていなかったが、後にグライスによって加えられたものである。たとえば、ルーシー「わたしのドレス、すてき？」トム「かわいいよ。」ジェーン「わたし、それ大嫌いだわ＊。」などである。

標準的に発達している子どもと特異的言語障害をもつ子どもに比べて、自閉症児は、語用論に深刻で永続的な問題を抱えていることが示された。非常に驚くことに、自閉症児は多くが12歳だったのに、標準的に発達している6歳児が容易に指摘できるような、公準に違反するばかばかしい答えをうまく識別するのが難しかったのである。彼らは、会話の基本的な公準やルールについての理解を示さなかった。こうした公準やルールは、グライスによれば、話し手に対し、十分な量の、関連性のある正しい情報を、明瞭で順序だった、あいまいでないやり方で提供するよう求めるものである。この結果は、自閉症児が共同注意の焦点を定め、それを維持するために言語を使用できないこと、他者が興味をもつ話題について話すことができないこと、新しい話題にスムーズに移行できないこと、効果的なコミュニケーションを行うために他者に対してどの程度の背景情報を提供すればよいかわからないことと一致している。自閉症児の語用論的理解の難しさは、心の理論に関する正しい推論が欠けていることと関連しており、さらには皮肉や嫌み、字義的でない解釈を要する隠喩的な発話を理解することの困難さにまで及んでいるようにみえる。

語用論に関連するものとして、言語の韻律情報の利用がある。話しことばで語や句にアクセントをつけたりことばを反響したりすることは、コミュニケーションを促進する。韻律は皮肉を含む発言の解釈に重要で、皮肉を含む発言はしばしば特徴的な韻律の形をもっており、聞き手がこの発言を正しく解釈する助けとなる。自閉症者の異常な韻律は、最初臨床的な研究で報告されたが、最近では、実験的な検討が行われるようになっている。自閉症者の多くは、話しことばのイントネーションが平坦で、この点についてはコンピュータプログラムで自動的につくりだされる音声アナウンスとよく似ている。彼らは、驚きやいらだちのように、発声から話し手の心の状態を推測しなければならない課題がほとんどできない。アスペルガー症候群とも呼ばれる高機能自閉症の大人でさえ、話し手の発声から、驚きやいらだちといった話し手の心的状態を推測するのが困難なことがある。行動研究と脳撮像の研究のどちらからも示されている証拠は、自閉症児が標準的に発達している子どもよりも、皮肉における韻律の使用を理解するのに、より大きな困難を抱えていることを示している[11]。

自閉症児の言語障害は、彼らが社会的世界に注意を向けないことを説明する手がかりとなるだろうか?

今日までの研究によれば、言語的技能をあまりもたない子どもは、事物に対する強い関心と、自閉症に象徴的な人間への関心の欠如を示しやすいようである。重要な可能性は、こうした子どもたちは、話しことばや声に注意を向けることに困難があるのではないかということである。彼らは会話に参加したり、他者の行動や考えについて考えたりする際、核心となる情報を考慮しないのかもしれない。そのため、自閉症あるいは自閉症スペクトラム障害をもつ子どもは、数学や事物の描画といった非社会的な機能分野を、埋め合わせとして発達させていくのかもしれない。

新生児期の初めから、聴覚は注意の定位における根本的な基礎となっている。人生最初の1週間で、健康な新生児は話し手の声の方向に顔を向ける。これは、現在マギル大学のモートン・メンデルソンと、現在デンバー大学のマーシャル・ハイチによる古典的な一連の研究で報告されている。[12] たとえば、彼らの研究では、生後1～4日の赤ん坊を、背中がテレビカメラの方を向くように寝かせた。次に、次のような10のメッセージを聞かせた。

「こんにちは、赤ちゃん。今日は君に会えて、本当にうれしいよ。信じようが信じまいが、君は今テレビに映っているんだよ。家にいる家族が君が映っているのを見たら、みんな驚くんじゃないかな？ 目をかわいらしく、大きく開けていてね。赤ちゃん、頭を大きく動かさないようにね。君をよく撮ろうとしたら、そうしてもらうしかないんだよ。もし君が本当によく協力してくれたら、君は、科学が真実と知識を発見する手伝いをしていることになるんだよ。そのことを知って、君はきっと満足すると思うよ。よく覚えておいてね、赤ちゃん、『真実は美しい、美しい真実』とね。一生懸命やってくれて、ありがとう、赤ちゃん、よい一日を！」

こういうタイプのメッセージに対して、新生児は振り向いて音が聞こえてくる位置に目を向けたのである。こうした反応をすることで、新生児は、音を、視覚を導くものとして利用できることを示したのである。

視覚システムと比べて聴覚システムのほうがより早期から成熟することを踏まえると、大人の注意は視覚が優先的に支配しているが、5歳以前では、聴覚モダリティの刺激が子どもの注意を支配しているのも、驚くことではない。健常児と健常者を対象とした実験で、オハイオ州立大学のヴラジミール・スロウツキーと同僚たちは、8ヵ月〜4歳の子どもについて次のことを発見した。この子どもたちは、大人とは違って、馴染みのある音と一緒に絵を提示した場合、馴染みのある絵よりも新奇な絵に多くの注意を向けることはなかった。しかし、新奇な音とともに絵を提示した場合には、乳児も4歳児も、それ以前に見たことがあるかないかにかかわらず、絵に有意に長く注意を向けたのである。聴覚の優位性は新生児においてとりわけ顕著で、「自動的」であるように思われ、熟考や思慮のもとに行われる必要がない。初期における聴覚の優位性は言語学習には適応的で、他者との会話に参加するのに不可欠のものである。私たちが目にする事物は多くが静止しており、消えることはない。その一方、話しことばのなかの音はつかの間のものであり、効果的なコミュニケーションのためには、それを素早く処理する必要がある。[13]

健康な人たちとは対照的に自閉症者は、聴覚世界の取り扱い、とりわけ話しことばと声に困難を抱えている。彼らは話し手と共に同じ対象に注意を向けることができない。これは、健常児と自閉症児を分ける「要」と考えられている技能である。たとえば、自閉症者の多くが、話しことばとノイズ（雑音）の区別に困難がある。自閉症者は自閉症でない人たちよりも、合図音とマスキング音（隠す音）との周波数差がより大きくないと、合図音を聞くことができないのである[14]。

これまで行われてきた研究の多くが、見事に大陸横断的だ。たとえば、フィンランドの認知神経科学者リタ・セポニーヌをはじめ、ヘルシンキ、サンディエゴ、そして日本の調布で行われた研究で、事象関連脳電位を用い、学童期の自閉症児の音に対する脳の活性化が検討されている。子どもたちは、母音の「話しことばらしい」質に注意を向けることに障害があった[15]。さらに、fMRI（機能的磁気共鳴画像法）を用いた脳撮像の研究では、フランスの研究者エレーヌ・ジェルベーとモニカ・ジルボビシウスらパリとモントリオールのチームが、自閉症と診断された5人の成人男性について、声に対する脳の活性化を検討している[16]。

次ページの図に示すように、健常者の統制群では、右半球と左半球の上側頭溝領域に声に対する明らかな活性化が認められるが、自閉症者のグループではそうではない。どちらのグループでも、声でない音に対しては通常の活性化パターンが認められた。この結果は、モトロンと共同研究者たちの、自閉症児の注意が音――たとえば、カフェテリアや掃除機の音など――と同時に、声の複雑さによっても圧倒されてしまうという主張と一致している。一方、純音のように、声でない単調な音に対しては、自閉症児も健常児と同じように適切な処理を行っている。

声に選択的な脳領域の特定は、自閉症研究においてきわめて重要な意味をもっている。次のステップは、TMS（経頭蓋磁気刺激法）を使うことであろう。これは、磁気刺激を用いて仮想的な脳損傷をつくりだす方法である。TMSにより、神経科学者は、数処理や顔の識別、記憶、言語、知覚、思考、推論といった側面に関する機能に特殊化された脳領域を分離させることができる。

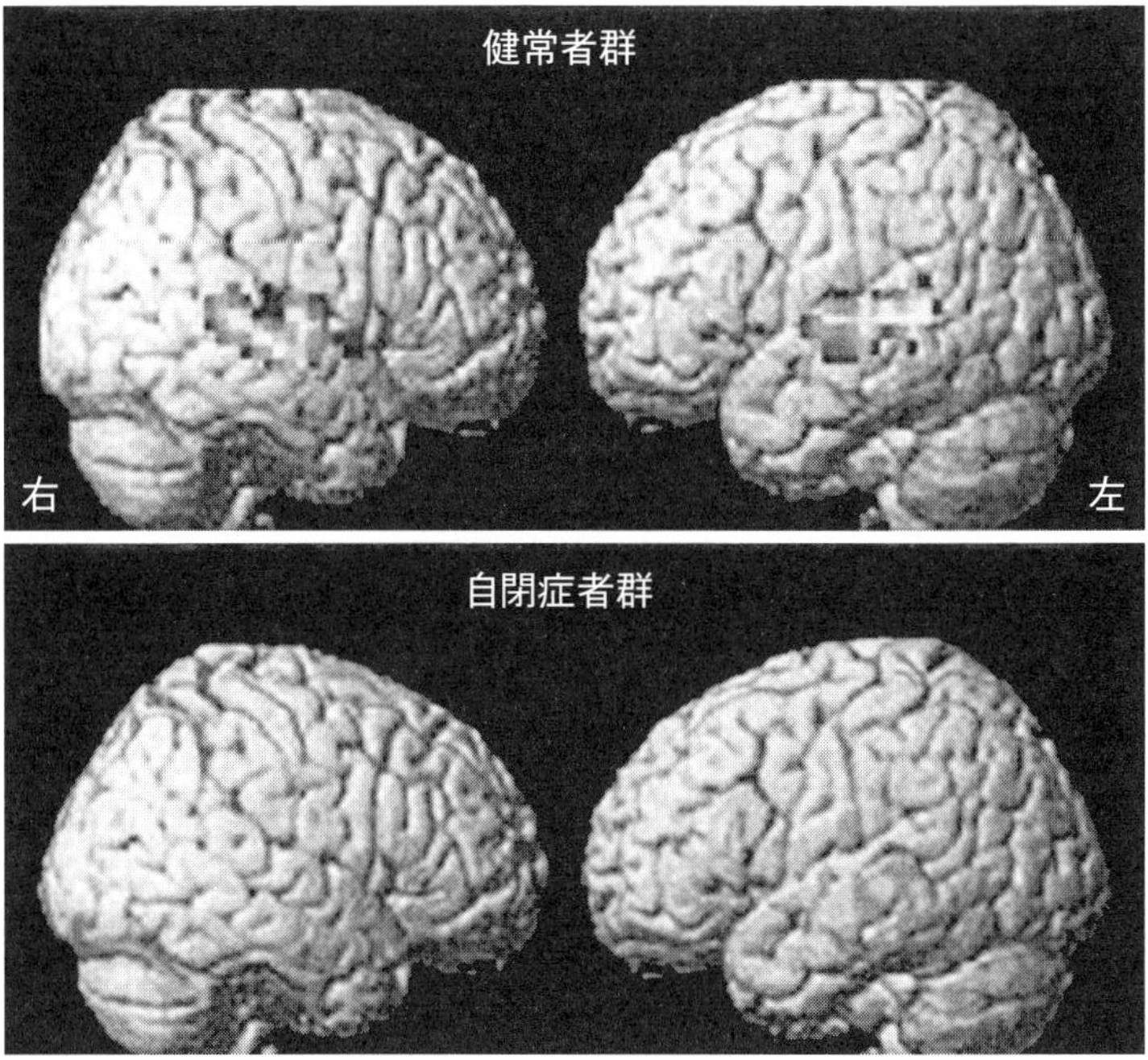

私は、日本の京都で開かれた会議に参加したことがある。そこである著名な研究者が、脳梗塞の患者に明瞭に話す能力を取り戻させる助けとしてTMSを使う可能性があると興奮していた。とても印象深かったのでその話を同僚にしたところ、彼から、TMSは実は私の大学で開発されたと指摘された。これは私が知らなかった事実であり、世界で3000以上にものぼるTMSを使っている研究室でも、おそらく一般的に知られていないだろう。[17] このことを知って、私はシェフィールドの医療物理学者であり技術者であるアンソニー・T・ベイカーと共同研究者たちが1985年に行った発見を知らなかったと白状しに会いに行った。けた外れの慎み深さをもって、トニー（アン

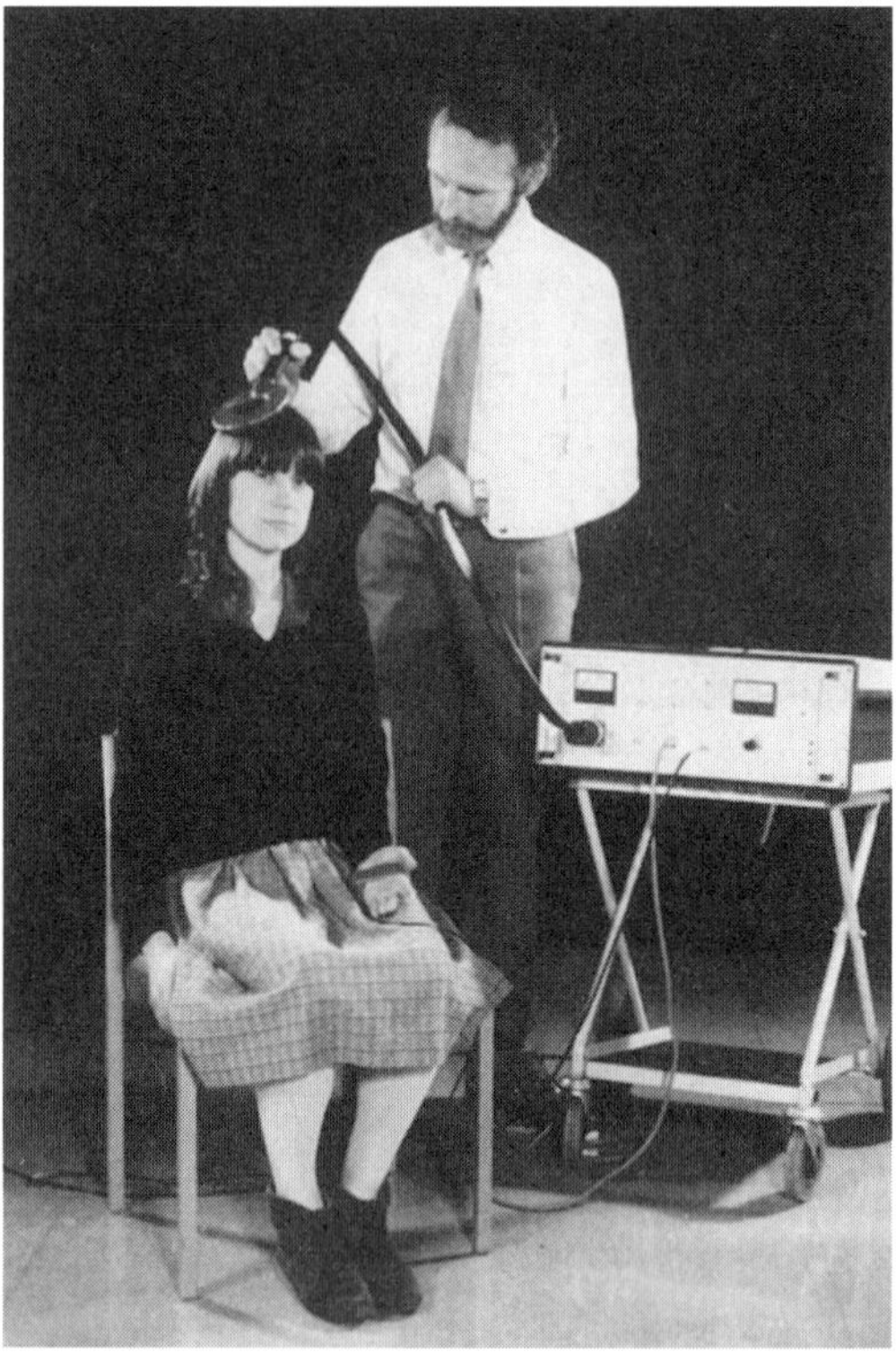

ソニー）はあっさりと答えたのである。「もし私たちが発見していなかったとしても、他の誰かがやったさ。」しかし、ここで念のため述べておくと、実験対象者に対して、臨床的ＴＭＳシミュレーターを最初に使用したのもトニーである。彼はそれと同じコイルを私の運動野に向けて用いたのだが、私は本当にけいれんを起こしたのだった。

ＴＭＳはすべての脳領域に等しくアクセスできるわけではない。ＴＭＳを向ける脳の正確な位置を見つけるのは難しいのである。しかし神経科学者は、ＴＭＳを論理的に安全な技術として歓迎している。それは、きわめて重要な原因・結果の関連性に関する仮説の検証を可能とするのである。fMRIや事象関連脳電位を含む脳撮像の技術は、人間が課題を行っているときに、どの脳領域が活性化するかを明らかにする。これらによって示されるのは、特定領域における活性化が課題と相関することである。だがこれは、この領域の活性化がその遂行に必要であることを示すものではない。ここに、TMSを用いるポイントがある。調べる特定領域における脳の活性化を抑制することによって、TMSは因果関係を立証することができるのだ。もし人がTMSを受けている間、課題をよく遂行できなくなったとしたら、その脳領域が実際にその課題を行うために使われており、課題の遂行に必要だという仮説に強い証拠が示されることになる。

このタイプの研究が、顔の識別能力をみるために使われている。たとえば、提示された写真が、友だちや同僚など自分にとって馴染みのある顔よりも自分自身の顔に似ているかどうか判断するよう求められた場合、fMRIを用いると、右側下頭頂小葉の活性化が示されるだろう。次に、実験者は右側下頭頂小葉にTMSを使って干渉を与える。すると、顔の識別能力が低下する。しかし左側下頭頂小葉に干渉を与えても何の効果も認められない。こうした研究により、右側下頭頂小葉が顔の識別に重要だという仮説が支持されることになる。なぜなら、右側下頭頂小葉の機能に干渉すると、顔を識別する正確さが低下するからである。

原理は同じだというのに、心の理論に関する推論や数学的計算については、これまでこうした研究は行われていない。何人かの研究者が主張するように、もし左側側頭・頭頂連結部が心の理論の推論に欠くことのできないものであれば、心の理論の課題について推論する間、TMSで側頭・頭頂連結部を「撃てば」、心の理論のパフォーマンスが低下するはずである。（このことはいつも私の頭のなかにあり、空想上の論文の理想的なタイトルも考えている：「TMSを用いた側頭・頭頂連結部が『心の理論』に与えるインパクトの測定」）。同じように、左側頭頂間溝水平部分が、足し算や引き算といった操作を含む正確な数の計算を行う際の中心的な部分とされる左半球言語野であるとも主張されている。[18] もしそうならば、計算をしている間に、TMSを用いて頭頂間溝水平部分を撃てば、計算のパフォーマンスが低下するはずである。自閉症の大人では声に対する反応として上側頭溝が活性化しないという結果を踏まえると、TMSを用いて声に選択的な上側頭溝領域を撃つことで、声に対する反応の欠如を含む自閉症の症状を、一時的に健常者につくりだすこともできるのではないだろうか？

自閉症と、声と話しことばに対する注意──因果経路の探索

これらすべては、これからのことだ。TMSは置いておくとして、原因・結果について解決すべき三つの難しい問題がある。批判的にみれば、就学前の子どもや、場合によっては2歳以下の子どもにさえ自閉症の症状がみられることが少なくないことから、[19] 学童期の子どもや青年、大人にみられる聴覚処理の困難は自閉症に先行するものではなく、その結果なのではないかと論ずることができよう。言い換えれば、原因はその結果の前にこなければならないのだから、声や話しことばへの注意の問題は、自閉症の原因そのものというより、発達のもっと初期に生じる何か他の原因の結果かもしれないというわけだ。

実際、fMRIの研究では、脳の活性化に関して、健常な学童期の子どもや青年と、自閉症の人たちと

の間に、多くの相違のあることが示されている。たとえば、自閉症スペクトラムの高機能自閉症児10名（平均年齢12歳）は、情動的反応を模倣したり観察したりしている間、特定の脳領域（下前頭回）に「ミラーニューロン」の活動が認められないと報告されている。こうした活動は、健常者の統制群では模倣のメカニズム、そしておそらく意図のメカニズムであるとも考えられている。また別の10代男性の自閉症者を対象とした研究では、顔の識別課題において顔を見つめる時間の長さと、怒りのような情動反応に関連した脳の構造である扁桃体の活動との間に強い関連性が認められている。自閉症者は顔を凝視せず強い嫌悪感を示すことが特徴であり、この関連性は、健常者の統制群と比較して、自閉症者の顔に対する高められた情動反応を示唆するものと考えられている[20]。

子ども時代後期あるいは大人において認められる、脳と行動とのこうした関連性は、単に偶然の一致にすぎず、必ずしも因果的効果の解明に役立つものではないかもしれない。これらは、子ども時代初期あるいは乳児期において明白となる自閉症に先行するものではなく、その結果なのかもしれない。しかしながら、聴覚的注意に基づく因果説明と一致して、私たちは今や、自閉症が幼いときにも話しことばへの適切な注意を欠くという証拠を手にしている。シアトルにあるワシントン大学の発話聴覚学部のパトリシア・クールが率いる研究チームは、最近、自閉症スペクトラム障害と診断された32〜52ヵ月児29名に対する研究を報告している[21]。健常児の統制群と比較して、自閉症スペクトラム障害の子どもは、強調された韻律をもつ「母親語」に対する好みを示さなかった。母親語は、子どもとのコミュニケーションにおいて母親が通常用いるもので、発話によらない働きかけに加えて、言語獲得を促進すると考えられている。さらに、脳の活性化の指標となる事象関連脳電位では、同年齢の健常児と比べて、自閉症スペクトラム障害の子どもは話しことばの音節変化に大きな反応を示さなかった。これらの結果は、就学前の自閉症児が人間の声に定位したり、この情報を顔の認識に利用したり、会話において話し手に注意を向けたりすることに困難を抱えているという、長年にわたる観察とも一致している――ただし、年長の子どもについては必ずしも特徴的なことではなく、音声処理を調べる測定方法の性質に依存している。

それでもこれらの研究は、聴覚注意が自閉症の先行因――すなわち、原因である可能性――ではなく、その結果であることを必ずしも排除しない。人生の最初の一年間あるいは二年間における他のいくつかの要因が、自閉症児の多くに示される声や話しことばに対する注意の欠如を引き起こしたのかもしれない。たとえば、第2章で述べたような、視覚注意に基づく心の理論研究の進歩は、健常な13ヵ月児にすら、誤信念の初期理解が認められることを指摘している。今後の研究では、このタイプの理解が自閉症に欠けていることが示されるかもしれない。まったく異なる例として、ごく初期の発達において、後に自閉症と診断される子どもの頭のサイズが大きいという報告がしばしばある。これら両要因とも、やはり、自閉症の因果的説明とはならないかもしれず、聴覚注意の場合と同じだとわかるかもしれない。だが、クールと彼女の共同研究者によって報告された結果は、初期における話しことばと声に対する注意の問題が、自閉症の原因要因かもしれないという立場と一致している。もしこの主張が正しいと判明すれば、自閉症に関する他の多くの問題がうまくおさまる。これは、特定の欠陥がいかにしてそれに連なる多くの発達的影響をもたらし、より全般的な障害へとつながっていくかを示すひとつの例となり得る。

第一に、聴覚注意の欠陥をもつことで、自閉症児は標準的に発達している子どもが享受している他者と会話する機会を妨げられている。実際、健常児とは異なり、自閉症スペクトラム障害と診断された子どもの多くは、名前を呼ばれても反応しない――このことは、乳児期にも認められる。自閉症児のなかには、話したり、母語の文法を習得したりする者もいる。それでもしかし、話し手の意図やそれに付随するユーモアや嫌み、皮肉を理解することを含めて、会話の意味を見抜く経験をもてるわけではない。その結果として、彼らは他者とのやりとりを含む出来事に注意を向ける――そしてそれを覚えている――ことがないのかもしれない。その代わりに、彼らは環境の非社会的側面に注意を向け、自閉症の顕著な特徴のひとつである事物に対する過剰な興味を示すのである。[22]

多くの自閉症者にとって、その結末は、よく発達した、あるいはよく発達しすぎた視空間能力である。彼らは、錯視に対して健常者の統制群と同程度かそれ以上の視覚的探索や抵抗を示す。彼らはまた、パターンマッチングや空間的定位が必要な課題において、よい結果を残す。事物の細部に綿密な注意を払う必要のあるこうした課題での成功は、E・Cのようなケースのふるまいを説明するために提唱された、中枢性統合の弱さと強められた知覚機能という自閉症の説明と一致している。

第二に、声と話しことばに対する注意の欠如は、4歳を過ぎても多くの自閉症児が示す、サリーとアン課題タイプの心の理論課題での困難――第2章で述べた手話を遅くから始めた聴覚障害児の抱える困難と似ている――の一因かもしれない。自閉症そして聴覚障害をもつ子どもは、おそらく異なる理由によって課題に失敗するのだろう。しかしながら、他者の心的状態が自分自身のものといかに異なるかに関する、会話のなかの情報――心の理論課題で正答するための鍵となる情報――に注意を向ける子どもの能力を制限するという点で、これらの理由は、次に言語の欠損と関連するのかもしれない。[23]

第三に、もし聴覚注意が自閉症の原因として作用しているのだとすれば、有効なステップは、声や話しことばに注意を向けられるよう聴覚面のトレーニングを行うことだろう。これは読字障害や読み遅滞の領域において幅広く検討されてきた問題である。少なくとも英語のようにアルファベットを使用する言語においては——中国語のように標語文字を使用する言語ではおそらくそうでないだろうが——、読みは、書かれた文字と音節とを対応させて言語音を分析する能力と関連することが多い。もし音と文字を一致させることの障害が読字障害の原因であるならば、言語音の相違に子どもの注意を向けさせる訓練をすることは、読みに対するよい準備をもたらすはずである。しかしこの関連性には、自閉症について先に述べたことと同様の問題がある。読みも音の相違に対する注意も、子どもが大きくなるまでは（通常5歳を超えるまで）、通常調査できないため、一方が他方に先行するかどうかがわからないのである。一方の進歩がもう一方の進歩に先行するのか、そして音に対する訓練が読みの習得過程を助けるのかはわからない。それでも、コーネル大学の神経科学者、エリーズ・テンプルが始めたような訓練プログラムがある。それは読みを進歩させるだけでなく、読みの成功を強めると考えられている脳の活動を生み出す効果ももつようにみえる[24]。

3歳くらいの子どもに、音の識別に関する評価と訓練をするための方法が、現在、開発途上にある[25]。そのなかのひとつに、コンピュータゲームでまず音を聞かせ、その後で提示される三つの音のうち、どれがオリジナルの音と異なるかを判断させるものがある。これは、母親ネコがまず音を出し、それを三匹の子ネコのうち二匹が再生するという状況で表現できる。子どもの課題は、三匹のうち、どの子ネコが音を再生しなかったかを指摘することである。このような方法は、読字障害のリスクを抱える子どもの読みを向上させる助けとなるだけでなく、自閉症児の声や話しことばに対する注意を向上させ、結果として会話の

なかのメッセージを理解する能力を高める助けとなるかもしれない。
声や話しことばへの注意の欠如は、広範な領域で深刻な困難を引き起こす可能性がある。そこには、事物が本当は汚染されているのに見かけが食べられるという誤信念を生じさせる可能性に気づくことも含まれる。第4章で議論したように、標準的に発達している子どもについては、事物が安全に食べられるかどうかに関する会話に継続的に関与していれば、3歳までには、汚染に関する初歩的理解、および食べられるもの－食べられないものの区別がつくられる。胃腸障害は、汚染された食べ物に関するコミュニケーションが阻害された結果として引き起こされる可能性があるため、言語に損傷をもつ自閉症児は、特にリスクが高いかもしれない。これはホットな議論の的となっている問題である。研究者のなかには、胃腸障害と自閉症の間に強い関連性があると主張する者もいるが、自閉症者に占める胃腸障害の比率と、一般集団に占める胃腸障害の

比率は同程度だと主張する研究者もいる。２００２年に『ブリティッシュ・メディカル・ジャーナル』誌に載った論文の後者の主張には、猛烈な反論が寄せられた[26]。たとえば、カリフォルニアのある医者は、次のように述べている。

私はこれまで、胃腸障害を「もたない」自閉症児を見たことがない。（たとえ、胃腸科専門医がその子に特定の診断を下していなくても）両親がはっきりと報告している。自閉症の臨床家そして専門家として、私は胃腸障害をもたずに、この診断を下された子どもをまだ見たことがない。……自閉症児にはほとんどのケースで胃腸障害が認められることを示している卓越した多くの研究に目をつぶることができるなどとは、信じがたいことだ。病気の一部として、痛覚の閾値が高く、ことばをもたない子どもは、何が痛みをもたらしているのかを語ることができない。自閉症と評価された場合、彼らの胃腸に病原体がうじゃうじゃいることに気づく。食べ物に対する過敏性と栄養不足は非常に一般的なものだ。彼らはしばしば夜に目をさますが、それは、卓越した研究者たちが発見したところによれば、胃痛、ガス、膨満感、そして逆流性胃炎により引き起こされる。

実際、自閉症児に胃腸障害が多いことは、自閉症児をもつ親の、最も大きな訴えのひとつである。ロンドンで医療研究審議会が開いた自閉症フォーラムに参加した際、自閉症児の親が次から次へと摂食面の難しさと胃痛、そして科学団体の多くがこれらを真剣に取り上げないことを興奮気味に証言していた。この悲しい現実が、インディアナ大学医学部の研究者による最近の包括的なレビューのなかで、冷静に総括されている。[27]

自閉症児が下痢や便秘、食物アレルギーといった症状をもちやすいのではないかと疑問を抱いている親たちには、自閉症それ自体が子どもを胃腸障害にかかりやすくさせるのかどうかについて、信頼できる情報を与える書物がほとんどないのである。

自閉症の一貫した統合的説明に向けて

自閉症に関する現在の研究は、注意して検討されなければならない。研究対象の年齢はさまざまであり、使われる測定方法も異なっている。そして対象者数が少ないことも、しばしばである。これらのことは心にとめておくとしても、次のような証拠が蓄積しつつある。すなわち、とりわけ非言語性知能と比較して言語が深刻に損傷されている子どもは、自閉症の深刻な症状を示すリスクを抱えている。と同時に、少なくともいくらかの自閉症児は、会話に参加する前提となる聴覚処理に欠損をもつことが指摘されている。このことはおそらく、心の理論課題での困難、そして人への関心を犠牲にした事物への過度の関心へとつながっている。このことはまた、子どもが早い時期に、家庭での家族との自発的な会話や日常的な相互作用的文脈を共有する機会を減少させる。聴力のある親をもつ聴覚障害児は感覚器面の問題のため、こうした初期の経験に全面的に参加することが制限されている。自閉症児もまた、声や話しことばに対する関心が欠如するため、こうした経験の多くから切り離されていることが多い。聴覚処理の障壁に関する診断によって、自閉症児における社会的孤立の性質が特定される可能性がある。因果的経路についてなされなければならない探索が多く残されている。しかし、この分野の研究は、声や音に対する注意を向上させる改善に焦点を合わせることによって、自閉症、より広くは発達障害のミステリーについて、最終的により深い洞察を得られる見込みがある。

コラム：注意を払う

最近では、一般集団のなかに自閉症的な兆候があるのではないかという憶測が流行っている。周囲を見渡すと、そうすべきほどにはことばを話さない人、理解すらしない人、注意を払わない人を簡単に見つけることができる。周囲の他者を無視してしまうほど、景色や名所のことで頭がいっぱいに見える人たちもいる。さらには、新しいことより繰り返しを好み、想像力を欠いているように見える人たちもいる。私自身、反復的な習慣をやめようと意識的に企てているにもかかわらず、毎朝の朝食には、シリアル（白状しよう、スペシャルKだ）とコーヒーを偏愛している。他者から見れば、私のパーソナリティーのなかの、自閉症的側面として興味をひくだろう。記憶をさかのぼれる限り、私はずっと市街地図や道路地図に魅了されてきた。アメリカやオーストラリアの州、カナダの州といった市内地図や道路地図、イギリスの道路地図。そしてヨーロッパの詳細な道路地図――ソヴィエト連邦やチェコスロバキア、ユーゴスラビアの崩壊により独自の言語と文化、伝統そして首都をもつ多くの国がつくられ、ずっと面白くなった――に魅せられてきたのである。しかし、景色や名所にとりつかれていても、旅行中に道順を見つける助けとはならない。物理的世界に圧倒されてしまうのではなく、時間内に特定の場所につけるよう素早い情報処理ができきたなら、本当にどれほどよいだろう。

数年前、私は、イタリアの暑い夏にフィレンツェを訪れたが、旅行客の恐ろしい人出と混乱が鉄道駅を支配していた。無比の芸術はさておくとして、そこには食べ物がある。ある意味においてイタリア料理は英語に似ている。英語は国際言語として世界のあらゆるところに広まっている。それはビジネス、科学、そしてエンターテインメントのための言語であり、他の言語を母語とする人々にとっての第二言語であることが圧倒的に多い。しかしイギリス料理は、あるいは英語を話す国に固有の食べ物は、国際的な料理ではない。マクドナルドやケンタッキーフライドチキン、コカコーラといったファストフード名はアメリカに由来する地球規模のものだが、長い文化的伝統に裏付けられた国際的な料理の王様は、おそらく間違いなくイタリア料理だ。これほど普遍的に人気のある料理は他にない。イタリアレストランやピザ店は、世界のいたるところに見ることができる。地方独自の変化に富むイタリア料理が、6千万人にも満たない国（世界人口の1パーセントにも届かない）から広がっていったことを考えると、この偉業はさらに印象的ですらある。

しかしながら、イタリアへのどのような訪問であろうと、どのような食の探検であろうと、そこには出口（uscita）、あるいは家に帰る道順を見つけるという課題がある。フィレンツェの主要な空港はピサにあり、フィレンツェとピサは鉄道で結ばれている。そしてピサの鉄道駅から空港まではバスが走っている。イギリスに戻るフライトをつかまえるのは、簡単に見えた。ただし、私が標識を見落としさえしなかったなら、である。いくら試みてみても、私はどこに行くべきなのか、いつ行くべきかに関する指示が理解できなかったのだ。

第一に、私はピサ行きの最初の電車を逃してしまった。私は正しいプラットフォームを示す標識がよくわからず、どこ行きかを告げる、よく聞こえないイタリア語の音声についていけなかったのだ。それから、ようやく次の電車を見つけ、ピサ駅に到着したが、空港行きのバスがわからなかった。いくぶん取り乱しながら走り回ったのち、ちょうど発車しようとしていたバスを見つけることができた。その段になって私は、前もってチケットを買っておくべきであったことに気づいた。そのため、私を気の毒に思ってくれた親切な乗客にお願いして、1000リラ札を貸してもらわなければならなかった。ようやく空港が見えてきたのだが、実際バスがどのくらいターミナルの近くまで行くのかがわからなかった。というのも、どうやら私は、そこに連れて行ってくれる正式な空港バスではなく、路線バスに乗ってしまったようだったからである。しかし、私は質問するほど十分にはイタリア語を知らなかった。そこで、いちかばちか、ターミナルの500メートルほど手前で下車することにした。しかしこれは、賢くなかった。というのも、そのバスはターミナルまでまっすぐ行ったからである。おまけに、それまではいつもの晴れた暖かい天気だったのに、突如大きな雷と共に土砂降りになった。私はターミナルまで10分ほど歩くうちに、びしょ濡れになってしまった。ビルの入り口に立ったとき、雨は急にやみ、太陽が再び顔を出した。

その頃までに、私は半狂乱になっていた。正しい電車とバスをつかまえることすべてに後れをとり、飛行機にも遅れてしまうのではないかと考えたからだ。ところが、その飛行機が3時間遅れで出発することを発見したのである！　その日は日曜日だったので、小さなピサ空港には数軒のカフェしか開いていなかった。銀行は開いておらず、外貨の両替所もなかったが、壁際に両替機があった。私はいつもそれらをあやしげに思っていたのだが、疲れており、お腹がすいており、濡れていた。そこでそれを使おうと心に決めたのだ。イタリアのお金はもう持っていなかったが、それまでに訪れた他の場所の通貨をわずかだが持っていたのだ。その機械は、およそ10の異なる国々の銀行券を受けつけ、私の手元には四つの異なる通貨があった。まずアメリカドルを試してみた。その機械は交換できないと返答した。次にカナダドルを試してみた。再び、その機械は交換できないと返答した。そこでイギリスのポンドを試してみた。またもや、その機械は交換できないと返答したのである。私にとっては最後のチャンスだった。私はいくらかの日本円を持っており、円紙幣をその機械に入れたのである。それはまるで、ギャンブルで大当たりをしたみたいだった。その機械は、きちんと何千かのイタリアリラ（アメリカドルでおよそ30ドル程度）を排出したのである。私は食べ物を手に入れ、待ち時間を過ごし、そしてようやく飛行機に乗ることができた。

旅行中の私の試みをあとから振りかえってみるに、おそらく私は道路地図に頼らずに、話しことばの環境にもっと注意を払うべきだったのだろう。そこには、どこへ行くべきか、いつ行くべきかについてよいアドバイスをくれる人々の声がある。その過程で、長時間飛行機に乗っている間、目的地に到着したときに旅行者を待ち受けている、最もおいしく健康的な食べ物を明確に思い描くことができたなら、どれほどすばらしいだろう！　今日、空港は政治家にちなんで命名されることが多いが（ヒューストンのジョージ・H・ブッシュ空港や、ワシントンのロナルド・レーガン空港、パリのシャルル・ド・ゴール空港など）、食べ物にちなんだ名前をつけることほど、目的地への到着を心待ちにできる方法があるだろうか？可能性には終わりがないように思われる。たとえば、ボストンローガン空港は、ボストン（ローガン）クラムチャウダー空港に、ニューアークのリバティー空港はニューアークNJ（ニュージャージー）ディナー空港に、モントリオールのトルドー空港はモントリオール・スモーク・ミート（燻製肉）空港に変えるのだ。ヨーロッパでは、ヴェニスのマルコポーロ空港をヴェニス・ポーロ（鶏）空港に、トウルーズのブラニャック空港をトウルーズ・マグレ・ド・カナール（鴨ステーキ）空港に、ミラノのマルペンサ空港をミラノ・オッソ・ブーコ（牛の脛肉の煮込み）空港にするのである。さらに北京空港は、北京ダック空港に変えてはどうだろうか。オーストラリアではブリスベン空港をブリスベン・オージー・ビーフ空港に変えることができるだろう。

ベジタリアンのために名前をとっておいてもいいだろう。そこで空港には二つの名前を与えることになる。一つは肉食者のため、そしてもう一つはベジタリアンのためのものだ。そして、旅行者自身がふさわしい名前を決めるのである。もしこれが採用されたなら、不快で退屈な飛行機の旅を是正し、さらに旅行者には、新しい文化において健康的で価値ある食べ物を食べるよう促す助けとなるかもしれない。これから行こうとしている場所に注意を向ける、これほどよい方法があるだろうか?

第8章　文化、コミュニケーション、そして子どもが理解していること

この悲しい時代の重荷は私たちが負わねばならない
言うべきことではなく、感じたことを語ろう
シェイクスピア『リヤ王』

子どもにとっての目標は、身体的にも、知的にも、自分がいかに成長したかを示すことにある。たとえば、身体的成熟を披露するために、子どもはスポーツで成果を出そうと一生懸命に努力する。この目的を達成するために、アメリカやキューバ、日本の子どもはすばらしい野球選手になることも多い。カナダやロシア、フィンランド、スウェーデンの子どもはスケートやアイスホッケーに優れている。中国の子どもは卓球や体操が得意だ。オーストラリア、フィジー、ニュージーランド、サモア、南アフリカ、トンガの子どもはラグビーのスター選手になる。エチオピアやケニアでは、長距離走者になる子どもが多い。一方、たとえばアルゼンチンやブラジル、フランス、スペイン、ポルトガル、イタリアの子どもは、サッカーに

秀でることが多い。どの場合でも、子どもの達成は、さまざまな文化で普及している特定のスポーツにおいてのものである――そのため、世界レベルで成功するかどうかは、その国の実際の人口とはほとんど関係しない(1)。

これと同様、子どもが育つ文化は、彼らの知的成熟度を披露する特別な機会を提供する。たとえば、シンガポールや中国、韓国、日本では、数学分野の到達度は――そろばんのような数学的道具の熟練を披露することも――ひとつの重要な指標となる。オランダやデンマーク、スイス、スロバキアでは、三つか四つ、あるいはそれ以上の言語を習得することによって成熟度を披露することができる。ロシアのような国では、たとえばチェスの熟練によって成熟度が示されるだろう。第3章で述べたように、オーストラリアの子どもたちは、天文学や地理学において特に高い得点をあげるようだ。どの場合にも、文化は子どもたちが探索したり、発明したり、より成熟したメンバーとの会話に参加したりすることに支持的であり、その後押しをする。この意味において、子どもの知性は文化的挑戦に対処する「適応的特殊化」を反映している。

世界のなかの文化が子どもに輝く機会を提供することについては実に大きな幅があるが、その一方で、それは、子どもが追究するものによっては報われない場合もあるという意味で、制限をかけるものでもある。アメリカの子どもがクリケットに興味をもったり、イギリスの子どもが野球に興味をもったりするのは、これらのスポーツの文化的伝統が欠けているから、よほど風変わりだろう。これと同じように、特定の文化では、やっても報われない、あるいは少なくとも強くは推奨されない多くの知的追究対象――地理学や数学の知識を含めて――がある。その結果として、アメリカやイギリスといった環境にいる子どもは、そして多くの大人でさえ、トーゴとトンガ、ガンビヤとガイアナ、ボリビアとボツワナの区別、さらにはイランとイラクの区別さえもできないことになる。さらに、アメリカ人やイギリス人の多くは、基本的な数の計算に困難を抱えており、単純な割り算問題も行えない。実際、読み書き能力と基礎的な計算能力に加え、仕事に就くためにいずれ必要になる特殊化された知識以外のことについては理解しないことを選択する「自由」が、文化的奨励により認められているとさえいえる。読み書き能力と基礎的な計算能力でさえ、専門分野に特化された学校でよくでき、またそのような環境で働く人には、免除されてもよいとみなされているのだ！　今日では、西欧諸国の多くの大人が、地理学だけでなく、数学の基本的な側面についても理解を逃れられるようになっている。私たちはコンピュータを手に他者と距離を置き、会わないようになったならば、心の理論を応用する習慣すらやめるかもしれない。

こうした状況のなかでは、特定の文化で価値の置かれる特殊な知識を除けば、子どもが広く理解できることに見合う関心やサポートがほとんどないこと、そして文化の異なる人々の間で会話や相互的な理解がほとんどなされていないことは、おそらく驚くにあたらない。もし地理学や数学のような領域の知識が文化のなかで付加的に選択するものであったなら、大人は、これらの領域について子どもが一生懸命にやっているかどうか気にかけないだろう。彼らは子どもの成功しようとする努力に重要性を感じず、こうした努力を本気でくじこうとさえするかもしれない。しかし、努力をしなければ、子どもの技能は低下しがちだ。もしある能力に価値が置かれず、賞賛もされなかったなら、どうして子どもたちは他の国のことをわかろう、数についてもっと知ろう、あるいは一つ以上の言語を獲得しようと努力するだろうか？　悲しいことに、こうした状況では、これらの領域における彼らの能力は、決してものにはならないだろう。アメリカやイギリスのような産業社会の多くの子どもにとって、地理学に関する彼らの知識は漠然としているが、数学については望ましいとされることが多く、また彼らは断固として一言語しか話さない。さらに、ベニンやアッパー・ボルタのような発展途上の国々の子どもにとっては特にそうだが、産業化された世界においても同じように、生物学や健康、汚染の目に見えない微細な性質に関する知識はほとんどないようなものだ。

それにもかかわらず、子どもが、自分の文化がサポートする以上のかなり広い領域について達成し得る、潜在的可能性を有していることは否定できない。子どもの発達に関するモジュールの説明によれば、心の理論や食べ物の好みといった領域については、子どもが話すことを学び始めた直後、時にはそれ以前においてすら、子どもの理解を可能にするメカニズムが存在する。確かに、ある種の自閉症のケースでは、とりわけ自閉症的サヴァンの場合には、知識の適応的特殊化が生じ、心の理論といった領域の技能についてまったくといってよいほどの欠損をともなうことがある。しかしながら、標準的に発達している子どもにとっては、一つの領域の特殊化により、他の領域の技能が排除されなければならないということはない。

真実はこうである。標準的に発達している子どもは、言語を獲得し、彼らが挑戦するほとんどあらゆることにおいて、コミュニケーションのなかで真実を探し出す方略を身につける能力を備えている。3歳時点においてさえ、子どもは、誠実でない人よりも誠実な人が話す新奇なことばを学ぶのを好む。そして、たとえ大人のほうが一般的により多くのことを知っていると認識していても、誠実でない大人よりも誠実な子どもから学ぶことを好むのである。第1章で示したように、最適な状況においては、3歳児ですら、嘘と間違いを区別することができる。就学前児は、叩いたりケンカをしたりする行動が、たとえそれを禁じるルールがない場合でも、またそれに罰が与えられない場合でさえも、悪いことだと指摘できる。彼らは大人と同様、不注意で悪い結果を引き起こしてしまった人は、不注意であったことにおいて罪があり、まずはこの結果を避けるよう配慮すべきだったと主張して、道徳性を示すことができる。[2]

もし幼児が言語学者や倫理学者のような技能をもっているのだとすれば、なぜ、宇宙論や生物学、数学といった領域については、学習がそれほど速く進まないのだろうか。これらの知識を測定する尺度における子どもの得点は、なぜ不安定なのだろうか。なぜ、彼らの知識は、急速に成熟したかたちをとることなく、長い間過渡的なかたちにとどまり、成長が止まっているかのように見えるのだろうか。

最近、二つの見方が提案された。[3] 一つは、生物学のような領域における過渡的な知識は不完全ないしは部分的、あるいは断片的だというものである。完全な知識のなかの一部の要素が欠如しているというのだ。たとえば、生物学や健康、衛生の知識に関する研究のある解釈では、子どもは風邪のような病気を目に見えない病原体から感染するとみているが、彼らはそれらの病原体が生殖や繁殖を行う有機体であり、病原体による感染は潜伏期間が必要であることについては認識できない、あるいはそう認識しようとしない。一方、次のような見方もある。過渡的な知識もそれなりに完全な知識とみなせるが、柔軟ではなく、特定の文脈を離れて一般化するには限界があるというのだ。たとえば、生命と死の過程に関して、子どもは死んだネズミがもはや息をしないこと、見えないこと、食べないこと、そしてそれ自身の力で再び動くことはないことを知ってはいるものの、これと同じことが、死んだ後の人間にも起こることを理解することができない、あるいは理解することに気が進まないのかもしれない。どちらの説明においても、子どもが質問を受ける状況の文脈が、子どもが理解を表現するのに重要であることについて、適切に考慮されている。

しかしどちらの説明も、ピアジェを思い出させる二つの根本的な仮定に基づいている。子どもが話すことは子どもが理解できること、実際に理解していることを示すという仮定、そして多くの側面における成熟に向けた発達は、強い概念変化を必要とすると思われるという仮定である。

だが、第三の道がある。これは、どこに住んでいる子どもも、標準的に発達しているなら、彼らの育つ文化で特別なプライオリティーが与えられていなくても、モジュール式の直感をもっているという基本的な前提と合致する。子どもは多くの必要不可欠な領域において、適度に豊かで柔軟な知識をもっている、あるいは知識をもつことができるが、彼らが質問を受ける文脈に応じて、また質問の関連性や目的に応じて、異なる理論を働かせている。あるいは、そのような理論を欠く場合もある。発達に関するこのモデルは、子どもの話すことが必ずしも子どもの理解できること、理解していることを示すとは仮定しない。そして多くの領域における知識獲得が強い概念変化を必要とするとも仮定しない。むしろ子どもは、完全で柔軟な知識をもっている、あるいはもつことができるものの、そうした知識は、初期の会話経験によって引き出され、豊かにされる必要があると主張する。この過程で、子どもの発達しつつある実行機能の能力は、質問者の質問や発言の正しい解釈をそれと知る──そしてそこに関心を払う──ことを可能とさせる「支持的な」システムとして働く。

子どもの理解を判断するための適切な質問と文脈を見つける

過去30年以上にわたって、私たちがいかにして話し手の意味するところを理解するようになるのかについて、多くの研究が行われてきた(4)。こうした研究の多くは大人を対象としているが、なかには子どもを対象としたものもある。ここで中心にあるのは、前章で自閉症者の抱えるコミュニケーションの困難との関係で述べた、グライスの説明である。繰り返しになるが、グライスは「協力の原理」が会話を支配していると指摘した。話し手と聞き手は、一定の予想にしたがいながら、コミュニケーションにおいて協力するというのである。それは、話者に次のことを命じる公準によって特徴づけられる。すなわち、話し手はやりとりの目的に必要とされること以上でも以下でもないことを話す（**量**の公準）、真実を話し、不十分な証拠しかもたない発言は控える（**質**の公準）、関連性をもたせる（**関連性**の公準）、あいまいさと混乱、不明瞭さを避ける（**マナー**の公準）べきである。

グライス派の説明にしたがえば、公準違反は必然的に生じるもので、たとえば、ひとつの公準にしたがうと別の公準に違反するかもしれない。この過程は「会話の論理」をつくりだす。これは、聞き手に、自然言語に込められた含意にしたがわせる。たとえば、もし頭痛を訴える人がいて、その友人が「角を曲がったところに薬屋があるよ」と応じたとする。ここには、薬屋まで歩いてすぐであること、薬屋が現在、開店していること、その薬屋は頭痛薬を売っていること、そしてその薬は患者が市販薬として買えるものとして売られていることが含意されている。会話経験を積んでいる話し手においては、これらの含意は相互に理解されているであろうから、これらすべてを述べることは量の公準に違反する。もし話し手が一つあるいはそれ以上の公準に違反しているようにみえるのに、聞き手は話し手を協力的だと信じる理由があったとする。その場合、聞き手は話し手の意図が理解でき、話し手が会話に適切に貢献しているということを請け合うために、語用論的推測（グライスのいう「会話の含意」）をつくりださなければならない。グライス自身のあげた例をみてみよう。教授が推薦書のなかで「この学生は英語に堪能であり、いつも出席していた」とだけ書いて、量のルールに違反したとしよう。そこでつくりだされる推測は、この生徒が特に優秀ではないというものだ。なぜなら、もし彼が優秀であったなら、教授はそれ以上のことを書いたであろうから。

グライスの分析からみて、子どもには言語がいかに用いられるかに関する理解が不足していることはとりわけ興味深い点である。というのは、それは実に多くの面で、概念的知識の性質を覆い隠してしまうかもしれないからである。その結果、子どもの初期の知識は、世界をどう見るかに関する概念的欠損により特徴づけられるとするピアジェの見解に支持を与えることになる。とりわけ、なぜ、いつ、そしてどのようにして会話の公準が破られるのかに気づいていない幼児は、親や教師、質問者が意図するように質問を解釈し、彼らの理解の性質を明らかにすることにしばしば失敗してしまう。親や教師が子どもに質問しているると信じていることと、子どもが答えようとしている質問との間には、深い淵――巨大な溝とさえ言える――があるのだ。質問者が意図したように質問を解釈するのではなく、子どもはそもそも質問をしてくる質問者の動機がよくわからないかもしれない。こうした状況では、子どもは訊かれたこととは異なる質問に答えてしまうかもしれない。正確で、彼らの理解の深さを反映する答えではなく、正しく答えようと、あるいはかわいらしく、刺激的に、または素っ気なく答えようとして、答えを変える可能性もある。

たとえば、質問者は、第1章でも述べたが、子どもが見かけと現実の区別を理解しているかどうかかみるために、不注意にも関連性とマナーの公準から逸れてしまうかもしれない。こうした状況で、3歳児は、彼らには異なるもの、新しいものとは解釈できない質問をされる。そのため、子どもは答えを繰り返し、見かけと現実が一つのもの、同じものと信じているかのような印象を誤って与えてしまう可能性がある。あるいはまた、子どもは、なぜ概念発達の研究において、質問者が子どもの理解の確からしさを判断するために質問を繰り返し、量の公準から逸れ、必要以上のことを話すのかについて理解できないかもしれない。このような懸念は、第6章で述べたように、ピアジェの数の保存課題での子どもの成績を吟味するなかで生じてきた。数の保存課題において子どもは、以前に並べられた事物の数が知覚的変形を経たあとも同じか、それとも変化したか、答えるよう求められる。このような繰り返しのある質問に直面すると、子ども、とりわけ4、5、6歳児は、質問者の意図する答えを見つけだそうとして、最初の正しい答えを不適切にも捨て去って、別の答えを探してしまうのかもしれないと指摘されてきた。子どものなかには、最初の答えが正しいかどうか確信がもてずに、答えを変える子どももいるかもしれない。しかし、たとえ確信をもてたとしても、質問者が異なる返答をするよう期待しているのではないかと考えたなら、答えを変えるかもしれない。この問題は、目撃証言で、以前に目撃した人間や事物、出来事の特徴を正確に報告するとき、暗示的な質問に抵抗することが求められる状況でしばしば発生する。実際には、子どもは出来事の現実に起きた細部と、その細部について他の人がその後に歪めた説明とを共に記憶にとどめることができる。報告すべきことがどちらなのかを確実に理解させるためには、明示的な質問が必要不可欠である(たとえば、「起きたことを、あなたが最初に見たり聞いたりしたときとちょうど同じように、その出来事について話をしてくれる?」のように[5])。

子どもと大人の間にあるコミュニケーションの深い淵が了解されてもなお、言語のなかの矛盾や同義反復といった性質に関する理解の不足を克服するためには、強い概念変化が必要だという主張がなされるかもしれない[6]。ある説明によれば、質問者の意図する通りに質問を解釈する正確性が高まってくること自体、概念発達を必要とするのだという。そしてこれは、字義的な意味と話し手の意味するところの区別を獲得することによって可能となるというのである。この見方にしたがえば、幼児はメッセージの字義的な意味が、話し手によって意図されたものとは異なるかもしれないこと、そしてそのメッセージがあいまいであるかもしれないことをまだ理解していない。たとえば、幼児は二つの赤いボールのうち一つを「その赤いボール」と述べることの不適切性や、この場合に字義的な意味は話し手の意図を伝えるために十分ではないことを認識しないというのである。一方、より年長の子どもは、そのメッセージがあいまいであり、話し手の意図とは異なる一つ以上の意味をもち得ることがわかる。

しかしながら、近年の研究結果は、子どもが発話者の意図について理解を示すかどうかは、言外の文脈と同時にグライスのいう会話の慣習に対する感受性が発達によって高まることと関連することを示している。この点に関して、現在トロント大学の子ども研究学部のカン・リーが、博士課程学生のヘザー・フリツリーと共に行った重要な研究がある[7]。幼児が質問に対する彼らの答えを区別しているのか、それともすべて同じように質問に答えるのかをみるために、2~5歳児を対象として、馴染みのある事物と馴染みのない事物に関する理解できる質問と理解できない質問に「はい」か「いいえ」で答えるよう求めた。カップや本のように、馴染みのある事物に関する理解できる質問とは次のようなものである。「このカップは赤いですか?」「この本はクマについてのものですか?」ヒューズや圧力計のように、馴染みのない事物に関する理解できる質問とは、「このヒューズは丸いですか?」「この圧力計は四角いですか?」のようなものである。馴染みのある事物と馴染みのない事物に関する理解できない質問には、意味をなさない語が含まれている。たとえば、「このカップは"nirking"ですか？」とか「このヒューズは"doow"ですか？」などである。2歳児は、これら4タイプの質問に対し、常に「はい」と答えるバイアスを示した。一方、4歳児と5歳児は答えを変更させた。理解できる質問に対しては特定のバイアスを示さず、理解できない質問に対しては「いいえ」と答えるバイアスを示した。3歳児の結果は、入り交じったものだった。このことは、3歳という年齢が「はい・いいえ」の質問への回答傾向において、発達的な移行期にあることを示唆するものである。フリッツリーとリーは、もし理解できる質問ならば（そして、意味をなさない語を含むのでなければ）、「はい」か「いいえ」で答えさせる質問は、年長の子どもにはふさわしいと結論づけている。しかしより年少の子どもに用いる場合には、「はい」か「いいえ」という答えを求める質問をすることは、単にバイアスのかかったパターン、つまり子どもはすべての質問に対して同じように答えるというバイアスを生じさせるだけではないかと指摘している。もし理解できない質問ならば、年長の子どもの回答ですらバイアスがかかり得るのである。

概していえば、こうした研究が示すように、幼児はクローズドエンドの質問（訳注：「はい」か「いいえ」の答えを求める質問）にわからないと答えることに気が進まないようだ。たとえ、そのように答えてもいいと明確に告げられていようともである。このことは、子ども自身の回答を言うよう求めるオープンエンドの質問よりも、「はい」か「いいえ」のどちらかを求めるクローズドエンドの質問で訊かれた場合に、よりあてはまる。少なくとも西欧文化の子どもには、知らないと認めるよりは、グライスの協力原理に沿って答えるよう努力するという規範があるのだろう。

スカラー含意と会話の理解の発達

見かけと現実の区別や科学的概念に関する子どもの理解を調べるために作成された課題例で示されたような特定の領域における知識は、子ども時代を通して続く会話能力の広範な発達を反映している。多くの心理学者や言語学者が特に関心をもつのは、「スカラー含意」を引き出す能力である。これは話し手が弱い基準（「いくつかの（some）」とか、あるいは（or）、「そうかもしれない（might）」など）を、より強い基準（「すべての（all）」や、そして（and）、「違いない（must）」）があてはまらないことを意図して用いた場合を言う。たとえば、

（1）こびとのなかには、白雪姫を愛している者もいた（some of the dwarfs）は、

（2）すべてのこびとが、白雪姫を愛していたわけではなかった（not every dwarf）を含意する。

会話におけるスカラー含意の重要性には、すでに19世紀イギリスの哲学者、ジョン・スチュアート・ミルが気づいていた。ミルは、もし私たちが誰かに対して「私は今日、あなたの子どもの何人かを見たよ」と話したなら、それを聞いている人は、「全員は見なかった」と推測すると指摘した。それは話されたこ

とばが全員は見なかったと意味しているからではなく、もし全員を見たのならそのように述べるのが最も適切だからである。グライスによれば、スカラー含意は、質の公準、すなわち、会話においてはできる限り有益な情報を与えるよう努めよという公準に違反するという。なぜなら、話し手は弱い語である「何人か（some）」を使わずに、より強い語である「全員（all）」を選ぶことができたはずだからである。聞き手は、話し手が「全員（all）」を使うという選択肢をとらなかったことを認識するなかで、より強い発言（たとえば、「全員のこびとが白雪姫を愛していた」）が適用できないという含意を引き出すのである。

ミルやグライスを受けて、現在、「いくつか（some）」や「すべて（all）」などの数量詞を含む課題を用いて、スカラー含意に関する子どもの理解が検討されている。いくつかの研究で、幼児が「いくつか（some）」と「すべて（all）」（あるいは「かもしれない（might）」と「そうであるはずだ（must）」）を区別しないことが示唆されている。幼児は、たとえばテディベアが手元にあったすべての輪を棒に通したとき、「そのクマは、棒にいくつかの輪を通した」とも言えると信じている。この答えは、「いくつか（some）」が「すべて（all）」と論理的には矛盾しないという解釈と一致している。[8]

しかし、実験の意図がよりはっきりわかるようにした場合には、5歳児でさえ論理的解釈ではなく語用論的解釈を選び、スカラー含意に関する知識を示すようになる。共同研究者との一連の巧みな研究のなかで、現在はデラウェア大学のアンナ・パラフラゴウは、5歳児と大人が、強い語（すなわち、それぞれ「終わる（finish）」「すべて（all）」「三つ（three）」）を使用するのが適切な文脈で、「始まる（start）」「いくつか（some）」「二つ（two）」という語を含む発言の適切さをどう判断するかを検討した。[9]実験の参加者はまず、テーブルの上に載せられている三頭のおもちゃの馬を見せられる。その後、三頭すべて（all）が、おもちゃのフェンスを跳び越えて行く。この場面を「見た」人形が、「何匹か（some）の馬が、フェンスを跳び越えたよ」と発言する。子どもと大人はそれぞれ、「この人形は上手に答えたか」どうか、質問を受ける。大人は、このような語用論的に逸脱した不適切な発言を否定することが圧倒的に多かった。これとは対照的に、子どもの成績はあまりよくなく、こうした発言をしばしば容認した。しかし、子どもの答えは、発言のタイプと教示の明瞭さに依存していた。フォローアップ研究では、教示と手続きにおいて、発言の正しさではなく発言の適切さを評価するよう求めていることをより明瞭にしたところ――正しい答えは何かを計算する子どもの負担を減少させるように変えたところ――正しい答えがより多くなった。フォローアップ版では、たとえば紙でできた四つの星のセットに色を塗るように言われた象が登場する状況を、5歳児に提示した。この象に、何に色を塗ったのかと訊くと、「僕は、いくつか（some）に塗ったんだよ」と答えた。この答えを聞いた5歳児は、この象にはほうびをあげられないと答えることが多かった。子どもは、全部に色を塗ることが課せられている状況では、「いくつか（some）」は不適切だという語用論的解釈を選び、スカラー含意に関する理解を示したのである。

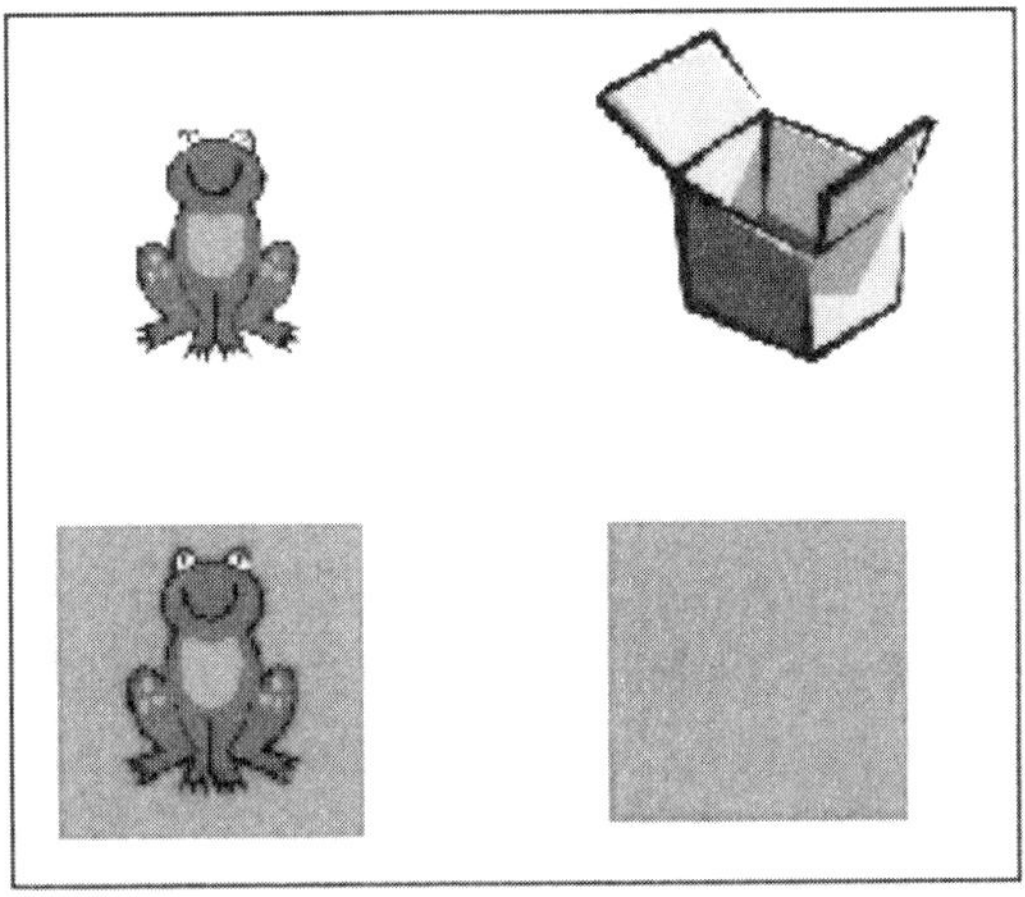

話し手の話す文脈への注意

5歳児と大人との会話的理解の間にある深い淵は、子どもが言語の文脈にいかに注意を向けるかについてもみることができる。ペンシルバニア大学のジョン・トルーズウェルと彼の研究チームによって行われた研究では、対象者に二つのおもちゃのカエルを見せた。一つはナプキンの上に載っており、もう一つはトレイの上に載っている。カエルの隣には、何も載せられていないナプキンが置いてある。質問者は、5歳児と大人に、「put the frog on the napkin in the box（ナプキンの上のカエルをとって、箱に入れてください）」と頼んだ。このリクエストは、大人に比べて5歳児では、ずっと稚拙にしか処理されなかった。大人はナプキンの上のカエルを直接箱に移動させたのだが、子どもの多くはトレイに載せられていたカエルを、いったん何も載せられていないナプキンの上に置き、それをさらに箱へと移動させたのである。

この子どもと大人の答えの相違に関するひとつの解釈は、文処理のために言外の文脈を使うときに、子どもはより容易にガーデンパス（訳注：意味内容があいまいなとき、処理が一時的に滞る状態）におちいってしまうというものである。文脈から、子どもは、グライスによる関係性あるいは関連性の公準にしたがって実験者のリクエストを解釈し、空のナプキンが置いてあるということは、それが使われるべきだということであり、そうでなければ置いてないはずだと思って混乱したのかもしれない。しかし子どもは、このような言外の文脈を考慮しなければならない発話の意味があいまいだということは理解できる。それは、子どもの視線のパターンが示している。話をする状況では、大人でさえ、相手の視点に対する考慮を妨げる混乱を避けられない場合があるし、一方、もしそのような混乱が少なければ、幼児でさえ効果的にコミュニケーションできるだろう。[10]

現在マギル大学（モントリオール）のルイーザ・メロニと、マクアイア大学（シドニー）のスティーヴン・クレインの二人の言語学者は、次のように主張している。大人にとっては、「put the frog on the napkin in the box」のような教示を受けて行動する過程は計画に基づいており、計画は、それが実行される前にきちんとまとめあげられる。[11] 一方、子どもの聞き手は、教示が終わる前に計画をたて始め、行動に移してしまいさえする。メロニとクレインによれば、子どもの計画は大人のそれと比べ、あまりよくまとめられておらず「自動化」されてもいないので、「put the frog on the napkin in the box」のような発言の意味を言われた順番に行動に移してしまうのかもしれない。一方、大人は概念的に正しい順序で（たと

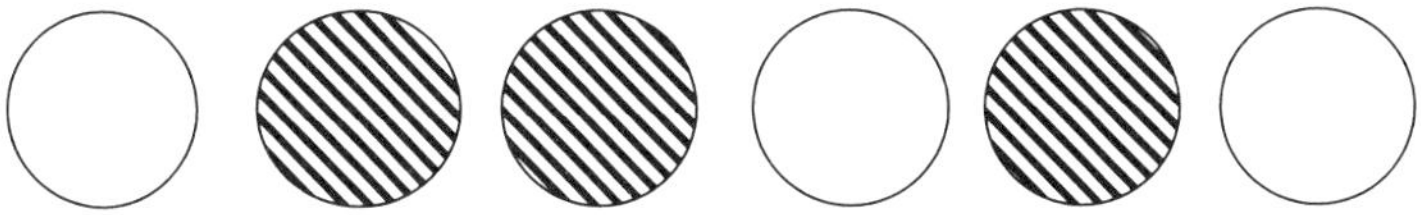

えば、まず「所与の」情報を利用するなど）行動に移すのである。子どもは計画の立案と実行を交互にはさみながら行うため、文を意図された通りに解釈するのに必要不可欠な計画を最後までたてる前に、その一部を実行に移してしまうのかもしれない。たとえば、4〜6歳児と大人に、一列に並べられた6つのボールについて質問したとしよう。ただし、6つのボールのうち、左から2番目、3番目、そして5番目のボールは縞模様である。

もし「2番目の縞模様のボールを指さして」と言われたら、大人は左から3番目のボール、つまり縞模様のボールのなかでは2番目のボールを指さす。子どもは大人のようにはしない。子どもは、たまたま縞模様であった、左から2番目のボールを指さすことが多いのだ。しかし、もしリクエストを行動に移す前に文全体を聞くことが必要だということに注意を促せば、大人のような反応を可能にする計画をまとめあげることができる。

子どもは教示のすべてを聞き終わる前に、計画の立案とその実行にとりかかってしまうという解釈を確かめるために、メロニとクレインは次のような実験をした。子どもがカエルのガーデンパス状況において、大人のように反応できるようにしたのである。ここで使われた方法には、二つの工夫があった。第一に、何も載っていないナプキンはカエルを載せるためにあるに違いないという語用論的推測を「抑制」させやすくするために、4〜5歳児に、カエルがすでにどちらのナプキンにも座っている場面を見せた。一方のカエルは青いナプキンの上に、もう一方のカエルは赤いナプキンの上に座っていたのである。第二に、子どもが、カエル、ナプキン、箱の目立つ特徴によってまどわされずに計画をまとめられるよう、「put the frog on the red napkin in the box（赤いナプキンの上のカエルを、箱に入れて）」という文を聞いている間、ディスプレイ（カエルの人形など）に背を向けておくように言った。この状況では、93％もの正答率が示されたのである。メロニとクレインは、トルーズウェルと共同研究者たちによる研究で子どもが参照的な情報を利用できなかったのは、子どもの合理的な語用論的推測をする傾向と、計画を急いで実行してしまう傾向によるのではないかと指摘している。この推測を抑制し、時期尚早に計画を行動に移してしまうのを阻止するよう処置すれば、子どもも、参照的な情報を用いて、大人と同じように文を分析できるのである。

子どもにとって、文の同義反復や矛盾に気づかねばならない問題が一貫して困難であるということもまた、少なくとも一部分は、発言の最初の部分にとらわれてしまう――論理的つながりや発言の第二の部分を見落としてしまい、「言われた順番に」反応してしまう――という問題解決方略の不十分さを反映していると考えられてきたことも、指摘するに値する。たとえば、「今日は雨が降るかもしれないし、今日は雨が降らないかもしれない」のような同語反復を含む発言に対して、子どもはその最初の部分にだけ反応し、今日の天気について意見を述べるかもしれない。同じように、子どもは、ボール落としゲームの結果について述べた同語反復を含む発言、「このボールは赤いところに転がるでしょう、または赤いところに転がらないでしょう」に対して、この発言が正しいことを示すために、ボールが赤いところに転がるはずだと主張するかもしれない。就学前児は、矛盾した発言は単に意味をなさないと述べるのではなく、意味を引き出そうとして、しばしば局所的な会話の関連性を用いる。たとえば、彼らは「今日の夕ご飯はおいしかったし、おいしくなかった」のような発言を「このサラダはおいしかったけれど、デザートはおいしくなかった」という意味だと解釈するかもしれない[12]。同語反復や矛盾を含む発言を経験的検証ではなく論理という点から解釈するように幼児をどの程度訓練できるかについては、今後の検討が必要である。しかし、おそらくこれは、学校教育により強く影響される可能性が高い。学校教育によって、子どもたちが学齢期に達する以前の会話経験や習慣が打ち破られていくのだと思われる[13]。

子どもの概念的知識と会話コンピテンスにはどんな特徴があるか

数量詞や論理的関連性を含む発言が意味しているところを子どもがどれだけ理解できるのか、そして言語外の文脈を適切に解釈することによって、文を意図された通りにどれだけ処理できるのかに関する研究は、会話に関する理解と概念的コンピテンスの複雑な関連性をよく示している。子どもの概念的コンピテンスを測定したときに成績が悪いのは、話し手のメッセージの文脈を適切に解釈できないためだということが大いにあり得る。このことは、たとえば、第1章の、現実と見かけの現象的世界との区別に関する知識、第2章の、心の理論に関する推論、第3章で述べた、宇宙論に関する科学的概念に関する知識を検討する課題質問における子どもの答えにはっきり示されている。

さらに、スカラー含意やガーデンパス文の処理に関する課題で認められる成績の年齢差は、幼児が母語については すでに達者でも、まだ話し手の達人ではないことを物語っている。スカラー含意に関する研究では、5~6歳児はそれほど会話の公準違反に気づくわけではない。子どもは話し手の主張や要求を、論理的ではなく語用論的に解釈するよう求める会話の慣習をまだ理解していないかもしれない。ガーデンパスの課題で示されたように、語用論的解釈をしようとした場合でも、子どもは話し手の意図とは異なるやり方で質問の言外の文脈を解釈し、文を処理することがある。

これとは対照的に、年長の子どもや大人は熟達した話し手であり、話し手の意図に関する解釈を導く慣習と文脈——言語的なものも言外のものも含めて——に敏感だ。彼らは質問や発言が意味することを、意図された通りに検出する豊かな経験をもっている。それにもかかわらず、ある特定の文脈においては、幼児でも話し手の意図に関する理解を示し、グライスの公準の違反から適切な語用論的推測を引き出すことができる。これは、課題の目的を明確に意識できるときや、課題要求が軽減されたとき——したがって、計算努力をさほど要求されないとき——にとりわけあてはまる。こうした状況において、質問や文脈の関連性や目的に注意を向けるよう促せば、子どもは彼らが理解できることを示すことができるのである。

子どもの知識に関する多くの測定で子どもの成績を向上させるには、課題に関連した特徴に注意を向けるよう促すとよいというのは、心理学では、たいへん古くから気づかれていたことである。そこで親や教師に対しては、子どもたちに直接に見たり聞いたりしたことから「距離をとる」よう促すことで、きちんと計画をまとめてから行動に移す技能を発達させることができる、という助言がしばしばなされてきた。この技能は、学習と注意のメカニズムと関連すると考えられ、学問的成功へとつながるとされてきた(14)。新しい考え方では、この過程に関する理解に、部分的に概念変化の根底をなす実行機能のメカニズムがかかわるとされている(15)。

たとえば、会話において話し手のメッセージの根底にある信念や意図、感情を正確に特定して理解するのは、心の理論の推論を巧みに応用できるようになったためとみることができる。この意味において、加齢にともなう会話理解の進歩を支えるひとつのメカニズムは、レズリーのいう選択処理――子どもに心の理論の正確な表現を可能とさせる注意のメカニズム――と似たものとみることができる。レズリーによれば、標準的なサリーとアン課題において4歳児が3歳児より優位なのは、他者が現実と一致しない誤信念を抱くという理解に基づいた正確な推論を導く概念変化が生じるからではないという。そうではなくて、選択処理が「実行機能」過程としてネットワークにつながるために、子どもは他者の信念が正しい内容なのかそれとも誤った内容なのかを正確に計算できるようになるというのである。そのため、4歳児はサリーがボールを見つけるためにどこを見なければならないか、あるいはどこを見るべきかを質問されているのではなく、サリーが最初にどこを見るかについて質問されていることに気づくことができる。第2章で指摘したように、「サリーは彼女のボールを見つけるために、どこを最初に見ますか？」と、より明示的な質問をすれば、3歳児でも多くが、質問で問われていることがサリーがボールを見つけるために最初に見なければならないところ、あるいは見るべきところだという直接的な解釈を「抑制」できるのである。そして代わりに、質問が事物の場所について当初の誤信念をもったままのサリーの行動の結果を問おうとしているのだと解釈できるようになるのである。別の言い方をすれば、「サリーは、彼女のボールをどこに探しますか？」という標準的な課題質問は、効果的なコミュニケーションに必要な情報を十分には伝えておらず、グライスの量の公準から外れているのだ。一方、質問に「最初に」ということばを加えると、課題の質問を意図されたように解釈することが、子どもに可能となるのである。この結果は、心の理論課題において言語をまだ話さない乳児に示される注意のパターンとも一致している。

心の理論や選択処理と同様に、実行機能のメカニズムも、部分的に会話理解の発達を支えているだろう。

コロラド大学のアキラ・ミヤケと同僚たちが指摘しているように、実行機能には、区別することのできる三つの下位要素がある[16]。第一は、課題の間を「移行」する過程である。ここには、注意を逸らすことなく別の操作を遂行する能力がかかわっている。第二は「更新」の下位要素である。次々と入ってくる情報を、現在の課題との関連性から監視、符号化し、古くなって関連性のない情報を、新しい関連性のある情報に置き換えて作業記憶の修正をする。そして第三の下位要素は、優勢な反応を抑制することである。会話理解に熟達化していくこと、つまり話し手のことばの意味を意図されたように、その関連性や目的を解釈するようになることには、明らかにこれら三つの下位要素のすべての技能が関連している。子どもは、話し手のメッセージの代替的な解釈の間を行ったり来たりしながら、そのメッセージの言語的・言外の文脈に関する表象を更新し、優勢な反応を抑制する必要がある。たとえば、通常グライスの枠組みにしたがえば質の公準を守り、嘘をつかないと考えられる話し手が、嫌みを言ったり、嘘を述べたりするかもしれない可能性を、子どもは認識する必要がある。

子どもが理解していることをより示すことができるように、会話の熟達過程を速めるにはどうしたらよいだろうか。ひとつの可能性は、言語そのものに触れる機会を豊かにすることである。小さい頃から一つ以上の言語に触れているバイリンガルの子どもは、実行機能を発達させ、そのことがまた、会話の意味するところを解釈する技術に影響を及ぼすだろう[17]。たとえば、一言語しか話せない子どもと比べて、発達初期に二言語を獲得している子どもは、見かけと現実課題や心の理論課題をよりよく遂行できるという証拠がある。おそらくその理由は、彼らは、事物の一つの次元から別の次元へと適切に切り替えをすることで、誤った答えを抑制させやすいからだろう。大人に対する近年の研究でも、注意のメカニズムにおいてバイリンガルが有利であることが示されている。

しかし、この推論は、バイリンガルには合意された定義があるという前提に基づいたものだ。実際には、バイリンガルの定義はあいまいで、言語の熟達度の程度や質はたいへん幅が広い。話し手の言語理解や言語産出の技量はさまざまである。子ども（あるいは大人）によっては、一つの言語についてはネイティブのように一般的熟達を示すが、もう一方の言語の熟達度は、たとえば食べ物のような特定の文脈に限られる場合もある。さらに、イタリア語とスペイン語のように、類似の構造と語彙を共有する言語のバイリンガルと、英語と日本語のような言語のバイリンガルとでは、話し手のパフォーマンスと実行機能への負荷が異なるだろう。こういうわけで、一群の人々のバイリンガルの性質を述べるための語には、実に多くのものがある。[18] たとえば、

獲得バイリンガル、付加的バイリンガル、非バイリンガル、支配的バイリンガル、生得的バイリンガル、非対称的バイリンガル、バランスのとれたバイリンガル、合成バイリンガル、継時的バイリンガル、協調的バイリンガル、暗黙的バイリンガル、対角的バイリンガル、優性バイリンガル、不活性バイリンガル、早期バイリンガル、等価的バイリンガル、機能的バイリンガル、水平的バイリンガル、初期バイリンガル、後期バイリンガル、最大バイリンガル、最小バイリンガル、自然バイリンガル、受動的バイリンガル、基礎的バイリンガル、生産的バイリンガル、受容的バイリンガル、劣性バイリンガル、二次的バイリンガル、セミ（準）バイリンガル、同時的バイリンガル、下位バイリンガル、負のバイリンガル、連続的バイリンガル、対称的バイリンガル、垂直的バイリンガル

たとえ、バイリンガル形態の分類の合意に近づくことができたとしても、バイリンガルが実行機能の有利をもたらすとする仮説にしたがえば、スイスのように発達初期から広範囲なバイリンガルを特徴とする文化では、イギリスや日本のように子どもの大半が一ヵ国語使用であるところに比べて、子どもは実行機能に優れており、したがって見かけと現実、心の理論、ユーモアや皮肉、嫌みの理解、会話の含意を引き出す能力についても、全般的によいパフォーマンスが認められることになる。これはまったくあり得ないように思われる。むしろ、特定の知識領域において交互の切り替えを強いる圧力があれば、それがどのようなものであっても、実行機能を洗練させるということではないだろうか。もしそうなら、たとえば数学の言語に長けている一ヵ国語使用の子どもは、さまざまな方法で数量や方程式を表現する技能に基づいて、バイリンガルの仲間と同じように、注意を移行させ、更新し、焦点化することができるだろう。

いずれにせよ、実行機能それ自体は、なぜある子どもが認知課題で成功し、他の子どもが成功しないのかを全般的に説明するものとはなり得ない。心の理論については、たとえば、アメリカと中国の子どもを対象とした研究（そのほとんどが一ヵ国語使用と考えられる）で示されているように、どちらの文化でも、実行機能と心の理論の発現との間に有意な相関があるようである。しかし、相関関係に基づいて因果関係を推論することはできない。中国の子どもは、アメリカの子どもより実行機能については優れていたが、皮肉なことに心の理論については何の有利性も示さなかったのである。中国の子どもについては、実行機能が心の理論の発現に直接的な役割を果たしているのかもしれない。一方、アメリカの子どもについては、心の理論とおそらくより一般的な会話に関する理解が、信念や他の心的状態について親やきょうだいと話し合う機会に基づくことが多いのかもしれない。聴覚障害児の研究では、親しいきょうだいとの間で心的状態について会話する初期の経験が、心の理論において重要であることが強調されている。これらの研究は、実行機能の能力が優れていることは重要だが、心の理論の唯一の構成要素ではないという考え方を支持している。問題行動をもつ手のつけられない子どもの実行機能も、心の理論と関連があるとされている。しかし、こうした問題をもたない、標準的に発達している子どもについては、常にそうであるとは限らなかった[19]。実際、実行機能と、心の理論に関する表現を含む会話経験の多さやその流暢さとの間には、双方向的な関連性がある。さらに、実行機能の発達は、会話の含意にしたがう必要のある課題における子どもの成功を促すかもしれないが、会話の含意の理解に習熟するなら、推論や問題解決に注意を向ける際に、いかに上手に焦点を合わせ、注意を移行させ、反応を抑制するかに寄与するだろう。この過程は、心の理論領域の能力のみならず、他の領域についても同じように根本的なものであろう。

まとめ

世界中の文化から得られた証拠が、とても幼い子どもにもすばらしい知性があることをはっきりと示している。子どもの潜在的可能性を世界的視点でみるならば、今まで考えられていたよりはるかに、子どもが実際に理解していること、理解できることは多い。子どもの会話に関する理解と、文化的文脈、理解を示す機会との結びつきは明らかだ。大人と子どもの会話経験には大きな隔たりがあるのだから、子どもの概念的コンピテンスを調べるときには、子どもにどう質問すべきかという方法論的問題の重要性とともに、子どもの会話理解を特徴づける発達過程を考慮しなければならない。見かけと現実の区別に関する知識、心の理論に関する推論、そして宇宙に関する基本的概念の理解についての研究から、子どもが彼らの理解を調べるために作成された質問の言語的・言外の文脈を誤って解釈してしまいやすいことが例証された。スカラー含意に関する子どもの反応や文の処理課題に関する研究からは、課題に成功するためには、人々の話を解釈する際に、適切な基準に注意を向けたり計画をたてたりすることの巧みさがどれだけ必要とされるかが示されている。本書で概観した研究に基づくと、子どもの知識の性質をより明瞭に引き出すために、子どもと大人の会話経験の隔たりを回避するようなやり方で、課題および課題質問を組み立てることが可能だということがわかる。

20年ほど前までは、子どもが字義的意味と話し手の意図との概念的な区別を獲得しなければならないということが会話理解の中心問題だと考えられていた。しかし、近年の研究を踏まえると、このことについては異なる観点から説明でき、その説明では概念変化よりむしろ、言語へのアクセスや注意の発達が強調される。もし母親が散らかし放題の子どもに、「あなたって本当にきれい好きで、おもちゃがきれいに片づいているわね」と言ったなら、その子ども――ただし、もうすでにメッセージには一つ以上の解釈があり得ることを知っている子ども――は、実際には発話の字義的な解釈とは正反対の、発話の皮肉的な意味内容に注意を向けなければならない。これらはすべて、子どもがいかに発達していくかを見いだそうとするうえでの、子どもとの会話への新しい方向性を示すものだ。会話の理解にかかわる論点を組織的に考慮に入れることが、子どもの理解に関するより豊かで、より完全な説明をもたらすことを約束するのである。

訳者あとがき

本書は、マイケル・シーガルによる *Marvelous Mind* の翻訳である。Marvelous を辞書でひくと「驚くべき」「すばらしい」「信じがたい」「奇跡的な」などとある。Mind は単に「心」と訳されることも多いが、感情や意志といった〝感じる心〟より、理性や知性といった〝考える心〟という意味をより強くもっている。子どもは、乳幼児期より既に、奇跡的ともいえるすばらしい知性を備えている。これが本書のメッセージである。

しかし、「発達心理学」のテキストなどをみると、知性のさまざまな側面――たとえば、記憶能力や推論能力など――について、乳幼児の能力はごく限られていると説明されている。一度に記憶できる情報量はわずかだし、他者の視点にたって世界をとらえることも不十分で、時には、花や木といった植物をあたかも「悲しい」とか「うれしい」といった心をもつもののように語ることもある。実際、ピアジェが考案したさまざまな課題での乳幼児のパフォーマンスは、成熟したものとは言い難い。たとえば幼児は、ネコにイヌのお面をかぶせれば、それによってそのネコが「本当にイヌになった」と答えることがある。同じ量のジュースが注がれた二つのコップのうち一つのコップのジュースを細長いコップに移し変えれば、それだけでジュースが多くなったとも答えがちだ。これらのパフォーマンスをみる限り、彼らが〝すばらしい知性〟の持ち主だといわれても、それを信じる人はまずいないだろう。

この矛盾に対するシーガルの答えは、こうである。子どもに知性が足りないのではない。子どもがそのすばらしい知性を存分に発揮できる状況をつくりだしてやるだけの配慮や準備が、実験者である大人の側に欠けているのだ。

私たちは他者との会話経験のなかから、会話のテクニックやことばの使い方・使われ方を学んでいく。幼児はそうした経験を十分に積んでいないのだから、そのことを織り込んだうえで、子どもの能力を調べる課題や質問は準備されるべきである。それなのに、多くの研究では、そのような配慮が十分に払われていない。それどころか、場合によっては、子どもがどう考えるのか、どう判断するのかを明らかにしようとして行う実験者の努力や働きかけが、裏目に出ることすらある。その例のひとつに、第6章でも紹介されている質問の繰り返しがある。子どもの能力を確実に明らかにするという意図のもとで、実験者は同じ質問を繰り返すのだが、それを子どもは異なって解釈してしまうというのである。大人でも、同じ質問を繰り返されれば、「さっきの質問に対する答えは間違っていたのかな」と不安になるものだ。これと同じように、子どもも質問が繰り返されると、せっかく正しかった答えを変更してしまいがちだというのである。これらの例から示唆されることは、大人が子どもに質問するという状況を、子どもは大人とは相当に異なるやり方でとらえているということだ。

このことは、幼児に実験をしたことのある人なら誰でも、多かれ少なかれ、思い当たる節があるはずだ。筆者もそのひとりである。数年前、本書第4章で紹介されているような、食物の汚染に関する理解を調べるために、保育園の訪問を繰り返していた時のことだ。(1) 子どもの前に水の入ったコップを用意し、そこに

「どく（毒）」というラベルを貼ったビンから青く着色された砂糖を入れてみたり、「これはね、イヌのフンなんだよ」と言いながら、ココアパウダーを混ぜてつくった自家製クッキーを入れてみたりして、「この水を飲んだら、お腹が痛くなるのかな？」と質問していた。ある朝、いつものように実験の準備をしていたところ、一人の男の子がやってきて、「ねえ、またあの手品、やってみせてよ！　この前の手品、すごく面白かったよ！」と言ったのである。実験者の意図は、物理的痕跡の有無が食物の汚染に関する判断にどのような影響を及ぼすかをみることにあったのだが、実験者から発せられる質問を、子どもは〝手品師〟の質問ととらえていたようなのだ。このことが、子どもの反応にどのようなバイアスをかけたのかはわからない。しかし、このエピソードは、大人と子どもが実験という状況をどれだけ異なる観点からとらえているかを示すものとして、またいかなる実験においても〝子どもフレンドリー〟な状況をつくる重要性を示すものとして、常に筆者の頭の中にある。

本書のもうひとつのテーマは、認知発達をどのようなプロセスとしてとらえるかにある。ピアジェは、認知発達をシェマ（汎用的な認知構造）がより高次なものへと段階的に変化していく過程と説明した。シェマはいわばオールマイティーな認知構造なので、子どもがどんな課題に取り組もうとも、その段階のシェマの特徴が子どものパフォーマンスに反映されることになる。しかし、その後の検討のなかで、子どものパフォーマンスは課題領域によって異なること、発達的変化は領域知識や処理スピードの増大などによってよりよく説明できることなどが明らかになってきた。そうした状況のなかで、1985年、ケアリーによる *Conceptual change in childhood*（邦題『子どもは小さな科学者か』）が出版された[2]。このなかでケアリーは、子どもを能動的・主体的に自らの知を構成しようとする存在とみることについては、ピアジェの考え方を引き継ぎつつも、認知の中核にあるのは領域固有の知識であり、発達過程においてはパラダイムシフトとも呼べる知識の再構造化（シーガルが本書で「非保守的変化」と呼ぶもの）が生じるのだと主張した。パラダイムとは、もともとは科学史家であるトーマス・クーンが提唱した科学史上の概念だが、より一般的に「認識の枠組み」をさすものとしても使われる。子どもと大人は異なるパラダイムにたっているので、同じ現象をみても、それを説明する概念も説明原理も共役不可能なほど、つまり概念間の対応づけができないほど、大きく隔たっているというのである。

この種の説明に対して、本書は大きな疑問を投げかけている。確かに数のような領域については（第6章）、非保守的ともいえる大きな変化が生じるかもしれないが、天文学（第3章）のような領域については、子どもは最初からパラダイムと呼べるほどの枠組みを有してはいないのではないか。さらに、生物学（第4章）や見かけと現実の区別（第1章）、生と死に関するとらえ方（第5章）などについても、非保守的な変化が生じると信じる確かなデータはないのではないかと指摘している。これらの問題は、認知発達心理学においてホットな議論が続いているテーマのひとつであり、本書の議論は実にスリリングである。

本書の特徴のひとつは、提示される実証データが実に多くの文化から集められている点にある。アメリカ、イギリス、オーストラリア、日本のみならず、ニカラグア、インド、アフリカ・マダガスカル、南アメリカ・アマゾン川流域の社会など、実に大陸横断的である。それもそのはず、著者であるシーガル氏その人が、そもそも地球規模の人なのだ。カナダ・トロントで生まれ、イギリス・オックスフォード大学で学位をとり、本書が出版された当時は、イタリア・アドリア海に面するトリエステにあるトリエステ大学と、イギリス・イングランド中部のシェフィールドにあるシェフィールド大学に同時に所属していたという。現在の所属はシェフィールド大学だが、これまでにオーストラリア、アメリカ、カナダなどでも教鞭をとったことがあるという経歴の持ち主だ。各章の最後に掲載されているコラムからも、縦横無尽に世界を駆け回る姿を（同時に、数多の困難を切り抜けてきたことも）うかがい知ることができる。

筆者がシーガル氏の著作を翻訳するのは二度目のことであるが、以前の著作 *Knowing children*（邦題：『子どもは誤解されている』新曜社[3]）と比べ、本書ははるかにスケールが大きくなっている。取り扱われる問題はより広範囲にわたり、提示されるデータはますます多文化的である。また、幼児がなぜそのすばらしい知性を発揮できないかに関する説明として、会話経験の不足、それにともなう語用論的知識の不足に加え、実行機能の未熟さなど確かな代替的説明が加えられている。シーガル氏の二冊の著作に共通することは、子どもに対するあたたかで支持的なまなざしである。子どもがそのすばらしい知性を発揮できる状況をつくりだすことの重要性は、なにも知的能力を調べる実験に限られたことではない。子どもの生活環境その全てにおいて、こうした配慮が大人に求められている。発達心理学を専門とする方、勉強する方のみならず、子どもとかかわる仕事をしている方全てに対して、本書は大きな示唆を与えるものと信じている。

最後に、青山学院大学・鈴木宏昭さんには本書を翻訳するきっかけを与えていただいた。津田塾大学・中井博康さんには、訳出にあたり親切な助言をいただいた。マイケルは、的を射ない度重なる質問に対して、毎回、迅速丁寧に回答してくださった。そして、新曜社の塩浦暲さんは、原稿の全てに目を通し、適切な助言をくださった。以上の方々に深く感謝申し上げる。

２０１０年2月

外山紀子

著者紹介

マイケル・シーガル（Michael Siegal）
イギリス，シェフィールド大学心理学部教授。イタリア，オーストラリア，カナダ，アメリカの諸大学にも在籍した。『子どもは誤解されている』（新曜社）をはじめ，150冊の著作がある。『イギリス発達心理学雑誌』他の編集にも携わっている。趣味は，料理，サイクリング，読書，旅行。

訳者略歴

外山紀子（とやま　のりこ）
1965年，長野県生まれ。津田塾大学学芸学部准教授。1993年東京工業大学総合理工学研究科博士課程修了，学術博士。主要著書に『やさしい発達と学習』（有斐閣，2010年），『発達としての〈共食〉』（新曜社，2008年），『心と身体の相互性に関する理解の発達』（風間書房，2007年）など。

新曜社
子どもの知性と大人の誤解
子どもが本当に知っていること

初版第1刷発行　2010年3月25日©

著　者　マイケル・シーガル
訳　者　外山紀子
発行者　塩浦　暲
発行所　株式会社 新曜社
〒101-0051 東京都千代田区神田神保町2-10
電 話(03)3264-4973・FAX(03)3239-2958
e-mail　info@shin-yo-sha.co.jp
URL　http://www.shin-yo-sha.co.jp/

印刷　星野精版印刷　Printed in Japan
製本　イマヰ製本所
ISBN978-4-7885-1193-4 C1011

人名索引

事項索引

◆さ　行

◆た 行

◆な 行

◆は 行

◆ま　行

◆ら　行

◆わ　行

注

第1章　子ども，見かけ，現実

1．イヌの語学習については，Kaminski et al.（2004）. *Joy in dogs, rats, and other animals*, Panksepp（2005）。

2．幼児の一般化（“鳥は飛ぶ”）については，Goldin-Meadow et al.（2005）。

3．実際，私が多くの時間を過ごした2つの大学のうち1つの大学である，イギリスシェフィールド大学のラテン語のモットーは「Rerum Cognoscere Causas」（ものごとの原因を知れ）である．シェフィールドは，1930年，ペニシリンを用いた最初の治療記録がある。ペニシリン生産菌の培養は肉の培養液で行われ，眼の深刻な感染症を患っていた2人の赤ん坊の治療に使われ，2人とも完璧に治癒したのである。映画『フル・モンティ』の撮影場所となっただけでなく，食べ物の消化過程におけるクレブス回路が発見されたのもこの大学である。私が勤務した他の大学の文化的，科学的遺産についてだが，まずイタリアのトリエステについては，http://triestenet.tripod.com/indexeng.htm にある。『デイリー・テレグラフ』（2005年2月12日）では，「アドリア海の旋律と香り」と紹介されていた。イギリスでは土砂降りの雨（raining cats and dogs）だが，そこには，すばらしいランチの食べられる「Can a Gato」（Dog and Cat）というレストランがある。

4．ピアジェの分析は，Piaget（1929, 1930, 1962）より。私のコメントは，「ピアジェ・バッシング」の合唱に加わることを意図したものではない。子どもがどのような存在かを評価しようとした彼の方法論は，巧みである。だからこそ，何世代にもわたって，研究者や教育者の研究が，ピアジェの功績の上に行われてきたのだ。その上，ピアジェは，幼児に対して簡潔で洗練された実験を行えることを立証したのである（Siegal, 1999）。

5．概念変化の立場：Gopnik（1996），Gopnik and Wellman（1994），Perner（1991）.

6．生得的装置あるいはモジュールの立場：Gelman and Williams（1998），Premack and Premack（2003），Rozin（1976, 2006），Barrett and Kurzban（2006）によれば，モジュールは，効率的な問題解決を可能にさせる機能的特殊化ということばで最もよく概念化できるという。これは，より初期の，そし

ておそらくより複雑な見方（Fodor, 1983）とは対照的である。初期の見方では，情報処理の特性は強制的で，関連する「ボトムアップ」的な入力はさておくとして，外部情報による影響を受けないという点で，モジュールを「カプセル化された」「自動的な」ものとみなしている。認知と発達に関する生得論者の考え方は，Carruthers et al.（2005, 2006）が編集したエッセー集で読むことができる。生得論については他に Fodor（2000），よく知られている本では Pinker（2002），Elman et al.（1996），および Cowie（1998）への返答として一部が書かれた Marcus（2004）がある。哲学的，歴史的観点から，心理学における生得性の考え方が紹介されている本として，Macnamara（1999）の卓越した書がある。

7．成熟した科学的理解との共役不可能性については，Carey（1999）。割り算と概念変化については，Gelman（2000）。

8．メイナードネコの例については，De Vries（1969），および Siegler（1986：p. 3）。

9．ジェンダーの一貫性に関するインタビューの質問と反駁質問は，Slavy and Frey（1975）。

10．ジェンダーの一貫性に関するインタビューの理論的重要性は，Kohlberg（1966），Martin et al.（2002）。

11．見かけと現実に関する子どもの理解のフラベルの研究は，Flavell et al.（1983, 1986），Flavell（1999）。

12．子どものファンタジーと空想については，Dias and Harris（1988），Richards and Sanderson（1999）。

13．自慢の持ち物をみんなに説明するゲーム（show-and-tell ゲーム）での見かけと現実の区別については，Gauvain and Greene（1994）。

14．自然な会話における見かけと現実の区別については，Sapp et al.（2000）；事物の命名における柔軟性については，Clark（1997）。乳児の事物のカテゴリー化については，Ellis and Oakes（2006），Mandler（2004），Mareschal and Tran（2007）。

15．デアクの研究は，Deák（2006），Deák et al.（2003），Deák and Enright（2006）。

16．ジェンダーの一貫性に関する質問に対する子どもの反応については，Siegal and Robinson（1987）。2・3歳児におけるふり遊びと現実との区別については，Ma and Lillard（2006）。

17．間違いとの区別については，Siegal and Peterson（1996, 1998）。

18. 以前に出版した本，Siegal（1997）。
19. アイルランドの双子の話は，2004年２月14日発行の『ガーディアン』の，サイモン・ホガートのコラムから。マーティン・プリマーとブライアン・キングによる『本当にあった嘘のような話』を脚色。

第２章　言語，会話，心の理論

1．シェイクスピアがバーベッジをだましたことについては，Bate（1997）。
2．眠っている間に，新生児が言語音を学習していることについては，Cheour et al.（2002）。赤ん坊が非言語音よりも言語音を好むことについては，Vouloumanos and Werker（2004）。赤ん坊の言語に対する反応：喃語が左半球に特殊化されていることは，左側よりも右側の口の活動により顕著であることに示されている。Holowska and Petitto（2002）参照。大人と同じように，神経画像研究は，最初の１年間における言語知覚と言語産出における左半球優位を指摘している（Dehaene-Lambertz et al. 2002）。ただし，成熟していく新生児の脳は柔軟性が高く，左半球に損傷を負った大人よりも，右半球で代用できるかもしれない。
3．「刺激の貧困」による説明については，Chomsky（1980），Laurence and Margolis（2001），Lidz et al.（2003），Newport（1990），Stromswold（1990）。言語獲得における子どもの誤りの予測しやすさについては，Crain and Pietroski（2001）。言語の文法面について，あまり訂正されないことについては，Brown and Hanlon（1970）。
4．完全な聴覚障害のある乳児の喃語については，Petitto and Marentette（1991）。聴覚障害のある親の手話に触れる，聴力のある赤ん坊については，Petitto et al.（2001）。
5．さまざまな文化の聴覚障害児の手話については，Goldin-Meadow（2003），Goldin-Meadow and Mylander（1998）。
6．ニカラグア式手話の出現については，Senghas et al.（2004）。
7．聴覚障害および言語獲得の最適期，あるいは臨界期については，Mayberry et al.（2002）。
8．ヴィクトールのケースについては，Lane（1977）。Grimshaw et al.（1998），Lenneberg（1967）も参照されたい。
9．ジーニーのケースについては，Curtiss（1977）。ジーニーの会話能力については，特に p. 233を参照されたい。
10. サリーとアン課題については，Baron-Cohen et al.（1985）。スマーティー

課題については，Wimmer and Perner（1983）。釣り課題については，Custer（1996），Woolfe et al.（2002）。

11. 幼児，とりわけ4歳以下の子どもは心の理論において概念的不足がみられるという考え方は，Perner et al.（1987），Wellman et al.（2001）。心的状態に関する会話に触れることと，心の理論課題でのパフォーマンスの向上については，Dunn（1994）が，幼児における心の理論課題での成功が，親やきょうだい，友だちとの間で心的状態について会話する頻度の高さと関連すると報告している。同様に，Lewis et al.（1996；Peterson, 2001も参照のこと）は，成熟した話し手（大人，より年長の子ども，きょうだい）との接触の高さが，心の理論を含めた課題での子どものパフォーマンスを予測することを認めている。これらの観察は，思考や他の目に見えない心的状態について語る経験の多い子どもほど，他者の心的状態に関する心の理論をより早期に発達させるという考え方と一致している。Fonagy et al.（2007）は，子どもの心的状態の概念化において養育者の重要性を示す例をあげている。

12. 他者と関わらず，孤立している子どもは，他者の視点をとることに固有の困難を抱えていると長い間考えられてきた（Hollos and Cowan 1973）。心の理論と文化については，Avis and Harris（1991），Callaghan et al.（2005），Sabbagh et al.（2006），Yazdi et al.（2006）。

13. 心の理論と言語理解については，Bloom and German（2000）。

14. 「最初に見るところ」課題の3歳児のパフォーマンスについては，Joseph（1998），Nelson et al.（2003），Siegal and Beattie（1991），Surian and Leslie（1999），Yazdi et al.（2006）。

15. 誤信念の視覚的注意の測度における，乳幼児の反応については，Onishi and Baillargeon（2005），Southgate et al.（2007），Surian et al.（2007）。これらの研究結果は，1歳児がモデルの明白な行動ではなく意図に基づいて模倣できることと一致している。1歳児の模倣については，Gergely et al.（2002），Meltzoff（1995）。

16. 選択処理については，Leslie et al.（2004）。Friedman and Leslie（2004），Leslie（1994, 2000），Leslie, German, and Polizzi（2005），Scholl and Leslie（1999）についても参照されたい。非常に単純な心の理論については，Fodor（1992），および Fodor（1983）。

17. 実行機能の発達については，Diamond et al.（2002）において，4歳児が昼と夜課題（太陽の絵に「夜」，月の絵に「昼」と答えるよう求められる）において，習慣的あるいは優勢的な反応を抑制できることが示されている。この課

題は，少し遅れて回答するよう，あるいは「昼」や「夜」ではなく，絵と全く関連しない語，たとえば「犬」や「豚」を述べるよう求めるとより容易になる。

18. 右前頭葉と心の理論に関する推論の脳内基盤については，Siegal and Varley (2002)，Stuss et al. (2001)。実行機能と，子ども時代から大人にかけての右前頭葉の活性化の発達については，Bunge et al. (2002)。Aron et al. (2003) は，実行機能の測度と，右前頭葉領域，とりわけ右側下前頭回領域の損傷との印象的な関連性を報告している。右半球の損傷を受けた大人における心の理論の損傷は，Surian and Siegal (2001)，Siegal and Varley (2006)。

19. 子どもにおける皮肉の脳内基盤については，Wang et al. (2006b)。実行機能と語用論の損傷については，Martin and McDonald (2003)。

20. 具体的指示物をもたない心的状態については，Marschark (1993)，Morford and Goldin-Meadow (1997)。聴覚障害の親をもつ聴覚障害児が，聴力のある親をもつ聴力のある子どもと同じように会話することについては，Meadow et al. (1981)。

21. ティロン・ウォルフの研究については，Woolfe et al. (2002)。イギリス式手話を受容する（理解する）スキルのテストについては，Herman et al. (1999)。

22. 手話との接触のない，聴力のある人たちとのコミュニケーションにおいて，聴覚障害児の抱える困難については，Harris (1992)，Lederberg and Everhart (1998)，Marschark (1993)，Spencer and Meadow-Orlans (1966)，Vaccari and Marschark (1997)。

23. （内耳の）蝸牛殻のインプラントを受けたり，聴力補助具をつけている聴覚障害児におけるコミュニケーションの状況は，いくらか異なるかもしれない。Moeller and Schick (2006) は，アメリカ式手話を遅くに始めた7～10歳の聴覚障害児をもつ母親を対象とした研究を実施した。この子どもたちの多くは，聴覚補助具をつけ，蝸牛殻のインプラントを受けており，手話と話しことばとしての英語使用が推奨されている学校に通っていた。その母親たちは，手話教育への継続的な参加と初期の介入プログラムを通して高度な手話技能を有していた。子どもたちは，聴力のある子どもであれば4歳までにはパスするようになる心の理論課題でよい結果を残した。

24. 遅くに手話を始めた聴覚障害児と「会話的に支持を与える」心の理論での質問については，Peterson and Siegal (1995, 1999)。

25. コミュニケーションにおける共有された基礎については，Clark and Brennan (1991)。会話経験の機能については，Harris (1996)。

26. 乳児に向けた言語において，心的状態に関する動詞を初期に使用するこ

とと，心の理論の測度でのパフォーマンスとの関連性については，Meins et al.（2002）。発達初期からのネイティブではない手話者における心の理論研究については，Falkman et al.（2007）。青年期において，心の理論に関する推論能力の出現が永続的に欠損することを明らかにしたスウェーデンでの研究は，Russell et al.（1998）。ニカラグアの聴覚障害者における心の理論については，Morgan and Kegl（2006）。

27. 知り合いについての物語を生成することにおける，聴覚障害者の心の理論能力については，Marschark et al.（2000）。
28. 脳性麻痺により声をもたない子どもにおける心の理論に関するスウェーデンでの研究は，Dahlgren et al.（2003）。会話のなかで，心について異なる視点をとり続けることについては，Clark（1997）。
29. 文法が心の理論を支えるという立場については，Astington and Jenkins（1999），Smith et al.（2003）。補語構文の理解が心の理論を支えるという立場については，De Villiers and Pyers（2002），Plaut and Karmiloff-Smith（1993），Schick et al.（2007）。言語が一般的に心の理論を支えるのであり，補語構文の理解には何の役割もないとする立場については，Ruffman et al.（2003），Tardif et al.（2007）。Milligan et al.（2007）による概観を参照されたい。標準的な心の理論の推論課題に正答する前に，補語文が自発的に産出されることについては，Custer（1996）。心の理論課題での効果を調べるために，補語文の訓練を行った研究については，Hale and Tager-Flusberg（2003），Lohmann and Tomasello（2003）。
30. 脳損傷による失語症患者における心の理論について，および文法が心の理論の発現をサポートし得る「支持的な」システムであることについては，Siegal and Varley（2002），Varley and Siegal（2000）。
31. 自動的なモジュールシステムとしての，文法と心の理論については，Sperber（1996）。
32. 心の理論と，子どもがいかにして語の意味を学習するかについては，Bloom（2000），Diesendruck and Markson（2002）。例はGelman and Ebeling（1998）より。
33. マーク・ベイカーの立場については，Baker（2001）。節付加詞をもつ話しことばおよび手話言語があるという観察については，ベイカーに感謝したい。
34. 文化の主要な機能については，Premack and Hauser（2001）。
35. 他個体から鳥が食べ物を隠すことについては，Emery and Clayton（2001），Raby et al.（2007）。羊が顔を覚えていることについては，Kendrick et

al.（2001）。

第3章　天文学と地理学

1．ヴォスニアドウの説明については，Vosniadou（1991, 1994b），Vosniadou and Brewer（1992）。

2．フォローアップ研究については，Vosniadou and Brewer（1994），Samarapungavan et al.（1996）。

3．コペルニクス革命については，Kuhn（1957）。

4．事物が食べられるかどうかという問題については，Toyama（2000）。

5．絵に関する子どもと大人の相違については，Blades and Spencer（1994），Ingram and Butterworth（1989），Jolley et al.（2000），Kosslyn et al.（1977），Pemberton（1990）。ヴォスニアドウの研究成果は，描画，モデルの選択，粘土製作を組み合わせた構造化されたインタビュー法を用いた他の多くの研究結果と一致しており，子どものもつメンタルモデルに応じてグループに分類されている（たとえば，Nussbaum, 1979）。インドにおける地球の形の概念については，Samarapungavan et al.（1996）。

6．子どもの回答に対して質問を繰り返すことの効果については，Siegal（1999）。

7．子どもの天文学に関するスウェーデンでの研究については，Schoultz et al.（2001）。

8．ピーター・ニューカムの博士論文での研究のいくつかについては，Newcombe and Siegal（1996, 1997）。子どもが理解できることに関する再検討については，Siegal et al.（2004）。

9．イギリスとアメリカにおける信心深さの相違については，Kelemen（2003）。

10．クイーンズランドのカリキュラムについては，http//:www.qsa.qld.edu.au/yrs1_10/kla/science/syllabus.html；イギリスについては，http://www.nc.uk.net。

11．驚くことに，文化によって子どもが天文学に触れる程度は異なるというのに，仮にそうであったとしても，ヴォスニアドウと彼女の研究チーム（Vosniadou et al., 2004）は，「私たちは，子どもが地球の形や昼と夜のサイクルに関する科学的情報に触れているかどうかについては関心がない」と主張している。しかし，私たちは，子どもが実際に科学的情報に触れていることを知っている。私たちは，むしろこの情報を完全に理解しているかどうかを明らかにすることに興味をもっている。

12．子どもの初期の科学的知識における断片化，あるいは組織化の欠如について

は，di Sessa（1988）。

13. 地球のあり得る形についてのカード分類を含めた研究については，Nobes et al.（2003, 2005）。

14. 地球の形に関する大人の絵は，Panagiotaki（2003）。

15. オーストラリア先住民族の視空間記憶については，Kearins（1981）。

16. プレースホルダー（代替物）については，S. A. Gelman（2000），Medin（1989）。

17. やりとりを含む誤概念については，Chi（2005）。

18. 自発的に生じる計数については，Geary（1995）。

19. 直感的あるいはモジュール式の制約については，Shweder et al.（1998）。

20. 地球の形に関するオーストラリアの訓練研究については，Hayes et al.（2003）。

21. 天国の会話については，Schoultz et al.（2001）。

第4章　生物学，食べ物，衛生

1．これらの統計は，さまざまなウェブサイトからの情報を集めたオーストラリアの情報源，SBS World Guide（2003）による。

2．ケアリーのアプローチについては，Carey（1985, 1995, 2000）。

3．食べ物が汚いかどうかに関する会話に，子どもがどっぷりと浸かっていることについては，Toyama（2000）。

4．死体の身体的機能については，Slaughter et al.（1999）。

5．保守的 対 非保守的概念変化については，Thagard（1999）。

6．病気の感染に関する子どもの信念の発達についての，ピアジェの考え方については，Bibace and Walsh（1981）。子どもの内在的正義については，Piaget（1932）。

7．風邪の原因としていたずらを否定することについては，Siegal（1988）。不正な行為ではなく，病気のかかりやすさに関する認識については，Inagaki and Hatano（2002 : p. 91）。

8．毒や刺激物による風邪の感染については，Solomon and Gassimatis（1999）。病気の潜伏期間をないと考えることについては，Kalish（1997）。細菌が腫瘍のように大きくなることについては，Au et al.（1999）。

9．細菌が汚染の物理的作用主であることについては，Kalish（1999, p. 108）。

10. おやつの時間におけるゴキブリによる汚染については，Siegal and Share（1990）。

11. 幼児における汚染の理解を示す研究については，Au et al.（1993），Keil et al.（1999），Rosen and Rozin（1993），Springer and Belk（1994），Springer and Keil（1991）。
12. かわいらしいばい菌と，嫌われ者のばい菌については，Nemeroff and Rozin（1994）。
13. 生物と無生物の動きに基づく区別については，Massey and Gelman（1988）。
14. 感染の目に見えない微細な性質に関する，西欧の訓練プログラムについては，Au et al.（1999），Solomon and Johnson（2000）。
15. 共感魔術の法則については，Frazer（1890/1959），Mauss（1920/1972），Nemeroff and Rozin（2000），Tylor（1871/1974）。
16. 食べ物と料理に関する文化的，心理学的重要性については，Rozin（1996）。Kass（1994）についても参照されたい。
17. 主要な取り込み器官としての口と連想による汚染については，Fallon et al.（1984），Rozin（1990），Springer and Belk（1994）。
18. ドワノの飲酒習慣については，Barley（1983, p. 69）。
19. 汚染の３つのモデルについては，Nemeroff and Rozin（1994, 2000）。
20. インド社会における食べ物と文化については，Appadurai（1981），Marriott（1968）。
21. ヒンドゥー教のインドとアメリカの子どもにおける，伝染性の本質と浄化概念に関する研究の詳細については，Hejmadi et al.（2004）。
22. インドの低い衛生とポリオについては，Grassly et al.（2006）。
23. 第三世界における健康と衛生のについては，Curtis and Brian（2001），Curtis et al.（2000, 2001）。
24. 生き物の世話をすることを通した生物学の学習については，Hatano and Inagaki（1994）。非常に影響力のある日本の文化心理学者であった波多野誼余夫の研究（Giyoo Hatano, *Human Development, 50*, 1–82）に捧げる。

第５章　生命と死

1. 生物学的遺伝の理解については，Solomon et al.（1996）。
2. Hirschfeld（1995 : p. 239）は，ソロモンらの研究で使われた方法論について問題点を指摘している。子どもは，遺伝的に伝えられる特性よりも環境を通して伝えられる特性について，より多くの判断をするよう求められているのである。この手続きは，子どもに，眼の色のような身体的特性でさえも養子縁組の結果だと反応するよう，子どもに促してしまうかもしれない。

3．ベゾ族の人たちの研究については，Astuti（2001）。アメリカとベゾ族の大人のもつ概念の類似性は，生得的な概念表象と矛盾しない生物学的知識のある領域については，信念に文化的普遍性が認められるとする主張と一致している。このことについては，Medin and Atran（2004）。アメリカの子どもは7歳までに生物学的に伝えられる身体的特性と，社会的に伝えられる信念とを区別するようになるが，ベゾ族では子どもだけでなく青年でさえも，区別しなかった。ベゾ族の大人は確かに区別したが，彼らは赤ん坊は母親が妊娠したときに仲良くしていた人に似るのだと明言した。このことについては，Astuti et al.（2004）。

4．植物の種に関する子どもの理解については，Hickling and Gelman（1994）。親族関係に関する素朴な理論については，Springer（1995, 1999），Springer and Keil（1991）。

5．遺伝的障害と感染性の病気に関する知識については，Raman and Gelman（2005）。

6．人と事物に関する乳児の期待については，Bonatti et al.（2002），Legerstee（2000）。

7．随意的過程と不随意的過程については，Inagaki and Hatano（1993）。おもちゃを意図的に拒むことに付随した乳児の怒りについては，Behne et al.（2005）。

8．生物学的機能と死に関するインタビューについては，Slaughter et al.（1999）。たとえば，非生命意識論者の子ども18名のなかで，死者が以下のことを必要だ（あるいは以下のことをする）と回答した子どもの数は，摂食が８名，排泄が５名，呼吸が８名，動きが１名，水の補給が５名，夢を見るが６名，傷の治癒が10名であった。生命意識論者の子ども20名のなかでは，それぞれ，１名，１名，０名，０名，２名，２名，８名だった。

9．生気論については，Inagaki and Hatano（2006）。食べ物から活力を取り入れるという胃の概念化については，Morris et al.（2000）。生気論的に考えさせる訓練については，Slaughter and Lyons（2003, p. 28）。

10．死と眠りについては，Barrett and Behne（2005）。

11．死による終結を超越することについては，Bering and Bjorkland（2004, p. 232）。

12．天国（あるいは地獄）で生き続けることについては，Barrett and Keil（1996）。宗教と死後の信念については，Atran（2002, 2006），Boyer（2002）。ニューギニアの葬礼については，Meigs（1983）。

13. 宗教的奇跡を信じる人の数に関するチョムスキーの考え方については，http://www.brainyquote.com/quotes/authors/n/noam_chomsky.htm.

14. 厳しい社会的環境への適応としての，死後に関する宗教的信念については，Bering（2006）。そのよい例を，ポルトガルの外交官であったアリスティーデス・ソウサ・メンデスが，独力でナチに好ましくない人物とされた，推計3万人といわれる人々を救ったことにみることができる。彼は，上司からの指示に反し，ポルトガルへのビザを発給し，戦後には大きな個人的なコストを負った。彼が自分の行為の帰結に耐え抜くことができたのは，宗教的信念であったといわれている。

第6章　数と算数

1．学校での科学に関するブライソンの記述は，Bryson（2003, pp. 21–22）。

2．数量概念に関するすばらしい議論が，Butterworth（2005）にある。

3．計数の原則については，Gelman and Gallistel（1978）。計数と手渡しについては，Wynn（1990；1992b）。数量の予測やチェック，そして他者の不正確な計数を発見する技能については，Gelman（2006）。子どもの数概念に関するピアジェの見方については，Piaget（1952），Piaget et al.（1960）。

4．アマゾンにおける数については，Gordon（2004）。

5．言語決定主義については，Whorf（1956）。ウォーフ派の仮説と，「The Great Eskimo Vocabulary Hoax（エスキモーの偉大なる語彙についてのでっちあげ）」としても知られる雪に関するイヌイット語の神話については，Pinker（1994）。

6．模倣と強化により計数を獲得することについては，Fuson（1988）。事物の追跡システムと言語のブートストラッピングにより計数を獲得することについては，Carey（2001）。

7．数からの言語の独立性に対する支持は，Gelman and Butterworth（2005）。点と音の対応に関する乳児の脱馴化と感受性については，Starkey et al.（1983）。事物の大きさの比率の変化に関する感受性については，Brannon et al.（2006）。数の言語を獲得する以前の計数については，Starkey（1992）。

8．乳児の算数および数の識別能力に関する論争でのウィンの見方は，Wynn（1992a, 2002）にある。他の見方については，Clearfield and Mix（1999），Cohen and Marks（2002），Gao et al.（2000），Wakely et al.（2000），Xu et al.（2005）。

9．サルの数量概念については，Brannon and Terrace（1999）。サルに提示し

たものと類似の刺激を用い，ブランノンと彼女の研究チームはfMRIによる研究を行っている。それによれば，非対称的な数の処理については，4歳児についても大人についても，頭頂間溝に活性化が認められることが示されている（Cantlon et al., 2006）。

10. 文法ではなく数量であることについては，Varley et al.（2005）。
11. 数詞が正しい意味をもつことに関する子どもの理解については，Sarnecka and Gelman（2004）。Rips et al.（2006）は，この研究結果と，ブートストラップが子どもに対して，自然数の順序が非等価的な順序とは異なることを伝えるものではないという事実により，ブートストラップが不必要であると述べている。
12. 数の保存課題において質問を繰り返すことの効果については，Siegal et al.（1988）。質問の繰り返しは，子どもがなぜ保存課題で正しく答えられないのかについて，完全な説明を与えるものではない。しかし，子どもが質問されるやり方に注意を向けることは，子どもの成功を大きく引き上げる。
13. 保存課題における反応の抑制については，Dehaene（1999）。
14. 数の計算における言語とコストについては，Hodent et al.（2005），Hunt and Agnoli（1991），Miller et al.（1995）。
15. 計算力障害に関する研究については，Butterworth（1999），Landerl et al.（2004）。
16. 部分・全体関係に関する子どもの判断については，Sharpe et al.（1999）。
17. 幼児における足し算と引き算の方略については，Canobi（2005），Canobi et al.（2003），Resnick and Ford（1981）。
18. 比率と分数の非数学的表象における子どもの熟達については，Mix et al.（1999），Sophian（2000）。割り算の数学的シンボルに関する子どもの困難については，Bialystok and Codd（2000），Siegal and Smith（1997）。生徒の理解に関する教師の評価については，Gearhart and Saxe（2004）。問題解決方略の確立が数理解を損傷するという立場については，McNeil and Alibali（2005），Rittle-Johnson et al.（2001）。分数について子どもが特に大きな困難を抱えることについては，Harnett and Gelman（1998）。
19. 数と物理的物質が共に無限に割り切れることに関する理解との関連性については，Smith et al.（2005）。
20. 文学における無限性については，Borges（1964），Joyce（1916/1964）。
21. 子どもに分数を教える日本のやり方については，Ginbayashi（1984），Kobayashi（1988），Inagaki et al.（1998）。

22. ヴィゴツキー（1962）によれば，教育の主要な目標は，子どもが自分だけで達成できることと，学習環境のなかで正式な教育を通して獲得できるものとの間に橋を架けることだという。
23. コンラッドと数学については，Conrad（1912）。

第7章　自閉症と発達障害

1．自閉症の流行に関する批判については，Gernsbacher et al.（2005）。自閉症の広い定義と狭い定義に基づく推計については，Baird et al.（2006）。
2．マイケルのケース・スタディについては，Anderson et al.（1999），E・Cのケース・スタディについては，Mottron and Belleville（1993）。
3．強められた知覚機能については，Mottron et al.（2006）。
4．単純化された心の理論課題に，自閉症児が答えられないことについては，Surian and Leslie（1999）。知ることと信じることの区別については，Dennis et al.（2002）。「友だち」の定義については，Lord and Paul（1997）。
5．自閉症の実行機能については，Hill（2004）。自閉症の多様性とただひとつの説明が不可能であるという立場については，Happé et al.（2006），Pellicano et al.（2006）。自閉症のような発達障害の複数要因をモデル化することについては，Morton（2004）。
6．広汎性発達障害において，言語とコミュニケーションの障害が広範囲に認められることについては，Bailey, Philips, and Rutter（1996），Frith（2003），Joseph et al.（2002），Kanner（1943）。
7．自閉症の語学習については，Baron-Cohen et al.（1997），Preissler and Carey（2004）。自閉症における凝視の神経基盤については，Senju et al.（2005）が事象関連脳電位による研究において，眼の定位処理をしている間，自閉症の人たちの後側頭葉の活性化に異常が認められると報告している。
8．文法と音韻論が自閉症により影響を受けるとする考え方については，Rapin and Dunn（2003）。こうした障害が一般的遅滞によるものだとする立場については，Frith（2003），Tager-Flusberg（2004）。私がよく記憶している語用論的誤解のひとつに，オックスフォードの学生だったときの，南アフリカからの学生に関するものがある。彼は私に，「このガウン！　このガウンときたら，ひどくないか？」と何度も不平を述べた。私は彼に同情して、「そうだね，僕たちにこんなものを着せるなんて，ほんとうにひどいね」と答えた。彼は即座に，「違うよ，そうじゃないよ。僕は他のみんなみたいに，長いガウンを着たいんだよ」と言った。彼は南アフリカの大学を卒業し，学位を授与されていたのだ

が，２度目の学位を目指して勉強していた。そのため，彼は大学院卒業生のための長いガウンではなく，学部卒業生のための短いガウンを着ていたのである。彼の発言の慣習的文脈として，ガウンの長さに注意を払うべきことに，私は思いいたらなかったのだ。

9．語用論を上手くスタートさせることだけだという点については，Tager-Flusberg（1994）が，３～７歳の自閉症男児６名に対する研究で，代名詞の産出は認められるが，統語習得が認められないことを報告している。

10. 自閉症とグライスの公準については，Surian et al.（1996）。

11. 自閉症者の語用論的欠損に関連した困難については，Capps et al.（1998），Happé（1993），Mitchell et al.（1997），Ziatis et al.（2003）。自閉症者の韻律については，Rutherford et al.（2002），Shriberg et al.（2001）。Wang et al.（2006b）によれば，自閉症スペクトラム障害の子どもは，標準的に発達している子どもと比べて，発言が皮肉を意図したものかどうかの判断が正確ではないことが多いという。この過程についてfMRIを用いた研究では，自閉症スペクトラム障害の子どもには，右下側頭回により大きな活性化が認められている。この結果は，心の理論や実用的推論課題を行っている際に，同領域に活性化の低下が認められるというこれまでの研究結果とは対照的である。ワンと彼の研究仲間によって認められた強い活性化は，明示的な課題に取り組むことがより大きな努力を必要とすることを示唆している。一方，先行研究において認められた活性化の低下は，心的状態の帰属が明示的には求められていないという事実によるものと考えられる。

12. 乳児の視覚注意については，Mendleson and Haith（1976）。

13. 幼児における視覚の優位性については，Napolitano and Sloutsky（2004），Robinson and Sloutsky（2004）。

14. 自閉症者の「きわめて重要な技能」としての共同注意については，Charman（2003）。自閉症とノイズ音から話しことばを検出する能力については，Bebko et al.（2006），Khalfa et al.（2001），Foxton et al.（2003），Plaisted et al.（2003）。

15. 自閉症者の聴覚処理を調べるために，皮相の事象間脳電位を用いた研究として，Ceponiene et al.（2003）は，６～12歳の自閉症児９名（平均年齢は８歳９ヶ月）を対象として，音程と母音刺激を提示する研究を行っている。そこでは，聴覚事象間脳電位（ERPs），ミスマッチ陰性電位要素，そしてP3a要素という３種類の電気生理学的指標を記録した。聴覚事象間脳電位の指標は音の頻度と強さを反映し，ミスマッチ陰性電位要素は反復される「標準的な」音

とは異なる不定期な「逸脱した」音を促進し，P3a 要素は環境において顕著な出来事に対する注意の不随意の定位を示すとみなされた。自閉症児と標準的な統制群の子どもとの間で，聴覚事象間脳電位については完全な相違は認められず，陰性電位についても有意な差はなかった。しかしながら，自閉症児については，統制群の子どもとは異なり，母音のピッチの変化が，P3a に相違をもたらさなかったのである（ただし，音のトーンの変化については，このような結果は認められなかった）。この研究結果に基づき，セポニーヌらは，聴覚処理の欠損は，感覚レベルではなく注意レベルのものと結論づけている。すなわち，自閉症児は，母音によって表される音の「声らしい」性質への定位について，注意の欠損を抱えているというのである。自閉症者に対する脳磁図形計測（MEG）を用いた研究では，Gage et al.（2003）が，聴覚システムにおける正常でない発達を示唆する同様のパターンを報告している。

16. 声の選択領域としての上側頭溝については，Gervais et al.（2004）。
17. TMS（経頭蓋磁気刺激法）の発見については，Barker et al.（1985）。認知神経科学に対する TMS の影響については，Walsh and Pascual-Leone（2003）。
18. 自分自身の顔と，馴染みのある他者の顔との識別における TMS の効果については，Uddin et al.（2006）。心の理論において，左 TPJ が不可欠であるという主張については，Samson et al.（2004）。左 HIPS が正確な計算に不可欠であるという主張については，Dehaene et al.（2003）。
19. 2歳前の自閉症の診断については，Osterling et al.（2002）。
20. 自閉症者における正常でない脳の活性化の性質に関する主張は，Courchesne and Pierce（2005），Rubenstein and Merzenrich（2003）。自閉症児におけるミラーニューロンの機能不全については，Dapretto et al.（2006）。顔を認識すること，および会話のなかで話し手に注意を向けることについて，自閉症の幼児が声を使うことの困難さについては，Baranek et al.（2006），Klin（1992），Lord（1995）。より年長の自閉症児における，声に対する反応については，Boucher et al.（2000）。
21. 広汎性発達障害の幼児における，声に対する正常でない電気生理学的，および行動面での反応については，Kuhl et al.（2005）。
22. 広汎性発達障害の子どもにおける名前に対する反応の欠如については，Nadig et al.（2007）。自閉症児における「エピソード」記憶，個人的に経験した出来事に関する記憶の欠陥については，Walenski et al.（2006）。自閉症者の視空間課題でのパフォーマンスについては，Mitchell and Ropar（2004），Mottron et al.（2006），O'Riordan et al.（2001）。しかし，空間課題での技能

は，映写画像の中の動く点の方向に一貫した動きを見つける能力にまでは拡張しない（Milne et al., 2002）。

23. 心の理論課題における自閉症者の欠損については，Siegal and Peterson（2008），Surian and Leslie（1999）。これに関連して，多くの統合失調症者は，心の理論，および幻覚と関連のある聴覚モダリティの情報処理に困難を抱えている。統合失調症者における心の理論については，Brune（2005），Frith and Corcoran（1996），Langdon et al.（2006）。聴覚的幻覚については，Hunter et al.（2006）。これとは矛盾するが，カナーは自閉症者には聴覚的幻覚は認められないと指摘している。
24. 読字障害と文化，言語音の分析能力については，Tan et al.（2005）。読みと，音の識別トレーニングについては，Temple et al.（2003）。
25. 今日までの研究では，音の識別トレーニングが８歳児および10歳児（Moore et al., 2005），そして大人（Armitay et al., 2006）に効果をもつことが示されているが，２歳や３歳といったもっと年少の子どもに対するテストを開発し，そこでのパフォーマンスと読みの成功を関連づける必要性がある。
26. 自閉症者の胃腸障害をめぐる議論については，BMJ の論文，Black et al.（2002）。
27. 自閉症における胃腸障害の要因に関するインディアナの概観については，Erickson et al.（2005）。さらに，Molloy and Manning-Courtney（2003），Valicenti-McDermott et al.（2006）。

第８章　文化，コミュニケーション，そして子どもが理解していること

1．子どもの達成における文化的相違に関する私の議論は，Hatano（1990）および Shweder et al.（1998）によるものと類似している。
2．嘘と間違いの相違については，Siegal and Peterson（1998）。言語獲得と信頼については，Koenig, Clement and Harris（2004），Koenig and Harris（2005），Jaswal and Neely（2006），さらに Bergstrom, Muehlmann and Boyer（2006）も参照。禁止されていなくても行為を悪いとみなすことについては，Nucci and Turiel（1978）。道徳の「副作用」については，Leslie et al.（2006），さらに Hauser（2006）。
3．知識が不完全である，あるいは柔軟でないことについては，Woolley（2006）。絵は Siegal（2000）より。
4．話し手の意味を引き出すことの研究については，Carston（1998, 2002），Clark（1996），Gazdar（1999），Glucksberg（2003），Hilton（1995），Horn

(1989), Levinson (2000), Ninio and Snow (1996), Sperber and Wilson (1995), Wilson and Sperber (2004), Winner (1988)。グライスによる「会話の論理」の説明については，Grice (1975, 1989)。

5．質問に答える際の子どもの方略については，Donaldson (1978), Siegal (1999)。目撃証言と示唆的質問に対する子どもの抵抗については，Bright-Paul, Jarrold, and Wright (2005), Howie, Sheehan, Mojarrad, and Wrzesinska (2004), Pipe, Lamb, Orbach, and Esplin (2004)。出来事の歪めた説明ではなく，オリジナルの説明を報告することについては，Newcombe and Siegal (1996, 1997)。

6．言語の矛盾に関する理解の概念的欠損については，Osherson and Markman (1975)。字義的意味と話し手の意図に関する区別については，Beal and Flavell (1984), Robinson et al. (1983)。

7．「はい」か「いいえ」で答える質問に対する子どもの反応については，Fritzley and Lee (2003), Waterman et al. (2001, 2004)。

8．スカラー含意については，Mill (1867, p. 561), Grice (1975)。幼児がスカラー含意を理解できないことを示唆する研究については，Braine and Rumain (1981), Smith (1980)。

9．スカラー含意に関するパラフラゴウの研究については，Parafragou and Musolino (2003)。フォローアップ研究は，Parafragou and Tantalou (2004)。関連性理論 (Sperber and Wilson, 1995; Wilson and Sperber, 2004) では，全てのスカラー含意は，聞き手が発話と最も適切に関連した解釈を算定しようと努めるところに由来することから不自然なものと主張している。議論はあるが (Levinson, 2000)，大人に対する研究はこの立場を支持するように見える。たとえば，Bott and Noveck (2004; Breheny, Katsos, and Williams, 2006も参照) では，大人に対して，「何頭かの象は哺乳類である」といった不適切な文を理解し，評価するよう求めた。その結果，これらを語用論的に解釈する者は，含意を引き出すために不自然な推論の過程を経ることが示唆されている。「算定のための努力」を減らしたときの，会話的含意を引き出す子どもの能力については，さまざまな研究で報告されている。たとえば，Gualmini, Crain, and Meroni (2001), Surian (1995), Surian and Job (1987)。

10．言語の文脈に注意を向ける際の子どもと大人の相違については，Trueswell, Sekerina, and Hill (1999)。視線による研究については，Sekerina, Stromswold, and Hestvik (2004), Trueswell et al. (1999)。大人における注意の散漫については，Keysar and Henly (2002), Nadig and Sedivy (2002)。

11. 計画をまとめあげる子どもの能力については，Meroni and Crain（2003）。さらに，Mattei（1981），Hamburger and Crain（1984）。
12. 発話の第2部分を見落とし，「言及された順番」通りに反応してしまうことについては，Fay and Klahr（1996），Morris and Sloutsky（2002）。「局所的な」会話の関連性を用いることで，矛盾した発言から意味を引き出そうとすることについては，Scholnick and Wing（1991），Sharpe, Eakin, and Saragovi（1996）。
13. 論理と会話，学校教育については，Artman, Cahan, and Auni-Babad（2006），Scribner and Cole（1973）。
14. Bruner（1966）は，量の保存課題での不正確な反応を妨げるために，4～6歳児に対して，スクリーンの後ろに隠されたコップの水位を予測させた。Sigel（1993）は，「距離を置くこと……つまり，時空間上の表象を通して，現在進行中の観察できる出来事から子ども自身を分離させる」こと，さらに，「結果を予測し，出来事を思い出し，事物あるいは現象の変形に注意を払う」よう子どもに要求することの重要性を強調している。ミシェル（Mischel）と彼の共同研究者による縦断研究では，「満足の遅延」を含む行動と，学校成績といった焦点化された注意に関する結果との間には連続性が認められている（Mischell et al., 1989；Eigsti et al. 2006）。
15. Hauser（1999）は，実行機能の過程において，情動による推論への干渉を抑制させる失敗という，実行機能過程の「情動的固執」と，概念的困難によるもので，克服するためには概念変化を必要とする固執的推論のエラーを区別しなければならないと指摘している。
16. 実行機能の構成要素については，Miyake et al.（2000）。
17. 実行機能とバイリンガルについては，Bialystok and Martin（2004），Bialystok and Senman（2004），Costa et al.（2008），Goetz（2003）。
18. バイリンガリズムの多様な語については，Wei（2000：p. 6）。
19. 中国とアメリカの子どもにおける，実行機能と心の理論については，Sabagh et al.（2006）。手に負えない子どもについては，Hughes et al.（1998）。実行機能と心の理論課題との間に関連性が認められないことについては，Tardif et al.（2007），Woolfe et al.（2002）。

訳者あとがき

1．Toyama, N.（1999）. Developmental changes in the basis of associational contamination thinking. *Cognitive Development, 14*, 343–361.

2．Carey, S.（1985）. *Conceptual change in childhood.* Cambridge, MA : MIT Press.［小島康次・小林好和（訳）（1994）.『子どもは小さな科学者か』ミネルヴァ書房］
3．Siegal, M.（1991）. *Knowing Children : Experiments in conversation and cognition.* Hillsdale, NJ : Lawrence Erlbaum Associates.［鈴木敦子・外山紀子・鈴木宏昭（訳）（1993）.『子どもは誤解されている』新曜社］

文献

Anderson, M., O'Connor, N. and Hermelin, B. (1999). A specific calculating ability. *Intelligence, 26*, 383-403.

Appadurai, A. (1981). Gastro-politics in Hindu South Asia. *American Ethologist, 8*, 494-511.

Armitay, S., Irwin, A. and Moore, D. R. (2006). Discrimination learning induced by training with identical stimuli. *Nature Neuroscience, 9*, 1446-1448.

Aron, A. R. *et al.* (2003). Stop-signal inhibition disrupted by damage to right inferior frontal gyrus in humans. *Nature Neuroscience, 6*, 115-116.

Artman, L., Cahan, S. and Avni-Babad, D. (2006). Age, schooling and conditional reasoning. *Cognitive Development, 21*, 131-145.

Astington, J. W. and Jenkins, J. M. (1999). A longitudinal study of the relation between language and theory-of-mind development. *Developmental Psychology, 35*, 1311-1320.

Astuti, R. (2001). Are we all natural dualists? A cognitive developmental approach. *Journal of the Royal Anthropological Institute, 7*, 429-447.

Astuti, R., Solomon, G. E. A. and Carey, S. (2004). Constraints on conceptual development. *Monographs of the Society for Research in Child Development, 69, Serial No. 277.*

Atran, S. (2002). *In gods we trust*. New York: Oxford University Press.

Atran, S. (2006). Religion's innate origins. In P. Carruthers, S. Laurence and S. Stich (eds), *The innate mind: Culture and cognition* (pp. 302-317). New York: Oxford University Press.

Au, T. K., Sidle, A. L. and Rollins, K. (1993). Developing an understanding of conservation and contamination: Invisible particles as a plausible mechanism. *Developmental Psychology, 29*, 286-299.

Au, T. K-F., Romo, L. F. and DeWitt, J. E. (1999). Folkbiology in health education. In M. Siegal and C. C. Peterson (eds), *Children's understanding of biology and health* (pp. 209-234). New York: Cambridge University Press.

Avis, J. and Harris, P. L. (1991). Belief-desire reasoning among Baka children:

Evidence for a universal conception of mind. *Child Development, 62*, 460–467.
Bailey, A., Phillips, W. and Rutter, M. (1996). Autism: Towards an integration of clinical, genetic, neuropsychological and neurobiological perspectives. *Journal of Child Psychology and Psychiatry, 37*, 89–126.
Baird, G. *et al.* (2006). Prevalence of disorders of the autism spectrum in a population cohort of children in South Thames: the Special Needs and Autism Project (SNAP). *The Lancet, 368*, 210–215.
Baker, M. A. (2001). *The atoms of language.* New York: Basic Books. [マーク・A・ベイカー／郡司隆男（訳）(2003).『言語のレシピ：多様性にひそむ普遍性をもとめて』岩波書店]
Baranek, G. T. *et al.* (2006). The Sensory Experiences Questionnaire: Discriminating response patterns in young children with autism, developmental delays and typical development. *Journal of Child Psychology and Psychiatry, 47*, 591–601.
Barker, A. T., Jalinous, R. and Freeston, I. L. (1985). Non-invasive magnetic stimulation of human motor cortex. *The Lancet, 1* (8437), 1106–1107.
Barley, N. (1983). *The innocent anthropologist: Notes from a mud hut.* Harmondsworth, UK: Penguin.
Baron-Cohen, S., Baldwin, D. and Crowson, M. (1997). Do children with autism use the Speaker's Direction of Gaze (SDG) strategy to crack the code of language? *Child Development, 68*, 48–57.
Baron-Cohen, S., Leslie, A. M. and Frith, U. (1985). Does the autistic child have theory of mind? *Cognition, 21*, 37–46.
Barrett, H. C. and Behne, T. (2005). Children's understanding of death as the cessation of agency: A test using sleep versus death. *Cognition, 96*, 93–108.
Barrett, H. C. and Kurzban, R. (2006). Modularity in cognition: Framing the debate. *Psychological Review, 113*, 628–647.
Barrett, J. L. and Keil, F. (1996). Conceptualizing a nonnatural entity: Anthropomorphism in God concepts. *Cognitive Psychology, 31*, 219–247.
Bate, J. (1997). *The genius of Shakespeare.* London: Picador.
Beal, C. R. and Flavell, J. H. (1984). Development of the ability to distinguish communicative intention and literal message meaning. *Child Development, 55*, 920–928.
Bebko, J. M. *et al.* (2006). Discrimination of temporal synchrony in intermodal

events by children with autism and children with developmental disabilities without autism. *Journal of Child Psychology and Psychiatry, 47*, 88–98.

Behne, T. M., Carpenter, M., Call, J. and Tomasello, M. (2005). Unwilling versus unable : Infants' understanding of intentional action. *Developmental Psychology, 41*, 328–337.

Bergstrom, B., Moehlmann, B. and Boyer, P. (2006). Extending the testimony problem : Evaluating the truth, scope and source of cultural information. *Child Development, 77*, 531–538.

Berguno, G. and Bowler D. M. (2004). Communicative interactions, knowledge of a second language and theory of mind in young children. *Journal of Genetic Psychology, 165*, 293–309.

Bering, J. M. (2006). The folk psychology of souls. *Behavioral and Brain Sciences, 29*, 453–462.

Bering, J. M. and Bjorklund, D. F. (2004). The natural emergence of reasoning about the afterlife as a developmental regularity. *Developmental Psychology, 40*, 217–233.

Bialystok, E. and Codd, J. (2000). Representing quantity beyond whole numbers : Some, none and part. *Canadian Journal of Experimental Psychology, 54*, 117–128.

Bialystok, E. and Martin, M. M. (2004). Attention and inhibition in bilingual children : evidence from the dimensional change card sort task. *Developmental Science, 7*, 325–339.

Bialystok, E. and Senman, L. (2004). Executive processes in appearance-reality tasks : The role of inhibition of attention and symbolic representation. *Child Development, 75*, 562–579.

Bibace, R. and Walsh, M. E. (1981). Children's conceptions of illness. In R. Bibace and M. E. Walsh (eds), *New directions for child development : Children's conceptions of health, illness and bodily functions, No. 14* (pp. 31–48). San Francisco, CA : Jossey-Bass.

Black, C., Kaye, J. A. and Jick, H. (2002). Relation of childhood gastrointestinal disorders to autism : nested case-control study using data from the UK General Practice. *British Medical Journal, 325*, 419–421.

Blades, M. and Spencer, C. (1994). The development of children's ability to use spatial representations. In H. W. Reese (ed.), *Advances in Child Development,*

Vol. 25 (pp. 157–199). San Diego, CA : Academic Press.
Bloom, P. (2000). *How children learn the meaning of words.* Cambridge, MA : MIT Press.
Bloom, P. and German, T. P. (2000). Two reasons to abandon the false belief task as a test of theory of mind. *Cognition, 77,* B25–B31.
Boddaert, N. *et al.* (2003). Perception of complex sounds : Abnormal pattern of cortical activation in autism. *American Journal of Psychiatry, 160,* 2057–2060.
Bonatti, L., Frot, E., Zangl, R. and Mehler, J. (2002). The human first hypothesis : Identification of conspecifics and individuation of objects in the young infant. *Cognitive Psychology, 44,* 388–426.
Borges, J. L. (1964). *Labyrinths.* New York : New Directions.
Bott, L. and Noveck, I. A. (2004). Some utterances are underinformative : The onset and time course of scalar implicatures. *Journal of Memory and Language, 51,* 437–457.
Boucher, J., Lewis, V. and Collis, G. (2000). Voice processing abilities in children with autism, children with specific language impairments and young typically developing children. *Journal of Child Psychology and Psychiatry, 41,* 847–857.
Boyer, P. (2002). *Religion explained.* New York : Basic Books. [パスカル・ボイヤー／鈴木光太郎・中村潔（訳）(2008).『神はなぜいるのか？』NTT 出版]
Braine, M. and Rumain, B. (1981). Children's comprehension of 'or' : Evidence for a sequence of competences. *Journal of Experimental Child Psychology, 31,* 46–70.
Brannon, E. M. and Terrace, H. S. (1998). Ordering of the numerosities 1–9 by monkeys. *Science, 282,* 746–749.
Brannon, E. M., Lutz, D. and Cordes, S. (2006). The development of area discrimination and its implications for number representation in infancy. *Developmental Science, 9,* F59–F64.
Breheny, R., Katsos, N. and Williams, N. (2006). Are generalised scalar implicatures generated by default ? An on-line investigation into the role of context in generating pragmatic inferences. *Cognition, 100,* 434–463.
Bright-Paul, A., Jarrold, C. and Wright, D. B. (2005). Age-appropriate cues facilitate source-monitoring and reduce suggestibility in 3-to 7-year-olds. *Cognitive Development, 20,* 1–18.
Brown, R. and Hanlon, C. (1970). Derivational complexity and order

of acquisition in child speech. In J. R. Hayes (ed.), *Cognition and the development of language* (pp. 11-54). New York: Wiley.

Brune, M. (2005). Theory of mind in schizophrenia: A review of the literature. *Schizophrenia Bulletin, 31*, 21-42.

Bruner, J. S. (1966). On the conservation of liquids. In J. S. Bruner, R. R. Olver and P. M. Greenfield (eds), *Studies in cognitive growth* (pp. 183-207). New York: Wiley. [J・S・ブルーナー/岡本夏木他（訳）(1968).『認識能力の成長：認識研究センターの協同研究』上・下, 明治図書出版]

Bryson, B. (2003). *A short history of nearly everything*. London: Doubleday. [ビル・ブライソン/楡井浩一（訳）(2006).『人類が知っていることすべての短い歴史』日本放送出版協会]

Bunge, S. A. *et al.* (2002). Immature frontal lobe contributions to cognitive control in children: Evidence from fMRI. *Neuron, 33*, 301-311.

Butterworth, B. (1999). *The mathematical brain*. London: Macmillan.

Butterworth, B. (2005). The development of arithmetical abilities. *Journal of Child Psychology and Psychiatry, 46*, 3-18.

Canobi, K. H. (2005). Children's profiles of addition and subtraction understanding. *Journal of Experimental Child Psychology, 92*, 220-246.

Canobi, K. H., Reeve, R. A. and Pattison, P. E. (2003). Patterns of knowledge in children's addition. *Developmental Psychology, 39*, 521-534.

Cantlon, J. F., Brannon, E. M., Carter, E. J. and Pelphrey, K. A. (2006). Functional imaging of numerical processing in adults and 4-y-old children. *PloS Biology 4*, el25.

Capps, L., Kehres, J. and Sigman, M. (1998). Conversational abilities among children with autism and children with developmental delays. *Autism, 2*, 325-344.

Caramazza, A. and Mahon, B. Z. (2006). The organization of conceptual knowledge in the brain: The future's past and some future directions. *Cognitive Neuropsychology, 23*, 13-38.

Carey, S. (1985). *Conceptual change in childhood*. Cambridge, MA: MIT Press. [スーザン・ケアリー/小島康次・小林好和（訳）(1994).『子どもは小さな科学者か：J. ピアジェ理論の再考』ミネルヴァ書房]

Carey, S. (1995). On the origin of causal understanding. In D. Sperber, D. Premack and A. J. Premack (eds), *Causal cognition* (pp. 268-301). Oxford:

Oxford University Press.

Carey, S. (1999). Sources of conceptual change. In E. K. Scholnick, K. Nelson, S. A. Gelman and P. H. Miller (eds), Sources of conceptual change. *Conceptual development: Piaget's legacy* (pp. 293-326). Mahwah, NJ: Erlbaum.

Carey, S. (2000). Science education as conceptual change. *Journal of Applied Developmental Psychology, 21*, 13-19.

Carey, S. (2001). Cognitive foundations of arithmetic: Evolution and ontogenesis. *Mind and Language, 16*, 37-55.

Carruthers, P., Laurence, S. and Stich, S. (eds) (2005). *The innate mind: Structure and contents.* New York: Oxford University Press.

Carruthers, P., Laurence, S. and Stich, S. (eds) (2006). *The innate mind: Culture and cognition.* New York: Oxford University Press.

Carruthers, P., Laurence, S. and Stich, S. (eds) (in press). *The innate mind: Reflections and future directions.* New York: Oxford University Press.

Carston, R. (1998). Informativeness, relevance and scalar implicature. In R. Carston and S. Uchida (eds), *Relevance theory: Applications and implications* (pp. 179-236). Amsterdam: Benjamins.

Carston, R. (2002). *Thoughts and utterances: The pragmatics of explicit communication.* Oxford: Blackwell. [ロビン・カーストン／内田聖二他（訳）(2008).『思考と発話：明示的伝達の語用論』研究社]

Ceponiene, R. *et al.* (2003). Speech-sound-selective auditory impairment in children with autism: They can perceive but do not attend. *Proceedings of the National Academy of Sciences, 100*, 5567-5572.

Charman, T. (2003). Why is joint attention a pivotal skill in autism? *Philosophical Transactions of the Royal Society, London, Series B, 358*, 315-324.

Cheour, M. *et al.* (2002). Speech sounds learned by sleeping newborns. *Nature, 415*, 599-600.

Chi, M. T. H. (2005). Commonsense conceptions of emergent processes: Why misconceptions are robust. *The Journal of the Learning Sciences, 14*, 161-199.

Chomsky, N. (1980). *Rules and Representations.* Oxford: Blackwell. [N・チョムスキー／井上和子・神尾昭雄・西山佑司（訳）(1984).『ことばと認識：文法からみた人間知性』大修館書店]

Clark, E. V. (1997). Conceptual perspective and lexical choice in acquisition.

Cognition 64, 1–37.

Clark, H. H. (1996). *Using language*. New York : Cambridge University Press.

Clark, H. H. and Brennan, S. E. (1991). Grounding in communication. In L. B. Resnick, J. M. Levine and S. Behrens (eds), *Perspectives on socially shared cognition* (pp. 127–149). Washington, DC : American Psychological Association.

Clearfield, M. W. and Mix, K. S. (1999). Number versus contour length in infants discrimination of small visual sets. *Psychological Science, 10*, 408–411.

Cohen, L. B. and Marks, K. S. (2002). How infants process addition and subtraction events. *Developmental Science, 5*, 186–201.

Conrad, J. (1912). *A personal record*. New York : Harper. [ジョゼフ・コンラッド／木宮直仁（訳）(1994).『コンラッド自伝：個人的記録』星雲社]

Costa, A., Hernandez, M. and Sebastián-Gallés, N. (2008). Bilingualism aids conflict resolution : Evidence from the ANT task. *Cognition, 106*, 59–86.

Courchesne, E. and Pierce, K. (2005). Why the frontal cortex in autism might be talking only to itself : Local over-connectivity but long-distance disconnection. *Current Opinion in Neurobiology, 15*, 225–230.

Courtin, C. and Melot, A-M. (2005). Metacognitive development of deaf children : Lessons from the appearance-reality and false belief tasks. *Developmental Science, 8*, 16–25.

Cowie, F. (1998). *What's within ? Nativism reconsidered*. New York : Oxford University Press.

Crain, S. and Pietroski, P. (2001). Nature, nurture and universal grammar. *Linguistics and Philosophy, 24*, 139–186.

Curtis, V. and Biran, A. (2001). Dirt, disgust and disease – is hygiene in our genes ? *Perspectives in Biology and Medicine, 44*, 17–31.

Curtis V. *et al.* (2001). Evidence of behaviour change following a hygiene promotion programme in Burkina Faso. *Bulletin of the World Health Organization, 79*, 518–527.

Curtis V., Cairncross S. and Yonli, R. (2000). Domestic hygiene and diarrhoea-pinpointing the problem. *Tropical Medicine and International Health, 5*, 22–32.

Curtiss, S. (1977). *Genie : A psycholinguistic study of a modern-day 'wild child'*. New York : Academic Press. [スーザン・カーチス／久保田競・藤永

安生（訳）(1992).『ことばを知らなかった少女ジーニー：精神言語学研究の記録』築地書館]

Custer, W. L. (1996). A comparison of young children's understanding of contradictory representations in pretense, memory and belief. *Child Development, 67,* 678-688.

Dahlgren, S., Sandberg, A. D. and Hjelmquist, E. (2003). The non-specificity of theory of mind deficits : Evidence from children with communicative disabilities. *European Journal of Cognitive Psychology, 15,* 129-155.

Dalton, K. M. *et al.* (2005). Gaze fixation and the neural circuitry of face processing in autism. *Nature Neuroscience, 8,* 519-526.

Dapretto, M. *et al.* (2006). Understanding emotions in others : Mirror neuron dysfunction in autism. *Nature Neuroscience, 9,* 28-30.

De Villiers, J. G. and Pyers, J. E. (2002). Complements to cognition : A longitudinal study of the relationship between complex syntax and false-belief understanding. *Cognitive Development, 17,* 1037-1060.

Deák, G. O. (2006). Do children really confuse appearance and reality? *Trends in Cognitive Sciences, 10,* 546-550.

Deák, G. O. and Enright, K. (2006). Choose and choose again : Appearance-reality errors, pragmatics and logical ability. *Developmental Science, 9,* 323-333.

Deák, G. O., Ray, S. D. and Brenneman, K. (2003). Children's perseverative appearance-reality errors are related to emerging language skills. *Child Development, 74,* 944-964.

Dehaene, S. (1999). *The number sense : How the mind creates mathematics.* New York : Oxford University Press.

Dehaene, S., Piazza, M., Pinel, P. and Cohen, L. (2003). *Cognitive Neuropsychology 20,* 487-506.

Dehaene-Lambertz, G., Dehaene, S. and Hertz-Pannier, L. (2002). Functional neuroimaging of speech perception in infants. *Science, 298,* 2013-2015.

Dehaene-Lambertz, G., Pena, M., Christophe, A. and Landrieu, P. (2004). Phoneme perception in a neonate with a left sylvian infarct. *Brain and Language, 88,* 26-38.

Dennis, M., Lazenby, A. L. and Lokyer, L. (2002). Inferential language in high function children with autism. *Journal of Autism and Developmental*

Disorders, 31, 47-54.

DeVries, R. (1969). Constancy of generic identity in the years three to six. *Monographs of the Society for Research in Child Development, 34*, Serial No. 127.

Di Sessa, A. A. (1988). Knowledge in pieces. In G. Forman and P. B. Pufall (eds), *Constructivism in the computer age* (pp. 49-70). Hillsdale, NJ: Erlbaum.

Diamond, A., Kirkham, N. and Amso, D. (2002). Conditions under which young children CAN hold two rules in mind and inhibit a prepotent response. *Developmental Psychology, 38*, 352-362.

Dias, M. G. and Harris, P. L. (1988). The effect of make-believe play on deductive reasoning. *British Journal of Developmental Psychology, 6*, 207-221.

Dibbets, P. and Jolles, J (2006). The Switch Task for Children: Measuring mental flexibility in young children. *Cognitive Development, 21*, 60-71.

Diesendruck, G. and Markson, L. (2001). Children's avoidance of lexical overlap: A pragmatic account. *Developmental Psychology, 37*, 630-641.

Donaldson, M. (1978). *Children's minds*. Glasgow, UK: Fontana.

Dunn, J. (1994). Changing minds and changing relationships. In C. Lewis and P. Mitchell (eds), *Origins of an understanding of mind* (pp. 297-310). Hove, UK: Erlbaum.

Eigsti, I. *et al.* (2006). Predictive cognitive control from preschool to late adolescence and young adulthood. *Psychological Science, 17*, 478-484.

Ellis, A. E. and Oakes, L. M. (2006). Infants flexibly use different dimensions to categorize objects. *Developmental Psychology, 42*, 1000-1011.

Elman, J. L. *et al.* (1996). *Rethinking innateness: A connectionist perspective on development*. Cambridge, MA: MIT Press. [ジェフリー・L・エルマン他／乾敏郎・今井むつみ・ 山下博志（訳）(1998).『認知発達と生得性：心はどこから来るのか』共立出版]

Emery, N. J. and Clayton, N. S. (2001). Effects of experience and social context on prospective caching strategies by scrub jays. *Nature, 414*, 443-446.

Erickson, C. A. *et al.* (2005). Gastrointestinal factors in autistic disorder: A critical review. *Journal of Autism and Developmental Disorders. 35*, 713-727.

Falkman, K., Roos, C. and Hjelmquist, E. (2007). Mentalizing skills of non-native, early signers: A longitudinal perspective. *European Journal of*

Developmental Psychology, 4, 178-197.

Fallon, A. E., Rozin, P. and Pliner, P. (1984). The child's conception of food: The development of food rejections with special reference to disgust and contamination sensitivity. *Child Development, 55*, 566-575.

Fay A. L. and Klahr, D. (1996). Knowing about guessing and guessing about knowing: Preschoolers' understanding of indeterminacy. *Child Development, 67*, 689-716.

Flavell, J. H. (1963). *The developmental psychology of Jean Piaget.* Princeton NJ: Van Nostrand. [ジョン・H・フラベル／岸本弘・岸本紀子（訳）(1969-1970).『ピアジェ心理学入門』上・下，明治図書出版]

Flavell, J. H. (1999). Cognitive development: Children's knowledge about the mind. *Annual Review of Psychology, 50*, 21-45.

Flavell, J. H., Flavell, E. R. and Green, F. L. (1983). Development of the appearance-reality distinction. *Cognitive Psychology, 15*, 95-120.

Flavell, J. H., Green, F. L. and Flavell, E. R. (1986). Development of the appearance-reality distinction. *Monographs of the Society for Research in Child Development, 51. Serial No. 212.*

Fodor, J. (2000). *The mind doesn't work that way: The scope and limits of computational psychology.* Cambridge, MA: MIT Press.

Fodor, J. A. (1983). *The modularity of mind.* Cambridge, MA: Bradford/MIT Press. [ジェリー・A・フォーダー／伊藤笏康・信原幸弘（訳）(1985).『精神のモジュール形式：人工知能と心の哲学』産業図書]

Fodor, J. A. (1992). A theory of the child's theory of mind. *Cognition 44*, 283-296.

Fonagy, P., Gergely, G. and Target, M. (2007). The parent-infant dyad and the construction of the subjective self. *Journal of Child Psychology and Psychiatry, 48*, 288-328.

Foxton, J. M. *et al.* (2003). Absence of auditory 'global interference' in autism. *Brain, 126*, 2703-2709.

Frazer, J. G. (1890/1959). *The golden bough: A study in magic and religion.* New York: Macmillan. (reprint of 1922 abridged edition, edited by T. H. Gaster; original work published 1890). [J・G・フレイザー／神成利男（訳）(2004).『金枝篇：呪術と宗教の研究』国書刊行会]

Friedman, O. and Leslie, A. M. (2004). Mechanisms of belief-desire reasoning.

Psychological Science, 15, 547–552.
Frith C. D. and Corcoran, R. (1996). Exploring 'theory of mind' in people with schizophrenia. *Psychological Medicine, 26*, 521–530.
Frith, U. (2003). *Autism : Explaining the enigma, 2nd edn.* Oxford : Blackwell. [ウタ・フリス／富田真紀・清水康夫・鈴木玲子（訳）(2009).『自閉症の謎を解き明かす』新訂，東京書籍]
Frith, U. and Happé F. (1998). Why specific developmental disorders are not specific : On-line and developmental effects in autism and dyslexia. *Developmental Science, 1*, 267–272.
Fritzley, V. H. and Lee, K. (2003). Do young children always say yes to yes-no questions ? A metadevelopmental study of the affirmation bias. *Child Development, 74*, 1297–1313.
Frye, D., Zelazo, P. D. and Palfai, T. (1995). Theory of mind and rule-based reasoning. *Cognitive Development, 10*, 483–527.
Fuson, K. C. (1988). *Children's counting and concepts of number.* New York : Springer Verlag.
Gage, N. M., Siegel, B. and Roberts, T. P. L (2003). Cortical auditory system maturational abnormalities in children with autism disorder : An MEG investigation. *Developmental Brain Research, 144*, 201–209.
Gao, F, Levine, S. C. and Huttenlocher, J. (2000). What do infants know about continuous quantity ? *Journal of Experimental Child Psychology, 77*, 20–29.
Gauvain, M. and Greene, J. K. (1994). What do children know about objects ? *Cognitive Development, 9*, 311–329.
Gazdar, G. (1979). *Pragmatics.* New York : Academic Press.
Gearhart, M. and Saxe, G. B. (2004). When teachers know what students know : Integrating mathematics assessment. *Theory Into Practice, 43*, 304–313.
Geary, D. (1995). Reflections on evolution and culture in children's cognition : Implications for mathematical development and instruction. *American Psychologist, 50*, 24–35.
Gelman, R. (2000). The epigenesis of mathematical thinking. *Journal of Applied Developmental Psychology, 21*, 27–37.
Gelman, R. (2006). Young natural-number arithmeticians. *Current Directions in Psychological Science, 15*, 193–197.

Gelman, R. and Butterworth, B. (2005). Number and language: How are they related? *Trends in Cognitive Sciences, 9*, 6–10.

Gelman, R. and Gallistel, C. R. (1978). *The child's understanding of number.* Cambridge, MA: Harvard University Press. [R・ゲルマン, C・R・ガリステル／小林芳郎・中島実（訳）(1989).『数の発達心理学：子どもの数の理解』田研出版]

Gelman, R. and Williams, E. M. (1998). Enabling constraints for cognitive development and learning: Domain specificity and epigenesis. In D. Kuhn and R. Siegler (eds), *Handbook of Child Psychology, 5th* edn, Volume 2: Cognition, perception and language (pp. 575–630). New York: Wiley.

Gelman, S. A. (2000). The role of essentialism in children's concepts. *Advances in Child Development and Behavior, 27*, 55–98.

Gelman, S. A. (2003). *The essential child.* New York: Oxford University Press.

Gelman, S. A. and Ebeling, K. S. (1998). Shape and representational status in children's early naming. *Cognition, 66*, 35–47.

Gergely, G., Bekkering, H. and Kiraly, I. (2002). Rational imitation in preverbal infants. *Nature, 415*, 755.

Gernsbacher, M. A., Dawson, M. and Goldsmith, H. H. (2005). Three reasons not to believe in an autism epidemic. *Current Directions in Psychological Science 14*, 55–58.

Gervais, H. *et al.* (2004). Abnormal cortical voice processing in autism. *Nature Neuroscience, 7*, 801–802.

Ginbayashi, K. (1984). *Principles of mathematics education.* Tokyo: Association of Mathematical Instruction.

Glucksberg, S. (2003).The psycholinguistics of metaphor. *Trends in Cognitive Sciences, 7*, 92–96.

Goetz, P. J. (2003). The effects of bilingualism on theory of mind development. *Bilingualism, 6*, 1–15.

Goldin-Meadow, S. (2003). *The resilience of language.* New York: Psychology Press.

Goldin-Meadow, S. and Mylander, C. (1998). Spontaneous sign systems created by deaf children in two cultures. *Nature, 391*, 279–281.

Goldin-Meadow, S., Gelman, S. A. and Mylander, C. (2005). Expressing generic concepts with and without a language model. *Cognition, 96*, 109–126.

Gopnik, A. (1996). The scientist as child. *Philosophy of Science, 63*, 485–514.

Gopnik, A. and Wellman, H. M. (1994). The theory theory. In L. A. Hirschfeld and S. A. Gelman (eds), *Mapping the mind : Domain specificity in culture and cognition* (pp. 257–293). New York : Cambridge University Press.

Gordon, P. (2004). Numerical cognition without words : Evidence from Amazonia. *Science, 306*, 496–499.

Grassly, N. C. *et al.* (2006). New strategies for the elimination of polio from India. *Science, 314*, 1150–1153.

Grice, H. P. (1975). Logic and conversation. In P. Cole and J. L. Morgan (eds), *Syntax and semantics, Vol. 3, Speech acts* (pp. 41–58). New York : Academic.

Grice, H. P. (1989). *Studies in the way of words.* Cambridge, MA : Harvard University Press. [ポール・グライス／清塚邦彦（訳）(1998).『論理と会話』勁草書房]

Grimshaw, G. M., Adelstein, A., Bryden, M. P. and MacKinnon, G. E. (1998). First-language acquisition in adolescence : Evidence for a critical period for verbal language development. *Brain and Language, 63*, 237–255.

Gualmini, A., Crain, S., Meroni, L. and Chierchia, G. (2001). At the semantic/pragmatic interface in child language. *Proceedings of Semantics and Linguistic Theory, 11*, 231–247.

Hale, C. M. and Tager-Flusberg, H. (2003). The influence of language on theory of mind : A training study. *Developmental Science, 6*, 346–359.

Hamburger, H. and Crain, S. (1984). Acquisition of cognitive compiling. *Cognition 17*, 85–136.

Happé, F. (1993). Communicative competence and theory of mind in autism : A test of relevance theory. *Cognition, 48*, 101–119.

Happé, F., Ronald, A. and Plomin, R. (2006). Time to give up on a single explanation for autism. *Nature Neuroscience, 9*, 1218–1220.

Harnett, R. and Gelman, R. (1998). Early understandings of numbers : Paths or barriers to the contruction of new understandings ? *Learning and Instruction, 8*, 341–374.

Harris, M. (1992). *Language experience and early language development.* Hove, UK : Erlbaum.

Harris, P. L. (1996). Desires, beliefs and language. In P. Carruthers and P. K. Smith, *Theories of theory of mind* (pp. 200–220). New York : Cambridge

University Press.

Harris, P. L. (2000). *The work of the imagination.* Oxford : Blackwell.

Harris, P. L., de Rosnay, M. and Pons, F. (2005). Language and children's understanding of mental states. *Current Directions in Psychological Science, 14,* 69–73.

Hatano, G. (1990). Toward a cultural psychology of mathematical cognition. Commentary on H. W. Stevenson and S-Y Lee, *Contexts of achievement : A study of American, Chinese and Japanese children. Monographs of the Society for Research in Child Development, 55 (1/2),* 108–115.

Hatano, G. and Inagaki, K. (1994). Young children's naive theory of biology. *Cognition, 50,* 171–188.

Hauser, M. D. (1999). Perseveration, inhibition and the prefrontal cortex : a new look. *Current Opinion in Neurobiology, 9,* 214–222.

Hauser, M. D. (2006). *Moral minds.* New York : Ecco (HarperCollins).

Hayes, B. K., Goodhew, A., Heit, E. and Gillan, J. (2003). The role of diverse instruction in conceptual change. *Journal of Experimental Child Psychology, 86,* 253–276.

Hejmadi, A., Rozin, P. and Siegal, M. (2004). Once in contact, always in contact : Conceptions of essence and purification in Hindu Indian and American children. *Developmental Psychology, 40,* 467–476.

Herman, R., Holmes, S. and Woll, B. (1999). *Assessing BSL Development : Receptive Skills Test.* Forest Books : London.

Hickling, A. K. and Gelman, S. A. (1994). How does your garden grow ? Early conceptualization of seeds and their place in the plant growth cycle. *Child Development, 66,* 856–876.

Hill, E. (2004). Executive dysfunction in autism. *Trends in Cognitive Sciences, 8,* 26–32.

Hilton, D. J. (1995). The social context of reasoning : Conversational inference and rational judgment. *Psychological Bulletin, 118,* 248–271.

Hirschfeld, L. A. (1995). Do children have a theory of race ? *Cognition, 54,* 209–252.

Hirschfeld, L. A. and Gelman, S. A. (eds) (1994). *Mapping the mind : Domain specificity in culture and cognition.* New York : Cambridge University Press.

Hodent, C., Bryant, P. and Houdé, O. (2005). Language-specific effects on

numerical computation in toddlers. *Developmental Science, 8*, 420–423.

Hollos, M. and Cowan, P. (1973). Social isolation and cognitive development: Logical operations and role-taking abilities in three Norwegian school settings. *Child Development, 44*, 630–641.

Holowka, S. and Petitto, L. A. (2002). Left hemisphere cerebral specialization for babies while babbling. *Science, 297*, 1515.

Horn, L. R. (1989). *A natural history of negation*. Chicago, IL: University of Chicago Press.

Howie, P., Sheehan, M., Mojarrad, T. and Wrzesinska, M. (2004). 'Undesirable' and 'desirable' shifts in children's responses to repeated questions: Age differences in the effect of providing a rationale for repetition. *Applied Cognitive Psychology, 18*, 1161–1180.

Hughes, C., Dunn, J. and White, A. (1998). Trick or treat?: Uneven understanding of mind and emotion and executive dysfunction in 'hard-to-manage' preschoolers. *Journal of Child Psychology and Psychiatry, 39*, 981–994.

Hunt, E. and Agnoli, F. (1991). The Whorfian hypothesis: A cognitive psychology perspective, *Psychological Review, 98*, 377–389.

Hunter, M. D. *et al.* (2006). Neural activity in speech-sensitive auditory cortex during silence. *Proceedings of the National Academy of Sciences, 103*, 189–194.

Inagaki, K. and Hatano, G. (1993). Young children's understanding of the mind-body distinction. *Child Development, 8*, 503–526.

Inagaki, K. and Hatano, G. (2002). *Young children's naive thinking about the biological world*. New York: Psychology Press. [稲垣佳世子・波多野誼余夫 (2005).『子どもの概念発達と変化：素朴生物学をめぐって』共立出版]

Inagaki, K. and Hatano, G. (2006). Young children's conception of the biological world. *Current Directions in Psychological Science, 15*, 177–181.

Inagaki, K., Hatano, G. and Morita, E. (1998). Construction of mathematical knowledge through whole-class discussion. *Learning and Instruction, 64*, 1534–1549.

Ingram, N. and Butterworth, G. E. (1989). The young child's representation of depth in drawing: process and product. *Journal of Experimental Child Psychology, 47*, 356–369.

Jaswal, V. K. and Neely, L. A. (2006). Adults don't always know best: Preschoolers use past reliability over age when learning new words. *Psychological Science, 17*, 757-758.

Jenkins, M. W. and Curtis, V. (2005). Achieving the 'good life': Why some people want latrines in rural Benin. *Social Science and Medicine, 61*, 2446-2459.

Jolley, R., Knox, E. and Foster, S. (2000). The relationship between children's production and comprehension of realism in drawing. *British Journal of Developmental Psychology, 18*, 557-582.

Joseph, R. M. (1998). Intention and knowledge in preschoolers' conception of pretend. *Child Development, 69*, 966-980.

Joseph, R. M., Tager-Flusberg, H. and Lord, C. (2002). Cognitive profiles and social-communicative functioning in children with autism spectrum disorder. *Journal of Child Psychology and Psychiatry, 43*, 807-822.

Joyce, J. (1916/1964). *A portrait of the artist as a young man*. London: Jonathan Cape. [ジェイムズ・ジョイス／丸谷才一（訳）(1979).『若い芸術家の肖像』講談社文庫] 他

Kalish, C. W. (1997). Preschoolers' understanding of mental and bodily reactions to contamination: What you don't know can hurt you, but cannot sadden you. *Developmental Psychology, 33*, 79-91.

Kalish, C. W. (1999). What young children's understanding of contamination and contagion tells us about their concepts of illness. In M. Siegal and C. C. Peterson (eds), *Children's understanding of biology and health* (pp. 99-130). Cambridge: Cambridge University Press.

Kaminski, J., Call, J. and Fischer, J. (2004). Word learning in a domestic dog: Evidence for "fast mapping" *Science, 304*, 1682-1683.

Kanner, L. (1943). Autistic disturbances of affective contact. *Nervous Child, 2*, 217-250.

Kass, L. (1994). *The hungry soul*. Chicago, IL: University of Chicago Press. [レオン・R・カス／工藤政司・小澤喬（訳）(2002).『飢えたる魂：食の哲学』法政大学出版局]

Kearins, J. (1981). Visual-spatial memory in Australian Aboriginal children of desert regions. *Cognitive Psychology, 13*, 434-460.

Keil, F. C., Levin, D. T., Richman, B. A. and Gutheil, G. (1999). Mechanism and

explanation in the development of biological thought : The case of disease. In D. Medin and S. Atran (eds), *Folkbiology* (pp. 285-319). Cambridge, MA : MIT Press.

Kelemen, D. (2003). British and American children's preferences for teleo-functional explanations of the natural world. *Cognition, 88*, 201-221.

Kendrick, K. M. *et al.* (2001). Sheep don't forget a face. *Nature, 414*, 165-166.

Keysar, B. and Henly, A. S. (2002). Speakers' overestimation of their effectiveness. *Psychological Science, 13*, 207-212.

Khalfa, S. *et al.* (2001). Peripheral auditory asymmetry in infantile autism. *European Journal of Neuroscience, 13*, 628-632.

Klin, A. (1992). Listening preferences in regard to speech in four children with developmental disabilities. *Journal of Child Psychology and Psychiatry, 33*, 763-769.

Kobayashi, M. (1988). *New ideas of teaching mathematics in Japan.* Tokyo : Chuo University Press.

Koenig, M. A. and Harris, P. L. (2005). Preschoolers mistrust ignorant and inaccurate speakers. *Child Development, 76*, 1261-1277.

Koenig, M. A., Clément, F. and Harris, P. L. (2004). Trust in testimony : Children's use of true and false statements. *Psychological Science, 17*, 757-758.

Kohlberg, L. (1966). A cognitive-developmental analysis of children's sex-role concepts and attitudes. In E. E. Maccoby (ed.), *The development of sex differences*, (pp. 82-173). Stanford, CA : Stanford University Press. [L・コールバーグ著，エレノア・E・マッコビィ編／青木やよひ他（訳）(1979).『性差：その起源と役割』家政教育社]

Kosslyn, S. M., Heldmeyer, K. H. and Locklear, E. P. (1977). Children's drawings as data about internal representations. *Journal of Experimental Child Psychology, 23*, 191-211.

Kuhl, P. K., Coffey-Corina, S., Padden, D. and Dawson, G. (2005). Links between social and linguistic processing of speech in preschool children with autism : Behavioral and electrophysiological measures. *Developmental Science, 8*, F1-12.

Kuhn, T. S. (1957). *The Copernican revolution.* Cambridge, MA : Harvard University Press. [トーマス・クーン／常石敬一（訳）(1976).『コペルニクス

革命：科学思想史序説』紀伊国屋書店］他

Kuhn, T. S. (1962). *The structure of scientific revolutions*. Chicago: University of Chicago Press. ［トーマス・クーン／中山茂（訳）(1971).『科学革命の構造』みすず書房］

Landerl, K., Bevan, A. and Butterworth, B. (2004). Developmental dyscalculia and basic numerical capacities: A study of 8-9-year-old students. *Cognition, 93*, 99-125.

Lane, H. (1977). *The wild boy of Aveyron*. New York: Bantam Books. ［ハーラン・レイン／中野善達（訳編）(1980).『アヴェロンの野生児研究』福村出版］

Langdon, R., Coltheart, M. and Ward, P. B. (2006). Empathetic perspective-taking is impaired in schizophrenia: Evidence from a study of emotion attribution and theory of mind. *Cognitive Neuropsychiatry, 11*, 133-155.

Laurence, S. and Margolis, E. (2001). The poverty of the stimulus argument. *British Journal for the Philosophy of Science, 52*, 217-276.

Lederberg, A. R. and Everhart, V. S. (1998). Communication between deaf children and their hearing mothers: The role of language, gesture and vocalizations. *Journal of Speech, Language and Hearing Research, 41*, 887-899.

Legerstee, M. (2000). Precursors to the development of intention at 6 months: Understanding people and their actions. *Developmental Psychology, 36*, 627-634.

Lenneberg, E. H. (1967). *Biological foundations of language*. New York: Wiley. ［E・H・レネバーグ／佐藤方哉・神尾昭雄（訳）(1974).『言語の生物学的基礎』大修館書店］

Leslie, A. M. (1994). ToMM, ToBy and Agency: core architecture and domain specificity. In L. A. Hirschfeld and S. A. Gelman (eds), *Mapping the mind*. Cambridge: Cambridge University Press.

Leslie, A. M. (2000). 'Theory of mind' as a mechanism of selective attention. In M. S. Gazzaniga (ed.), *The new cognitive neurosciences, 2nd edn* (pp. 1235-1247). Cambridge, MA: MIT Press.

Leslie, A. M., Friedman, O. and German, T. P. (2004). Core mechanisms in 'theory of mind'. *Trends in Cognitive Sciences, 8*, 528-533.

Leslie, A. M., German, T. P. and Polizzi P. (2005). Belief-desire reasoning as a

process of selection. *Cognitive Psychology, 50*, 45–85.
Leslie, A. M., Knobe, J. and Cohen, A. (2006). Acting intentionally and the side-effect. *Psychological Science, 17*, 421–427.
Levinson, S. (2000). *Presumptive meanings*. Cambridge, MA : MIT Press. [S・レヴィンソン／田中廣明・五十嵐海理（訳）(2007).『意味の推定：新グライス学派の語用論』研究社]
Lewis, C., Freeman, N. H., Kyriakidou, C., Maridaki-Kassotaki, K. and Berridge, D. M. (1996). Social influences on false belief access : specific sibling influences or general apprenticeship ? *Child Development, 67*, 2930–2947.
Lidz, J., Waxman, S. and Freedman, J. (2003). What infants know about syntax but couldn't have learned : Experimental evidence for syntactic structure at 18 months. *Cognition, 89*, B65–B73.
Lohmann, H. and Tomasello, M. (2003). The role of language in the development of false belief understanding : A training study. *Child Development 74*, 1130–1144.
Lord C. (1995). Follow-up of two-year-olds referred for possible autism. *Journal of Child Psychology and Psychiatry, 36*, 1365–1382.
Lord, C. and Paul, R. (1997). Language and communication in autism. In D. J. Cohen and F. J. Volkmar (eds), *Handbook of autism and pervasive developmental disorders*, 2nd edn (pp. 195–225). New York : Wiley.
Ma, L. and Lillard, A. S. (2006). Where is the real cheese ? Young children's ability to discriminate between real and pretend acts. *Child Development 77*, 1762–1777.
Macnamara, J. (1999). *Through the rearview mirror : Reflections on psychology*. Cambridge, MA : MIT Press.
Mandler, J. M. (2004). *The foundations of mind : Origins of conceptual thought*. New York : Oxford University Press.
Marcus, G. (2004). *The birth of the mind*. New York : Basic Books. [ゲアリー・マーカス／大隅典子（訳）(2005).『心を生みだす遺伝子』岩波書店]
Mareschal, D. and Tan, S. H. (2007). Flexible and context-dependent categorization by 18-month-olds. *Child Development, 78*, 19–37.
Marriott, M. (1968). Caste reading and food transactions : A metric analysis. In M. Singer and B. S. Cohn (eds), *Structure and change in Indian society* (pp. 133–142). Philadelphia, PA : Institute for the Study of Human Issues.

Marschark, M. (1993). *Psychological development of deaf children.* New York : Oxford University Press.

Marschark, M., Green, V., Hindmarsh, G. and Walker, S. (2000). Understanding theory of mind in children who are deaf. *Journal of Child Psychology and Psychiatry, 41*, 1067-1073.

Martin, C. L., Ruble, D. N. and Szkrybalo, J. (2002). Cognitive theories of early gender development. *Psychological Bulletin, 128*, 903-933.

Martin, I. and McDonald, S. (2003). Weak central coherence, no theory of mind, or executive dysfunction? Solving the puzzle of pragmatic language disorders. *Brain and Language, 85*, 451-466.

Massey, C. and Gelman, R. (1988). Preschoolers' ability to decide whether a pictured unfamiliar object can move itself. *Developmental Psychology 24*, 307-317.

Matthei, E. M. (1981). The acquisition of prenominal modifier sequences. *Cognition, 11*, 301-332.

Mauss, M. (1902/1972). *A general theory of magic* (R. Brain, Trans.). New York : W. W. Norton. Original work published 1902. Esquisse d'une théorie generale de la magie. *L'Année Sociologique*, 1902-1903.

Mayberry, R. I., Lock, E. and Hazmi, H. (2002). Linguistic ability and early language exposure. *Nature, 417*, 38.

McNeil, N. M. and Alibali, M. W. (2005). Why won't you change your mind? Knowledge of operational patterns hinders learning and performance on equations. *Child Development, 76*, 883-899.

Meadow, K. P., Greenberg, M. T., Erting, C. and Carmichael, H. (1981). Interactions of deaf mothers and deaf preschool-children—Comparisons with three other groups of deaf and hearing dyads. *American Annals of the Deaf, 126*, 454-468.

Medin, D. L. (1989). Concepts and conceptual structure. *American Psychologist, 44*, 1469-1481.

Medin, D. L. and Atran, S. (2004). The native mind : Biological categorization and reasoning in development and across cultures. *Psychological Review, 111*, 960-983.

Meigs, A. S. (1983). *Food, sex and pollution : A New Guinea religion.* New Brunswick, NJ : Rutgers University Press.

Meins, E., Fernyhough, C., Wainwright, R., Gupta, M., Fradley, E. and Tuckey, M. (2002). Maternal mind-mindness and attachment security as predictors of theory-of-mind understanding. *Child Development, 73*, 1715-1726.

Meltzoff, A. N. (1995). Understanding the intentions of others : Re-enactment of intended acts by 18-month-old children. *Developmental Psychology 31*, 838-850.

Mendleson, M. J. and Haith, M. M. (1976). The relation between audition and vision in the newborn. *Monographs of the Society for Research in Child Development, 41*, Serial No. 167.

Meroni, L. and Crain, S. (2003). On not being led down the Kindergarten path. *Proceedings of the 25th Annual Boston University Conference on Language Development.* Somerville, MA : Cascadilla Press.

Mill, J. S. (1867). *An examination of Sir William Hamilton's philosophy*, 3rd edn. London : Longman.

Miller, K. F., Smith, C. M., Zhu, J. and Zhang, H. (1995). Preschool origins of cross-national differences in mathematical competence : The role of number-naming systems. *Psychological Science, 6*, 56-60.

Milligan, K., Astington, J. W. and Dack, L. A. (2007). Language and Theory of Mind : Meta-analysis of the relation between language ability and false-belief understanding. *Child Development, 78*, 622-646.

Milne, E. *et al.* (2002). High motion coherence thresholds in children with autism. *Journal of Child Psychology and Psychiatry, 43*, 255-264.

Mischel, W., Shoda, Y. and Rodriguez, M. L. (1989). Delay of gratification in children. *Science, 244*, 933-938.

Mitchell, P. and Ropar, D. (2004). Visuo-spatial abilities in autism : A review. *Infant and Child Development, 13*, 185-198.

Mitchell, P., Saltmarsh, R. and Russell, J. (1997). Overly literal interpretations of speech in autism : Understanding that messages arise from minds. *Journal of Child Psychology and Psychiatry, 38*, 685-691.

Mix, K., Levine, S. and Huttenlocher, J. (1999). Early fraction calculation ability. *Developmental Psychology, 35*, 164-174.

Miyake, A. *et al.* (2000). The unity and diversity of executive functions and their contributions to complex "frontal lobe" tasks : A latent variable analysis. *Cognitive Psychology, 41*, 49-100.

Moeller, M. P. and Schick, B. (2006). Relations between maternal input and theory of mind understanding in deaf children. *Child Development, 77*, 751-766.

Molloy, C. A. and Manning-Courtney, P. (2003). Prevalence of chronic gastrointestinal symptoms in children with autism and autistic spectrum disorder. *Autism, 7*, 165-171.

Moore, D. R., Rosenberg, J. F. and Coleman, J. S. (2005). Discrimination training of phonemic contrasts enhances phonological processing in mainstream school children. *Brain and Language, 94*, 72-85.

Morford, J. P. and Goldin-Meadow, S. (1997). From here and now to there and then : The development of displaced reference in Homesign and English. *Child Development, 68*, 420-435.

Morgan, G. and Kegl, J. (2006). Theory of Mind and late access to language : Evidence from users of Nicaraguan Sign Language. *Journal of Child Psychology and Psychiatry, 47*, 811-819.

Morris, B. J. and Sloutsky, V. (2002). Children's solutions of logical versus empirical problems : What's missing and what develops ? *Cognitive Development, 16*, 907-928.

Morris, S. C., Taplin, J. E. and Gelman, S. A. (2000). Vitalism in naive biological thinking. *Developmental Psychology, 36*, 582-595.

Morton, J. (2004). *Understanding developmental disorders : A causal modelling approach*. Oxford : Blackwell.

Moses, L. J. (2001). Executive accounts of theory of mind development. *Child Development, 72*, 688-690.

Mottron, L. and Belleville, S. (1993). A study of perceptual analysis in a high-level autistic subject with exceptional graphic abilities. *Brain and Cognition 23*, 279-309.

Mottron, L., Dawson, M., Soulieres, I., Hubert, B. and Burack, J. (2006). Enhanced perceptual functioning in autism : An update, and eight principles of autistic perception. *Journal of Autism and Developmental Disorders, 36*, 27-43.

Nadig, A. S. and Sedivy J. C. (2002). Evidence of perspective-taking constraints In children's on-line reference resolution. *Psychological Science, 13*, 329-336.

Nadig, A. S. *et al.* (2007). A prospective study of response to name in infants at

risk for autism. *Archives of Pediatrics and Adolescent Medicine, 161*, 378–383.

Naito, M. and Miura, H. (2001). Japanese children's numerical competencies: Age- and schooling-related influences on the development of number concepts and addition skills. *Developmental Psychology, 37*, 217–230.

Napolitano, A. C. and Sloutsky, V. M. (2004). Is a picture worth a thousand words? Part II: The flexible nature of modality dominance in young children. *Child Development, 75*, 1850–1870.

Nelson, K. *et al.* (2003). Entering a community of minds: An experiential approach to 'theory of mind'. *Human Development, 46*, 24–46.

Nemeroff, C. and Rozin, P. (2000). The makings of the magical mind. In K. S. Rosengren, C. N. Johnson and P. L. Harris (eds), *Imagining the impossible: magical, scientific and religious thinking in children* (pp. 1–34). New York: Cambridge University Press.

Nemeroff, C. J. and Rozin, P. (1994). The contagion concept in adult thinking in the United States: Transmission of germs and of interpersonal influence. *Ethos: Journal of Psychological Anthropology, 22*, 158–186.

Newcombe, P. A. and Siegal, M. (1996). Where to look first for suggestibility in children's memory. *Cognition, 59*, 337–356.

Newcombe, P. A. and Siegal, M. (1997). Explicitly questioning the nature of suggestibility in preschoolers' memory and retention. *Journal of Experimental Child Psychology, 67*, 185–203.

Newport, E. L. (1990). Maturational constraints on language learning. *Cognitive Science, 14*, 11–28.

Ninio, A. and Snow, C. E. (1996). *Pragmatic development*. Boulder, CO: Westview Press.

Nobes, G. *et al.* (2003). Children's understanding of the earth in a multicultural community: Mental models or fragments of knowledge? *Developmental Science, 6*, 74–87.

Nobes, G., Martin, A. E. and Panagiotaki, G. (2005). The development of scientific knowledge of the earth. *British Journal of Developmental Psychology, 23*, 47–64.

Nucci, L. and Turiel, E. (1978). Social interactions and the development of social concepts in preschool children. *Child Development, 49*, 400–407.

Nussbaum, J. (1979). An assessment of children's concepts of the earth using

structured interviews. *Science Education, 63*, 83–93.

O'Riordan, M. A., Plaisted, K. C, Driver, J. and Baron-Cohen, S. (2001). Superior visual search in autism. *Journal of Experimental Psychology : Human Perception and Performance, 27*, 719–730.

Onishi, K. and Baillargeon, R. (2005). Do 15-month-old infants understand false beliefs ? *Science, 308*, 255–258.

Osherson, D. and Markman, E. (1975). Language and the ability to evaluate contradictions and tautologies. *Cognition, 86*, 213–226.

Osterling, J. A., Dawson, G. and Munson, J. (2002). Early recognition of 1-year-old infants with autism spectrum disorder versus mental retardation. *Development and Psychopathology, 14*, 239–251.

Pan, Y., Gauvain, M., Liu, Z. and Cheng, L. (2006). American and Chinese parental involvement in young children's mathematics learning. *Cognitive Development, 21*, 17–35.

Panagiotaki, G. (2003). Is the earth flat or round ? Knowledge acquisition in the domain of astronomy. D. Phil, thesis, University of Sussex.

Panksepp, J. (2005). Beyond a joke : From animal laughter to human joy. *Science, 308*, 62–63.

Papafragou, A. and Musolino, J. (2003). Scalar implicatures : experiments at the semantics-pragmatics interface. *Cognition, 86*, 253–282.

Papafragou, A. and Tantalou, N. (2004). Children's computation of implicatures. *Language Acquisition, 12*, 71–82.

Pellicano E., Maybery, M., Durkin, K. and Maley, A. (2006). Multiple cognitive capabilities/deficits in children with an autism spectrum disorder : 'weak' central coherence and its relationship to theory of mind and executive control. *Developmental Psychopathology, 18*, 77–98.

Pemberton, E. F. (1990). Systematic errors in children's drawings. *Cognitive Development, 5*, 395–404.

Perner, J. (1991). *Understanding the representational mind*. Cambridge MA : MIT Press. ［ジョセフ・パーナー／小島康次・佐藤淳・松田真幸（訳）(2006).『発達する「心の理論」：4歳：人の心を理解するターニングポイント』ブレーン出版］

Perner, J. and Lang, B. (1999). Development of theory of mind and executive control. *Trends in Cognitive Sciences, 3*, 337–344.

Perner, J., Leekam, S. R. and Wimmer, H. (1987). Three year olds' difficulty with false belief : The case for a conceptual deficit. *British Journal of Developmental Psychology, 5*, 125–137.

Peterson, C. C. (2001). Kindred spirits : Influences of siblings' perspectives on theory of mind. *Cognitive Development, 15*, 435–455.

Peterson, C. C. and Siegal, M. (1995). Deafness, conversation and theory of mind. *Journal of Child Psychology and Psychiatry, 36*, 459–474.

Peterson, C. C. and Siegal, M. (1999). Representing inner worlds : Theory of mind in autistic, deaf and normal hearing children. *Psychological Science, 10*, 126–129.

Petitto, L. A. and Marentette, P. F. (1991). Babbling in the manual mode : Evidence for the ontogeny of language. *Science, 251*, 1493–1496.

Petitto, L. A., Holowska, S., Sergio, J. E. and Ostry, D. (2001). Language rhythms in baby hand movements. *Nature, 413*, 35–36.

Piaget, J. (1929). *The child's conception of the world*. London : Routledge and Kegan Paul. [ジャン・ピアジェ／大伴茂（訳）(1960).『児童の世界観』改訂版 , 同文書院]

Piaget, J. (1930). *The child's conception of physical causality*. London : Routledge and Kegan Paul. [ジャン・ピアジェ／岸田秀（訳）(1971).『子どもの因果関係の認識』明治図書出版]

Piaget, J. (1932). *The moral judgement of the child*. London : Routledge and Kegan Paul.

Piaget, J. (1952). *The child's conception of number*. London : Routledge and Kegan Paul. [ジャン・ピアジェ , A. シェミンスカ／遠山啓他（訳）(1992).『数の発達心理学』新装版 , 国土社]

Piaget, J. (1954). *The construction of reality in the child*. New York : Basic Books.

Piaget, J. (1962). *Play, dreams and imitation*. London : Routledge and Kegan Paul. [ジャン・ピアジェ／大伴茂（訳）(1988).『遊びの心理学』新装版 , 黎明書房]

Piaget, J., Inhelder, B. and Szeminska, A. (1960). *The child's conception of geometry*. London : Routledge and Kegan Paul.

Pinker, S. (1994). *The language instinct*. New York : William Morrow. [スティーブン・ピンカー／椋田直子（訳）(1995).『言語を生みだす本能』日本放送

出版協会]

Pinker, S. (2002). *The blank slate: The modern denial of human nature*. New York: Viking.

Pipe, M. E., Lamb, M. E., Orbach, Y. and Esplin, P. W. (2004). Recent research on children's testimony about experienced and witnessed events. *Developmental Review, 24*, 440-468.

Plaisted, K. *et al.* (2003). Towards an understanding of the mechanisms of weak central coherence effects: Experiments in visual configural learning and auditory perception. *Philosophical Transactions of the Royal Society of London, B, 358*, 375-386.

Plato (1961). *The collected dialogues of Plato*. Edited by E. Hamilton and H. Cairns. Princeton, NJ: Princeton University Press.

Plaut, D. C. and Karmiloff-Smith, A. (1993). Representational development and theory-of-mind computations. *Behavioral and Brain Sciences, 16*, 70-71.

Plimmer, M. and King, B. (2004). *Beyond coincidence*. Cambridge, UK: Icon Books. [マーティン・プリマー，ブライアン・キング／有沢善樹（訳）(2004).『本当にあった嘘のような話：「偶然の一致」のミステリーを探る』アスペクト]

Preissler, M. A. and Carey, S. A. (2004). The role of inferences about the referential intent in word learning: Evidence from autism. *Cognition, 97*, B13-B23.

Premack, D. and Hauser, M. D. (2001). A whale of a tale: Calling it culture doesn't help. *Behavioral and Brain Sciences, 24*, 350-351.

Premack, D. and Premack, A. (2003). *Original intelligence*. New York: McGraw-Hill. [デイヴィッド・プレマック，アン・プレマック／鈴木光太郎（訳）(2005).『心の発生と進化：チンパンジー、赤ちゃん、ヒト』新曜社]

Raby, C. R., Alexis, D. M., Dickinson, A. and Clayton, N. S. (2007). Planning for the future by western scrub-jays. *Nature, 445*, 919-921.

Raman, L. and Gelman. S. (2005). Children's understanding of the transmission of genetic disorders and contagious illnesses. *Developmental Psychology, 41*, 171-182.

Ramus, F. *et al.* (2003).Theories of developmental dyslexia: insights from a multiple case study of dyslexic adults. *Brain, 126*, 841-865.

Rapin, I. and Dunn, M. (2003). Update on the language disorders of individuals

on the autistic spectrum. *Brain and Development, 25*, 166–172.

Resnick, L. B. and Ford, W. W. (1981). *The psychology of mathematics for instruction*. Hillsdale, NJ : Lawrence Erlbaum Associates.

Richards, C. A. and Sanderson, J. A. (1999). The role of imagination in facilitating deductive reasoning in 2-, 3- and 4-year-olds. *Cognition, 72*, B1–B9.

Rips, L. J., Asmuth, J. and Bloomfield, A. (2006). Giving the boot to the bootstrap : How not to learn the natural numbers. *Cognition, 101*, B51–B60.

Rittle-Johnson, B., Siegler, R. S. and Alibali, M. W. (2001). Developing conceptual understanding and procedural skill in mathematics : An iterative process. *Journal of Educational Psychology, 93*, 346–362.

Robinson, C. W. and Sloutsky, V. M. (2004). Auditory dominance and its change in the course of development. *Child Development, 75*, 1387–1401.

Robinson, E. J., Goelman, H. and Olson, D. (1983). Children's understanding of the relation between expressions (what was said) and intentions (what was meant). *British Journal of Developmental Psychology, 1*, 75–86.

Rogers, S. J. and Ozonoff, S. (2005). Annotation : What do we know about sensory dysfunction in autism ? A critical review of the empirical evidence. *Journal of Child Psychology and Psychiatry, 46*, 1255–1268.

Rosen, A. B. and Rozin, P. (1993). Now you see it... now you don't : The preschool child's conception of invisible particles in the context of dissolving. *Developmental Psychology, 29*, 300–311.

Rozin, P. (1976). The evolution of intelligence and access to the cognitive unconscious. In J. A. Sprague and A. N. Epstein (eds), *Progress in psychobiology and physiological psychology, Volume 6* (pp. 245–280). New York : Academic Press.

Rozin, P. (1990). Social and moral aspects of eating. In I. Rock (ed.), *The legacy of Solomon Asch : Essays in cognition and social psychology* (pp. 97–110). Potomac, MD : Lawrence Erlbaum.

Rozin, P. (1996). Towards a psychology of food and eating : From motivation to model to meaning, morality and metaphor. *Current Directions in Psychological Science, 5*, 1–7.

Rozin, P. (2006). About 17 (+/- 2) potential principles about links between the innate mind and culture : Preadaptation, predispositions, preferences,

pathways and domains. In P. Carruthers, S. Laurence and S. Stich (eds), *The innate mind : Culture and cognition*. New York : Oxford University Press.

Rozin, P. and Fallon, A. E. (1987). A perspective on disgust. *Psychological Review, 94*, 23-41.

Rozin, P., Fallon, A. E. and Augustoni-Ziskind, M. (1985). The child's conception of food : The development of contamination sensitivity to "disgusting" substances. *Developmental Psychology, 21*, 1075-1079.

Rubenstein, J. L. and Merzenich, M. M. (2003). Model of autism : Increased ratio of excitation/inhibition in key neural systems. *Genes, Brain and Behavior, 2*, 255-267.

Ruffman, T., Slade, L., Rowlandson, K., Rumsey, C. and Garnham, A. (2003). How language relates to belief, desire and emotion understanding. *Cognitive Development, 18*, 139-158.

Russell, P. A. *et al.* (1998). The development of theory of mind in deaf children. *Journal of Child Psychology and Psychiatry, 39*, 903-910.

Rutherford, M. D., Baron-Cohen, S. and Wheelwright, S. (2002). Reading the mind in the voice : A study with normal adults and adults with Asperger syndrome and high functioning autism. *Journal of Autism and Developmental Disorders, 32*, 189-194.

Sabbagh, M. A., Xu, F., Carlson, S. M., Moses, L. J. and Lee, K. (2006). The development of executive functioning and theory-of-mind : A comparison of Chinese and U. S. preschoolers. *Psychological Science, 17*, 74-81.

Samarapungavan, A., Vosniadou, S. and Brewer, W. F. (1996). Mental models of the earth, sun and moon : Indian children's cosmologies. *Cognitive Development, 11*, 491-521.

Samson, D., Apperly, I. A., Chiavarino, C. and Humphreys, G. W. (2004). The left temporo-parietal junction is necessary for representing someone else's belief. *Nature Neuroscience, 7*, 449-500.

Samson, F., Mottron, L., Jemel, B., Belin, P. and Ciocca, V. (2006). Can spectro-temporal complexity explain the autistic pattern of performance on auditory tasks ? *Journal of Autism and Developmental Disorders, 36*, 65-76.

Sapp, F., Lee, K. and Muir, D. (2000). Three-year-olds' difficulty with the appearance-reality distinction : Is it real or is it apparent ? *Developmental Psychology, 36*, 547-560.

Sarnecka, B. W. and Gelman, S. A. (2004). *Six* does not just mean *a lot*: preschoolers see number words as specific. *Cognition, 92*, 329–352.

SBS World Guide, 11th edn (2003). Melbourne, Australia: Hardie Grant Books.

Schick, B., de Villiers, P., de Villiers, J. and Hoffmeister, R. (2007). Language and Theory of Mind: A study of deaf children. *Child Development, 78*, 376–396.

Scholl, B. J. and Leslie, A. M. (1999). Modularity, development and 'Theory of Mind'. *Brain and Language, 14*, 131–153.

Scholnick, E. K. and Wing, C. S. (1991). Speaking deductively: Preschoolers use of *If* in conversation and in conditional inference. *Developmental Psychology, 27*, 249–258.

Schoultz, J., Säljö, R. and Wyndhamn, J. (2001). Heavenly talk: Discourse, artifacts and children's understanding of elementary astronomy. *Human Development, 44*, 103–118.

Scribner, S. and Cole, M. (1973). Cognitive consequences of formal and informal education. *Science, 182*, 553–559.

Sekerina, I. A., Stromswold, K. and Hestvik, A. (2004). How do adults and children process referentially ambiguous pronouns? *Journal of Child Language, 31*, 123–152.

Senghas, A., Kita, S. and Özyürek, A. (2004). Children creating core components of language: Evidence from an emerging sign language. *Science, 305*, 1779–1782.

Senju, A., Tojo, Y., Yaguchi, K. and Hasegawa, T. (2005). Deviant gaze processing in children with autism: an ERP study. *Neuropsychologia, 43*, 1297–1306.

Shallice, T. (1982). Specific impairments of planning. *Philosophical Transactions of the Royal Society of London, B298*, 199–209.

Sharpe, D., Coté, M. H. and Eakin, L. (1999). Reasoning about a structured object: Three- and four-year-olds' grasp of a borderline case and an unexcluded middle. *Child Development, 70*, 866–871.

Sharpe, D., Eakin, L., Saragovi, C. and Macnamara, J. (1996). Adults' and preschoolers' ability to cope with non-classical negation. *Journal of Child Language, 23*, 675–691.

Shriberg, L., Paul, R., McSweeny, J., Klin, A. and Cohen, D. (2001). Speech and prosody characteristics of adolescents and adults with high-functioning

autism and Asperger syndrome. *Journal of Speech, Language and Hearing Research, 44*, 1097-1115.

Shweder, R. *et al.* (1998). Cultural psychology of human development : One mind, many mentalities. In R. Lerner (volume ed.), *Handbook of child psychology, Fifth edition, vol. 1* (pp. 865-939). New York : Wiley.

Siegal, M. (1988). Children's knowledge of contagion and contamination as causes of illness. *Child Development, 59*, 1353-1359.

Siegal, M. (1997). *Knowing children : Experiments in conversation and cognition*, 2nd edn. Hove, UK : Psychology Press. [M・シーガル／鈴木敦子他(訳) (1993).『子どもは誤解されている：「発達」の神話に隠された能力』新曜社]

Siegal, M. (1999). Language and thought : The fundamental significance of conversational awareness for cognitive development. *Developmental Science, 2*, 1-14.

Siegal, M. and Beattie, K. (1991). Where to look first for children's knowledge of false beliefs. *Cognition, 38*, 1-12.

Siegal, M. and Peterson, C. C. (1996). Breaking the mold : A fresh look at questions about children's understanding of lies and mistakes. *Developmental Psychology, 32*, 322-334.

Siegal, M. and Peterson, C. C. (1998). Children's understanding of lies and innocent and negligent mistakes. *Developmental Psychology, 34*, 332-343.

Siegal, M. and Peterson, C. C. (eds) (1999). *Children's understanding of biology and health*. New York : Cambridge University Press.

Siegal, M. and Peterson, C. C. (2008). Language and theory of mind in atypical children : Evidence from studies of deafness, blindness and autism. In C. Sharp, P. Fonagy and I. Goodyer (eds), *Social cognition and developmental psychopathology*. New York : Oxford University Press.

Siegal, M. and Robinson, J. (1987). Order effects in children's gender-constancy responses. *Developmental Psychology, 23*, 283-286.

Siegal, M. and Share, D. L. (1990). Contamination sensitivity in young children. *Developmental Psychology, 26*, 455-458.

Siegal, M. and Smith, J. A. (1997). Toward making representation count in children's conceptions of fractions. *Contemporary Educational Psychology, 22*, 1-22.

Siegal, M. and Surian, L. (2006). Modularity in language and theory of mind: What is the evidence? In P. Carruthers, S. Laurence and S. Stich (eds), *The innate mind: Culture and cognition* (pp. 133–148). New York: Oxford University Press.

Siegal, M. and Surian, L. (2007). Conversational understanding in young children. In E. Hoff and M. Shatz (eds), *Blackwell handbook of language development* (pp. 304–323). Oxford: Blackwell.

Siegal, M. and Varley, R. (2002). Neural systems underlying theory of mind. *Nature Reviews Neuroscience, 3*, 463–471.

Siegal, M. and Varley, R. (2006). Aphasia, language and theory of mind. *Social Neuroscience, 1*, 167–174.

Siegal, M., Butterworth, G. and Newcombe, P. A. (2004). Culture and children's cosmology. *Developmental Science, 7*, 308–324.

Siegal, M., Varley, R. and Want, S. C. (2001). Mind over grammar: Reasoning in aphasia and development. *Trends in Cognitive Sciences, 5*, 296–301.

Siegal, M., Waters, L. J. and Dinwiddy, L. S. (1988). Misleading children: Causal attributions for inconsistency under repeated questioning. *Journal of Experimental Child Psychology, 45*, 438–456.

Siegler, R. S. (1986). *Children's thinking*. Englewood Cliffs, NJ: Prentice-Hall. [ロバート・S・シーグラー／無藤隆・日笠摩子（訳）(1992).『子どもの思考』誠信書房]

Siegler, R. S. (2000). The rebirth of children's learning. *Child Development, 71*, 26–35.

Sigel, I. E. (1993). The centrality of a distancing model for the development of representational competence. In R. R. Cocking and K. A. Renninger (eds), *The development and meaning of psychological distance* (pp. 141–158). Hillsdale, NJ: Lawrence Erlbaum Associates Inc.

Slaby, R. G. and Frey, K. S. (1975). Development of gender constancy and selective attention to same sex models. *Child Development, 46*, 849–856.

Slaughter, V., Jaakkola, R. and Carey, S. (1999). Constructing a coherent theory: Children's biological understanding of life and death. In M. Siegal and C. C. Peterson (eds), *Children's understanding of biology and health* (pp. 71–96). Cambridge: Cambridge University Press.

Slaughter, V. and Lyons, M. (2003). Learning about life and death in early

childhood. *Cognitive Psychology, 46*, 1-30.

Smith, C. (1980). Quantifiers and question-answering in young children. *Journal of Experimental Child Psychology, 30*, 191-205.

Smith, C. L., Solomon, G. E. A. and Carey, S. (2005). Never getting to zero: Elementary school students' understanding of the infinite divisibility of number and matter. *Cognitive Psychology, 51*, 101-140.

Smith, M., Apperly, M. and White, V. (2003). False belief reasoning and the acquisition of relative clauses. *Child Development, 74*, 1709-1719.

Solomon, G. E. A. and Cassimatis, N. L. (1999). On facts and conceptual systems: Young children's integration of their understandings of germs and contagion. *Developmental Psychology, 35*, 113-126.

Solomon, G. E. A. and Johnson, S. C. (2000). Conceptual change in the classroom: Teaching young children to understand biological inheritance. *British Journal of Developmental Psychology, 18*, 81-96.

Solomon, G. E. A., Johnson, S. C., Zaitchik, D. and Carey, S. (1996). Like father, like son: Young children's understanding of how and why offspring resemble their parents. *Child Development, 67*, 151-171.

Sophian, C. (2000). Perceptions of proportionality in young children. *Cognition, 75*, 145-170.

Southgate, V., Senju, A. and Csibra, G. (2007). Action attribution through anticipation of false beliefs by two-year-olds. *Psychological Science, 7*, 587-592.

Spencer, P. E. and Meadow-Orlans, K. P. (1996). Play, language and maternal responsiveness: A longitudinal study of deaf and hearing children. *Child Development, 67*, 3176-3191.

Sperber, D. (1996). *Explaining culture: A naturalistic approach*. Oxford: Blackwell.［ダン・スペルベル／菅野盾樹（訳）(2001).『表象は感染する：文化への自然主義的アプローチ』新曜社］

Sperber, D. and Wilson, D. (1995). *Relevance: Communication and Cognition* (2nd ed.) Oxford: Blackwell.［D・スペルベル，D・ウイルソン／内田聖二他（訳）(1993).『関連性理論：伝達と認知』研究社出版］

Sperber, D. and Wilson, D. (2002). Pragmatics, modularity and mindreading. *Mind and Language, 17*, 3-23.

Springer, K. (1995). Acquiring a naive theory of kinship through inference.

Child Development, 66, 547–558.
Springer, K. (1999). How a naive theory of biology is acquired. In M. Siegal and C. C. Peterson (eds), *Children's understanding of biology and health* (pp. 45–70). Cambridge : Cambridge University Press.
Springer, K. and Belk, A. (1994). The role of physical contact and association in early contamination sensitivity. *Developmental Psychology, 30*, 864–868.
Springer, K. and Keil, F. C. (1991). Early differentiation of causal mechanisms appropriate to biological and non-biological kinds. *Child Development, 62*, 767–781.
Starkey, P. (1992). The early development of numerical reasoning. *Cognition, 43*, 93–126.
Starkey, P., Spelke, E. S. and Gelman, R. (1983). Detection of intermodal number correspondences by human infants. *Science, 222*, 179–181.
Stromwold, K. (2000). The cognitive neuroscience of language acquisition. In M. S. Gazzaniga (ed.), *The new cognitive neurosciences, 2nd edn* (pp. 902–932). Cambridge, MA : MIT Press.
Stuss, D. T., Gallup, G. G. and Alexander, M. P. (2001). The frontal lobes are necessary for 'theory of mind'. *Brain 124*, 279–286.
Surian, L. (1995). Children's ambiguous utterances – a reexamination of processing limitations on production. *Journal of Child Language, 22*, 151–169.
Surian, L. and Job, R. (1987). Children's use of conversational rules in a referential communication task. *Journal of Psycholinguistic Research, 16*, 369–382.
Surian, L. and Leslie, A. M. (1999). Competence and performance in false belief understanding : A comparison of autistic and normal 3-year-old children. *British Journal of Developmental Psychology, 17*, 141–155.
Surian, L. and Siegal, M. (2001). Sources of performance on theory of mind tasks in right hemisphere damaged patients. *Brain and Language, 78*, 224–232.
Surian, L., Baron-Cohen, S. and van der Lely, H. (1996). Are children with autism deaf to Gricean maxims ? *Cognitive Neuropsychiatry, 1*, 55–71.
Surian, L., Caldi, S. and Sperber, D. (2007). Attribution of beliefs by 13-month-old infants. *Psychological Science, 1*, 580–586.
Tager-Flusberg, H. (1994). Dissociations in form and function in the acquisition

of language by autistic children, in H. Tager-Flusberg (ed.), *Constraints on language acquisition : Studies of atypical children*. Hillsdale, NJ : Erlbaum.

Tager-Flusberg, H. (2004). Strategies for conducting research on language in autism. *Journal of Autism and Developmental Disorders, 34*, 75-80.

Tan, L. H. *et al.* (2005). Reading depends on writing, in Chinese. *Proceedings of the National Academy of Sciences, 102*, 8781-8785.

Tardif, T., So, C. W. C. and Kaciroti, N. (2007). Language and false belief : Evidence for general, not specific, effects in Cantonese-speaking preschoolers. *Developmental Psychology, 43*, 318-340.

Temple, E. *et al.* (2003). Neural deficits in children with dyslexia ameliorated by behavioral remediation : Evidence from functional MRI. *Proceedings of the National Academy of Sciences, 100*, 2860-2865.

Thagard, P. (1999). *How scientists explain disease*. Princeton, NJ : Princeton University Press.

Thatcher, R. W. (1992). Cyclic cortical organization during early childhood. *Brain and Cognition, 20*, 24-50.

Toyama, N. (2000). Young children's awareness of socially mediated rejection of food : Why is food dropped at the table "dirty" ? *Cognitive Development, 15*, 523-541.

Trueswell, J. C., Sekerina, I., Hill, N. M. and Logrip, M. L. (1999). The kindergarten-path effect : studying on-line sentence processing in young children. *Cognition, 73*, 89-134.

Tylor, E. B. (1871/1974). *Primitive culture : Researches into the development of mythology, philosophy, religion, art and custom*. New York : Gordon Press. (Original work published 1871).

Uddin, L. Q., Molnar-Szakacs, I., Zaidel, E. and Iacoboni, M. (2006). rTMS to the right inferior parietal lobule disrupts self-other discrimination. *Social, Cognitive and Affective Neuroscience, 1*, 65-71.

Vaccari, C. and Marschark, M. (1997). Communication between parents and deaf children : Implications for social-emotional development, *Journal of Child Psychology and Psychiatry, 38*, 793-801.

Valicenti-McDermott, M. *et al.* (2006). Frequency of gastrointestinal symptoms in children with autistic spectrum disorders and association with family history of autoimmune disease. *Journal of Developmental and Behavioral*

Pediatrics, 27, S128–S136.
Varley, R. and Siegal, M. (2000). Evidence for cognition without grammar from causal reasoning and 'theory of mind' in an agrammatic aphasic patient. *Current Biology, 10,* 723–726.
Varley, R., Klessinger, N., Romanowski, C. A. J. and Siegal, M. (2005). Agrammatic but numerate. *Proceedings of the National Academy of Sciences, 102,* 3519–3524.
Varley, R., Siegal, M. and Want, S. C. (2001). Severe grammatical impairment does not preclude 'theory of mind'. *Neurocase, 7,* 489–493.
Vosniadou, S. (1991). Designing curricula for conceptual restructuring : Lessons from the study of knowledge acquisition in astronomy. *Journal of Curriculum Studies, 23,* 219–237.
Vosniadou, S. (1994a). Capturing and modelling the process of conceptual change. *Learning and Instruction, 4,* 45–69.
Vosniadou, S. (1994b). Universal and culture-specific properties of children's mental models of the earth. In L. A. Hirschfeld and S. A. Gelman (eds), *Mapping the mind : Domain specificity in cognition and culture* (pp. 412–430). New York : Cambridge University Press.
Vosniadou, S. and Brewer, W. F. (1992). Mental models of the earth : A study of conceptual change in childhood. *Cognitive Psychology, 24,* 535–585.
Vosniadou, S. and Brewer, W. F. (1994). Mental models of the day/night cycle. *Cognitive Science, 18,* 123–183.
Vosniadou, S., Skopeliti, I. and Ikospentaki, K. (2004). Modes of knowing and ways of reasoning in elementary astronomy. *Cognitive Development, 19,* 203–222.
Vouloumanos, A. and Werker, J. F. (2004). Tuned to the signal : the privileged status of speech for young infants. *Developmental Science, 7,* 270–276.
Vygotsky, L. S. (1962). *Thought and language.* Cambridge, MA : MIT Press. [ヴィゴツキー／柴田義松（訳）(2001).『思考と言語』新訳版，新読書社]
Wakeley, A., Rivera, S. and Langer, J. (2000). Can young infants add and subtract ? *Child Development, 71,* 1525–1534.
Walenski, M., Tager-Flusberg, H. and Ullman, M. T. (2006). Language in Autism. In S. O. Moldin and J. L. R. Rubenstein (eds), *Understanding autism : From basic neuroscience to treatment* (pp. 175–203). Boca Raton,

FL : Taylor and Francis Books.

Walsh, V. and Pascual-Leone, A. (2003). *Transcranial magnetic stimulation : A neurochronometrics of mind.* Cambridge, MA : MIT Press.

Wang, A. T., Lee, S. S., Sigman, M. and Dapretto, M. (2006a). Developmental changes in the neural basis of interpreting communicative intent. *Social, Cognitive and Affective Neuroscience, 1*, 107-121.

Wang, A. T., Lee, S. S., Sigman, M. and Dapretto, M. (2006b). Neural basis of irony comprehension in children with autism : The role of prosody and context. *Brain, 129*, 932-943.

Waterman, A. H., Blades, M. and Spencer, C. (2001). Interviewing children and adults : The effect of question format on the tendency to speculate. *Applied Cognitive Psychology, 15*, 1-11.

Waterman, A. H., Blades, M. and Spencer, C. (2004). Indicating when you do not know the answer : The effect of question format and interviewer knowledge on children's 'don't know' responses. *British Journal of Developmental Psychology, 22*, 335-348.

Wei, L. (2000). *The bilingualism reader.* London : Routledge.

Wellman, H. M. (2002). Understanding the psychological world : Developing a theory of mind. In U. Goswami (ed.), *Blackwell handbook of childhood cognitive development* (pp. 167-187). Malden, MA : Blackwell.

Wellman, H. M., Cross, D. and Watson, J. (2001). Meta-analyses of theory-of-mind development. *Child Development, 72*, 655-684.

Whorf, B. (1956). *Language, thought and reality.* Cambridge, MA : MIT Press. [ベンジャミン・ウォーフ／池上嘉彦（訳）(1993).『言語・思考・現実』講談社学術文庫] 他

Wilson, D. and Sperber, D. (2004). Relevance theory. In G. Ward and L. Horn (eds), *Handbook of pragmatics* (pp. 607-632). Oxford : Blackwell.

Wimmer, H. and Perner, J. (1983). Beliefs about beliefs : representation and constraining function of wrong beliefs in young children's understanding of deception. *Cognition, 13*, 103-128.

Winkler, I. *et al.* (2003). Newborn infants can organize the auditory world. *Proceedings of the National Academy of Sciences, 100*, 11812-11815.

Winner, E. (1988). *The point of words : Children's understanding of metaphor and irony.* Cambridge, MA : Harvard University Press.

Woolfe, T., Want, S. C. and Siegal, M. (2002). Signposts to development: Theory of mind in deaf children. *Child Development, 73*, 768–778.

Woolfe, T., Want, S. C. and Siegal, M. (2003). Siblings and theory of mind in deaf native signing children. *Journal of Deaf Studies and Deaf Education, 8*, 340–347.

Woolley, J. D. (2006). Verbal-behavioral dissociations in development. *Child Development, 77*, 1539–1553.

Wynn, K. (1990). Children's understanding of counting. *Cognition, 36*, 155–193.

Wynn, K. (1992a). Addition and subtraction by human infants. *Nature, 358*, 749–750.

Wynn, K. (1992b). Children's acquisition of the number words and the counting system. *Cognitive Psychology, 24*, 220–251.

Wynn, K. (2002). Do infants have numerical expectations or just perceptual preferences? Commentary. *Developmental Science, 5*, 207–209.

Xu, F., Spelke, E. S. and Goddard, S. (2005). Number sense in human infants. *Developmental Science, 8*, 88–101.

Yazdi, A. A., German, T. P., Defeyer, M. and Siegal, M. (2006). Competence and performance in belief-desire reasoning across two cultures: The truth, the whole truth and nothing but the truth about false belief? *Cognition, 100*, 343–368.

Ziatas K., Durkin, K. and Pratt C. (2003). Differences in assertive speech acts produced by children with autism, Asperger syndrome, specific language impairment and normal development. *Development and Psychopathology, 15*, 73–94.

参考書

Barrett, H. C. and Kurzban, R. (2006). Modularity in cognition: Framing the debate. *Psychological Review, 113*, 628-647.
モジュール性の概念化と，認知研究および認知発達研究におけるその重要性を明快に述べた，射程の広い理論書。

Bloom, P. (2000). *How children learn the meaning of words.* Cambridge, MA: MIT Press.
子どもが語と事物の対応を推測したり，新しい語を学んだりするにあたって，話者の心的状態に関する理論を用いることについての洗練された議論がある。

Bloom, P. and German, T. P. (2000). Two reasons to abandon the false belief task as a test of theory of mind. *Cognition, 77*, B25-B31.
挑戦的なタイトルがつけられているが，誤信念課題が，誤信念に関すること以上の子どもの理解を測定しがちであることを実証したもの。

Butterworth, B. (2005). The development of arithmetical abilities. *Journal of Child Psychology and Psychiatry, 46*, 3-18.
子どもの数と計算力障害の画期的出来事の基底に関する思慮深い研究。

Carey, S. (1985). *Conceptual change in childhood.* Cambridge, MA: MIT Press.［スーザン・ケアリー／小島康次・小林好和（訳）(1994)『子どもは小さな科学者か：J. ピアジェ理論の再考』ミネルヴァ書房］
生物学に関する子どもの概念が，発達過程においてどの程度変化するかを実証的にまとめた記念碑的著作。

Carruthers, P., Laurence, S. and Stich, S. (eds.) (2005). *The innate mind: Structure and contents.* New York: Oxford University Press.

Carruthers, P., Laurence, S. and Stich, S. (eds.) (2006). *The innate mind: Culture and cognition.* New York: Oxford University Press.

Carruthers, P., Laurence, S. and Stich, S. (eds) (in press). *The innate mind: Reflections and future directions.* New York: Oxford University Press.
スーザン・ゲルマン，ポール・ロージン，エリザベス・スペルケ，ダン・スペルベルなど，哲学者，人類学者，心理学者による最先端の論文からなる，生得説をめぐる３部作。

Deák, G. O. (2006). Do children really confuse appearance and reality? *Trends in Cognitive Sciences, 10*, 546-550.
見かけと現実に関する子どもの知識についての厳密な研究。
Donaldson, M. (1978). *Children's minds.* Glasgow, UK : Fontana.
ピアジェ課題の質問に対する子どもの答えの解釈について，代替的な，会話という点からのアプローチを手軽に読みやすく解説したもの。30年前の著作ではあるが，認知発達研究にとって，今なお重要性をもっている。
Flavell, J. H., Green, F. L. and Flavell, E. R. (1986). Development of the appearance-reality distinction. *Monographs of the Society for Research in Child Development, 51. Serial No. 212.*
過去20年以上にわたって，子どもの発達研究に大きな影響を与えてきた，この領域の先駆的研究。
Fodor, J. A. (1983). *The modularity of mind.* Cambridge, MA : Bradford/MIT Press. [ジェリー・A・フォーダー／伊藤笏康・信原幸弘（訳）(1985)『精神のモジュール形式：人工知能と心の哲学』産業図書]
Frith, U. (2003). *Autism : Explaining the enigma*, 2nd edn. Oxford : Blackwell. [ウタ・フリス／冨田真紀・清水康夫・鈴木玲子（訳）(2009)『自閉症の謎を解き明かす』新訂，東京書籍]
自閉症の定義と説明をめぐる主要な議論についての，鋭くバランスのとれた解説。
Fritzley, V. H. and Lee, K. (2003). Do young children always say yes to yes-no questions? A metadevelopmental study of the affirmation bias. *Child Development, 74*, 1297-1313.
Gelman, R. and Butterworth, B. (2005). Number and language : How are they related? *Trends in Cognitive Sciences, 9*, 6-10.
数学的認知がどの程度言語によって支えられているかという観点から，その発達と性質について解説した洞察に富んだ書。
Gelman, R. and Gallistel, C. R. (1978). *The child's understanding of number.* Cambridge, MA : Harvard University Press.
おそらく現代において，この問題についてもっとも影響力のある著作。ゲルマンとガリステルは，子どもの数の理解に関する研究の課題を示し，数唱の５原則を提案した。
Gelman, S. A. (2003). *The essential child.* New York : Oxford University Press.
非常に幼い子どもでさえも，本質主義 ― 人や事物は，表面的な知覚的変形に

より見かけが変わったとしても，本質的な性質は変わらないという考え ── を有することを指摘した研究に関する独自の要約。

Goldin-Meadow, S. (2003). *The resilience of language.* New York : Psychology Press.
聾の子どもが，非常に乏しい言語環境下にあって，いかにコミュニケーションをとろうとするかについての鋭敏な研究。

Grice, H. P. (1989). *Studies in the way of words.* Cambridge, MA : Harvard University Press.［ポール・グライス／清塚邦彦（訳）(1998)『論理と会話』勁草書房］
コミュニケーションの性質 ── 私たちはコミュニケーションのなかで，会話の慣習からの逸脱に基づき推論し意味を引き出す ── に関する枠組みを呈示し，大きな影響を与えた。

Harris, P. L. (2000). *The work of the imagination.* Oxford : Blackwell.
幼児のふり行為と想像力を包括的に解説し，子どもの発達におけるそれらの意味を探求したもの。

Hirschfeld, L. A. and Gelman, S. A. (eds) (1994). *Mapping the mind : Domain specificity in culture and cognition.* New York : Cambridge University Press.
このテーマに関する大変に有用な論文集。スーザン・ケアリー，アリソン・ゴプニック，ヘンリー・ウェルマン，ステラ・ヴォスニアドウらの論文が含まれている。

Inagaki, K. and Hatano, G. (2002). *Young children's naive thinking about the biological world.* New York : Psychology Press.［稲垣佳世子・波多野誼余夫 (2005)『子どもの概念発達と変化：素朴生物学をめぐって』共立出版］
生物学と健康に関する子どもの理解の探索的な研究。文化を強調し，生気論的信念を取り上げている。

Kuhn, T. S. (1962). *The structure of scientific revolutions.* Chicago, IL : University of Chicago Press.［トーマス・クーン／中山茂（訳）(1971)『科学革命の構造』みすず書房］
哲学と認知科学に関する最も重要な本のひとつである。科学の進歩における非連続性というテーマを打ち出した。

Leslie, A. M., Friedman, O. and German, T. P. (2004). Core mechanisms in 'theory of mind'. *Trends in Cognitive Sciences, 8,* 528-533.
子どもが心の理論を示すようになる過程で，何が発達するかに関する重要な研究。心の理論は，色覚と同じように出現してくるという説を呈示している。

Macnamara, J. (1999). *Through the rearview mirror: Reflections on psychology.* Cambridge, MA: MIT Press.
モジュール性と概念変化の本質に関する，古代ギリシアから今日までの何世紀にもわたる懸案についてのユニークな解説。

Piaget, J. (1952). *The child's conception of number.* London: Routledge and Kegan Paul. ［ジャン・ピアジェ／遠山啓他（訳）(1992)『数の発達心理学』国土社］

Piaget, J. (1954). *The construction of reality in the child.* New York: Basic Books.

Piaget, J. (1962). *Play, dreams and imitation.* London: Routledge and Kegan Paul. ［ジャン・ピアジェ／大伴茂（訳）(1988)『模倣の心理学』黎明書房］
ピアジェの労を惜しまぬ認知発達研究を代表する著作群。その研究の多くは，特定の子どもたちに関する逸話とインタビューによっている。

Pinker, S. (1994). *The language instinct.* New York: William Morrow. ［スティーブン・ピンカー／椋田直子（訳）(1995)『言語を生みだす本能』日本放送出版協会］
いかに言語が出現してくるか，そしてそれが認知にとってどのような意味をもつかに関する，とても読みやすく興味深い解説。

Premack, D. and Premack, A. (2003). *Original intelligence.* New York: McGraw-Hill. ［デイヴィッド・プレマック，アン・プレマック／鈴木光太郎（訳）(2005)『心の発生と進化：チンパンジー，赤ちゃん，ヒト』新曜社］
ヒト以外の霊長類とヒトの知性を比較した抜群の研究プログラム。

Rozin, P. (1976). The evolution of intelligence and access to the cognitive unconscious. In J. A. Sprague and A. N. Epstein (eds), *Progress in Psychobiology and Physiological Psychology, Volume 6* (pp. 245-280). New York: Academic Press.
知性を適応解の視点から研究した，高度に学術的でありながら読みやすい本。適応解はモジュール性の本質に関する今日の議論の中心的な問題である。

Senghas, A., Kita, S. and Özyürek, A. (2004). Children creating core components of language: Evidence from an emerging sign language. *Science, 305,* 1779-1782.
ニカラグアにおける，先立つ言語モデルをもたない，手話の出現に関する解説。

Siegal, M. and Peterson, C. C. (eds) (1999). *Children's understanding of biology and health.* New York: Cambridge University Press.

感染と汚染に関する子どもの理解，痛みに関する子どもの理解，AIDS 予防教育プログラムの効果，医学的手続きを納得する能力等のトピックに関する章からなる。

Sperber, D. and Wilson, D. (1995). *Relevance : Communication and cognition*, 2nd edn. Oxford : Blackwell. ［ダン・スペルベル，ディアドレ・ウイルソン／内田聖二他（訳）(1993)『関連性理論：伝達と認知』研究社出版］
会話理解に関するこの論文では，意味を引き出すというゴールのために，話者のメッセージの適切性を計算する必要があると提案されている。

Surian, L., Caldi, S. and Sperber, D. (2007). Attribution of beliefs by 13-month-old infants. *Psychological Science 7*, 580–586.
誤信念を含む心的状態に注目する新生児の能力を，視覚的注意に基づき，鋭く実証したもの。

Thagard, P. (1999). *How scientists explain disease*. Princeton, NJ : Princeton University Press.
歴史的，心理学的証拠に基づいた，この領域における多様な概念変化に関するとても読みやすい解説。

著作権

p. 22 「野生生物通信」*The Guardians, 20,* 2000年9月号より、許可を得て転載。

p. 33 ニカラグア式手話を用いる子どもたちの写真は、A. センガス氏より無償で提供をうけた。

p. 37 「サリーとアン」課題のイラストは、芸術家であるアクセル・シェフラー氏により転載の許可をいただいた。

p. 38 「釣り」課題のイラストは M. Siegal & R. Varley (2002). Neural systems underlying theory of mind. *Nature Reviews Neuroscience, 3,* 463-471. より転載。

p. 43 乳児用心の理論課題の人形と観察者のイラストは、V. Southgate, A. Senju, & G. Csibra (2007). Action attribution through anticipation of false beliefs by two-year-olds. *Psychological Science, 7,* 587-592 から。著作権は Wiley-Blackwell 2007 に帰属。許可を得て転載。

p. 46 皮肉を見つける物語についてのイラストは、A. T. Wang, S. S. Lee, M. Sigman, & M. Dapretto (2006). Developmental changes in the neural basis of interpreting communicative intent. *Social, Cognitive, and Affective Neuroscience, 1,* 107-121 から。著作権は Oxford University Press, 2006 に帰属。

p. 67 地球についての子どもの絵は、G. Nobes 氏より無償で提供をうけた。

p. 69 イラストは、S. Vosniadou & W. F. Brewer (1992). Mental models of the earth : A study of conceptual change in childhood. *Cognitive Psychology, 24,* 535-585 から。著作権は Elsevier, 1992 に帰属。

p. 70 イラストは、A. Samarapungavan, S. Vosniadou, & W. F. Brewer (1996). Mental models of the earth, sun and moon : Indian children's cosmologies. *Cognitive Development, 11,* 491-521. 著作権は Elsevier 1996 に帰属。

p. 90 あり得る地球モデルのイラストは、G. Nobes, A. E. Martin, & G. Panagiotaki (2005). The development of scientific knowledge of the earth. *British Journal of Developmental Psychology. 23,* 47-64 から。著作権は British Psychological Society に帰属。許可を得て転載。

p. 91 地球に関する大人のモデルについてのイラストは、G. Panagiotaki 氏より

無償で提供を受けた。

p. 98　写真は、G. Taylor 氏より無償で提供を受けた。

p. 104　ジローラモ・フラカストロの写真は、2007 年８月２日に以下より検索。Encyclopedia Britannica Online : http://www.britannica.com/eb/art-10774

p. 105　イラストは、K. Inagaki & G. Hatano (2002). *Young children's thinking about the biological world*. New York : Psychology Press より。著作権は、Routledge/Taylor & Francis Groop, 2002 に帰属。許可を得て転載。

p. 111上　細菌についての大人の絵は、C. J. Nemeroff より、転載の許可をいただいた。

p. 111下　細菌のイラストは、M. Siegal & C. C. Peterson (eds.) (1999). *Children's understanding of biology and health*. New York : Cambridge University Press. Artist, Sophia Rose より転載。

p. 117　母親がひとくち飲み物を飲んでいるイラストは、A. Hejmadi より無償で提供をうけた。

p. 121　細菌の感染に関するイラストは、V. Curtis, S. Caircross, & R. Yonli (2000). Domestic hygiene and diarrhea—pinpointing the problem. *Tropical Medicine and International Health, 5*, 22-32. による。著作権は、Wiley-Blackwell Publishers に帰属。許可を得て転載。

p. 163「乳児の計算」についてのイラストは、許可を得て転載。著作権は、Macmillan Publishers Ltd : *Nature, 358*, 749-750, 1992 に帰属。

p. 164　サルの数理解を調べるための課題は、E. M. Brannon & H. S. Terrace (1998). Ordering of the numerosities 1-9 by monkeys. *Science, 282*, 746-749. による。AAAS からの許可を得て転載。

p. 165（　）つきの等式問題の解答は、R. Varley, N. Klessinger, C. A. J. Romanowski, & M. Siegal (2005). Agammatic but numerate. *Proceefings of the National Academy of Science, 102*, 3519-3524. より転載。著作権は、The National Academy of Sciences of the United States of America に帰属。

p. 169　数の保存課題における、回答の考えられる文脈を示したイラストは、Taylor & Francis from M. Siegal (1997). *Knowing Children : Experiments in conversation and cognition*, Second edition. Hove, UK : Psychology Press, p. 26 より許可を得て転載。

p. 177　この引用は、C. L. Smith, G. E. A. Solomon, & S. Carey (2005). Never getting to zero : Elementary school students' understanding of the infinite divisibility of numbers and matter. *Cognitive Psychology, 51*, 101-140. より。

著作権は Elsevier 2005 に帰属。

p. 192　イラストは L. Mottron, & S. Belleville (1993). A study of perceptual analysis in a high-level autistic subject with exceptional graphic abilities. *Brain and Cognition, 23,* 279-309. より。著作権は、Elesevier 1993 に帰属。

p. 207　声に反応する際の脳の活性化に関するイラストは、Macmillian Publishers. *Nature Neuroscience, 7,* 801-802. 1992. より。

p. 208　A. J. Baker により転載の許可をいただいた。

p. 215　MRC Institute of Hearing Research, Nottingham により無償で提供を受けた。許可を得て転載。

p. 223　第 8 章の一部は、M. Siegal & L. Surian (2004). Conceptual development and conversational understanding. *Trends in Cognitive Science, 8,* 534-538. より引用。

p. 237　ガーデンパス文課題のカエルとナプキンのイラストは、L. Meroni より転載の許可をいただいた。